疯狂阅读®
CRAZY READING

最　美　文　特　辑　4

杜志建 / 主编

静夜思

是桐间露落，
是柳下风来。

人间处处，处处人间。
车马春山，几朵浪漫。

汕頭大學出版社

图书在版编目(CIP)数据

最美文特辑. 4 / 杜志建主编. -- 汕头：汕头大学出版社，2023.7
ISBN 978-7-5658-5054-7

Ⅰ. ①最… Ⅱ. ①杜… Ⅲ. ①阅读课-中学-教学参考资料 Ⅳ. ① G634.303

中国国家版本馆 CIP 数据核字 (2023) 第 121705 号

最美文特辑. 4　　ZUIMEIWEN TEJI. 4

主　　编：杜志建
责任编辑：闵国妹
责任技编：黄东生
封面设计：马俊洁
出版发行：汕头大学出版社
广东省汕头市大学路243号汕头大学校园内　邮政编码：515063
电　　话：0754-82904613
印　　刷：河南瑞之光印刷股份有限公司
开　　本：787mm×1092mm　1/16
印　　张：14
字　　数：400千字
版　　次：2023年7月第1版
印　　次：2023年7月第1次印刷
定　　价：29.80元
ISBN 978-7-5658-5054-7

声明

基于对知识和创作的尊重，本书向所选文章、图片的作者给予补贴。因条件所限未能及时联系的作者，我们在此深表歉意，当您看到本书时，请与我们联系，以便我们向您支付补贴和赠送样书。因篇幅有限，部分文章有删节，敬请谅解。

联系方式：0371-68698015

目录

回首风烟

近城远山，皆是人间

huishou fengyan

原野盛宴

yuanye shengyan

雨中山果落，灯下草虫鸣

故事序章

我的心略大于宇宙

桃花为盟

青衫烟雨客，似是故人来

宫草离离

gongcao lili

历史，让我们看见

回首风烟

近城远山，皆是人间

逃学

✿沈从文

六岁时我已单独上了私塾，初上学时我因为在家中业已认字不少，记忆力从小又似乎特别好，比较其余小孩，可谓十分幸福。第二年后换了一个私塾，我跟从几个较大的学生，学会了逃避那些书本去同一切自然相亲近。当我学会了用自己眼睛看世界一切，到不同社会中去生活时，学校对于我便已毫无兴味可言了。

有时天气坏一点，我就一个人走到城外庙里去。那些庙里总常常有人在殿前廊下绞绳子，织竹簟，做香，我就看他们做事。有人下棋，我看下棋。有人打拳，我看打拳。甚至于相骂，我也看着，看他们如何骂来骂去，如何结果。

逃学失败被家中学校任何一方面发觉时，两方面总得各挨一顿打。在学校得自己把板凳搬到孔夫子牌位前，伏在上面受笞。有时又常常罚跪至一根香时间。我一面被处罚跪在房中的一隅，一面便记着各种事情，想象恰如生了一对翅膀，凭经验飞到各样动人事物上去。按照天气寒暖，想到河中的鳜鱼被钓起离水以后拨剌的情形，想到天上飞满风筝的情形，想到空山中歌呼的黄鹂，想到树木上累累的果实。由于最容易神往到种种屋外东西上去，反而常把处罚的痛苦忘掉，处罚的时间忘掉，直到被唤起以后为止，我就从不曾在被处罚中感觉过小小冤屈。那不是冤屈。我应感谢那种处罚，使我无法同自然接近时，给我一个练习想象的机会。

家中对这件事自然照例不大明白情形，以为只是教师方面太宽的过失，因此又为我换一个教师。这事对我说来，倒又得感谢我的家中，因为现在的学校可真很远很远了，我便应当经过许多有趣味的地方了。路上我可看到针铺门前永远必有一个老人戴了极大的眼镜，低下头来在那里磨针。又可看到一个伞铺，大门敞开，做伞时十几个学徒一起工作，尽人欣赏。又有皮靴店，大胖子皮匠，天热时总腆出有一个大而黑的肚皮（上面有一撮毛！）用夹板绱鞋。又有个剃头铺，任何时节总有人手托一个小小木盘，呆呆地在那里尽剃头师傅刮头。又可看到一家染坊，有强壮多力的苗人，踹在凹形石碾上面，站得高高的，手扶着墙上横木，偏左偏右地摇荡。又有三家苗人打豆腐的作坊，小腰白齿头包花帕的苗妇人，时时刻刻口上都轻声唱歌，一面引逗缚在身背后包单里的小苗人，一面用放光的红铜勺舀取豆浆。我还必须经过一个豆粉作坊，离得远远的就可听到骡子推磨隆隆的声音，屋顶棚架上晾满白粉条。我还得经过一些屠户肉案桌，可看到那些新鲜猪肉砍碎时尚在跳动不止。我还得经过一家扎明器出租花轿的铺子，有白面无常鬼，蓝面阎罗王，鱼龙，轿子，金童玉女。每天且可以从他那里看出有多少人接亲，有多少明器，那些定做的作品又成就了多少，换了些什么式样。并且还常常停顿下来，看他们贴金敷粉，涂色，一站许久。

我就欢喜看那些东西，一面看一面明白了许多事情。

每天上学时，我照例手肘上挂了那个竹书篮，里面放十多本破书。在家中虽不敢不穿鞋，可是一出了大门，即刻就把鞋脱下拿到手上，赤脚向学校走去。

到了溪边，有时候溪中涨了小小的水，就把裤管高卷，书篮顶在头上，一只手扶着，一只手照料裤子，在沿了城根流去的溪水中走去，直到水深齐膝处为止。学校在北门，我出的是西门，又进南门，再绕城里大街一直走去。在南门河滩方面我还可以看一阵杀牛，机会好时恰好正看到那老实可怜畜生放倒的情形。因为每天可以看一点点，杀牛的手续同牛内脏的位置不久也就被我完全弄清楚了。再过去一点就是边街，有铁匠铺，制铁炉同风箱皆占据屋中，大门永远敞开着，时间即或再早一些，也可以看到一个小孩子两只手拉风箱横柄，把整个身子的分量前倾后倒，风箱于是就连续发出一种吼声，火炉上便放出一股臭烟同红光。日子一多，关于任何一件铁器的制造程序，我也不会弄错了。

我最欢喜天上落雨，一落了小雨，即或天气正当十冬腊月，我也有理由即刻脱下鞋袜赤脚在街上走路。但最使人开心事，还是落过大雨以后，街上许多地方阴沟中涌出水来，常常有人不能过身，我却赤着两脚故意向深水中走去。若河中涨了大水，照例上游会漂流出木头、家具、南瓜同其他东西，就赶快到横跨大河的桥上去看热闹。我欢喜看人在洄水里扳罾，巴掌大的活鲫鱼在网中蹦跳。

若在四月落了点小雨，山地里田塍上各处全是蟋蟀声音，真使人心花怒放。在这些时节，我总得想方设法逃学上山去捉蟋蟀。有时没有什么东西安置这小东西，就走到那里去，把第一只捉到手后又捉第二只，两只手各有一只后，我总还可以想方设法把第三只从泥土中赶出，看看若比较手中的大些，即开释了手中所有，捕捉新的，如此轮流换去，一整天仅捉回两只小虫。

可是只要我不逃学，在学校里我是不至于像其他那些人受处罚的。我从不用心念书，但我从不在应当背诵时节无法对付。许多书总是临时来读十遍八遍，背诵时节却居然朗朗上口，一字不遗，也似乎就由于这份小小聪明，学校把我同一般同学一样待遇。家中不了解我为什么不想上进，不好好地利用自己聪明用功，我不了解家中为什么只要我读书，不让我玩。我自己总以为读书太容易了点，把认得的字记记那不算什么稀奇。最稀奇处，应当是另外那些人，在他那份习惯下所做的一切事情。为什么骡子推磨时得把眼睛遮上？为什么刀得烧红时在盐水里一淬方能坚硬？为什么雕佛像的会把木头雕成人形，所贴的金那么薄又用什么方法做成？为什么小铜匠会在一块铜板上钻那么一个圆眼，刻花时刻得整整齐齐？这些古怪事情实在太多了。

我生活中充满了疑问，都得我自己去找寻解答。我要知道的太多，所知道的又太少，有时便有点发愁。就为的是白日里太野，各处去看，各处去听，还各处去嗅闻，死蛇的气味，腐草的气味，屠户身上的气味，烧碗处土窑淋雨以后放出的气味，要我说来虽当时无法用言语去形容，要我辨别却十分容易。蝙蝠的声音，一只黄牛当屠户把刀捅进它喉中时叹息的声音，藏在田塍土穴中大黄喉蛇的鸣声，黑暗中鱼在水面拨刺的微声，全因到耳边时分量不同，我也记得那么清清楚楚。因此夜间我便做出无数稀奇古怪的梦。经常是梦向天上飞去，一直到金光闪烁中，终于大叫而醒。这些梦直到如今，还常常使我在半夜里无法安眠，既把我带回到那个“过去”的空虚里去，也把我带往空幻的宇宙里去。

在我面前的世界已够宽广了，但我似乎还得一个更宽广的世界。我得用这方面得到的知识证明那方面的疑问。我得从比较中知道谁好谁坏。我得看许多业已由于好询问别人，以及好自己幻想，所感觉到的世界上的新鲜事情，新鲜东西。

百蝶图

✻汪曾祺

小陈三是个卖绒花的货郎。他父亲活着的时候就是个货郎，卖绒花。父亲死了，子承父业，他十六七岁就挑起货郎担卖绒花。城里人叫他小货郎，也叫他小陈。有些人叫他小陈三，则不知是什么道理。他是个独子，并无兄弟。也许因为他人缘好，长得聪明清秀，这么叫着亲切。他家住泰山庙。每天从家里出来，沿科甲巷，越塘，进东门，经王家亭子，过奎楼，奔南市口，在焦家巷、百岁巷、熙和巷等几条大巷子都停一停。把货郎担歇在巷口，举起羊皮拨浪鼓摇一气：布棱、布棱、布棱棱……宅门开了，走出一个个大姑娘、小媳妇、老太太。

“小陈三，来了？”

“来了您哪！”

“有好花没有？”

“有！昨天刚从扬州贩来的。您瞧瞧。”

小陈三把货郎担的圆笼一个一个打开，摆在扫净的阶石上让人观赏。

他的担子两头各有四层。已经用了两代人，还是严丝合缝，光泽如新，毫不走形。四层圆屉，摞得高高的，但挑起来没有多大分量，因为里面都是女人戴的花：大红剪绒的红双喜、团寿字，这是老太太要的；米珠子穿成的珠花，是少奶奶订的，绢花、通草花，颜色深浅不一，都好像真花，有的通草花上还伏了一只黑凤蝶，凤蝶触须是极细的“花丝”拧成的，靠在手里不停地颤动，好像凤蝶就要起翅飞走。小陈三一枝一枝送到大姑娘、小媳妇、老太太面前，她们能不买两枝吗？

有的姑娘媳妇是为看两眼小陈三，才买他的花的。

货郎担的一屉放的是绣花用的彩绒丝线。

一天，小陈挑了货郎担往南城去，到了王家亭子边上，忽然下起雨来。真是瓢泼大雨！雨暴风狂，小陈站不住脚，货郎担被风刮得拧着麻花乱转。附近没有地方可以躲避，小陈只好敲敲王家亭子的玻璃窗，问里面的王小玉，可以不可以让他进来避避雨。

“可以可以！进来进来！”

这王家亭子紧挨东门，正字应该叫作蝶园，本是王家的花园，算得是一处可以供人游赏的名胜。当年王家常在园中宴客，赋诗饮酒。后来王家渐渐衰败，子孙迁寓苏州，蝶园花木凋残，再也听不到吟诗拍曲的声音。只有“亭子”和亭前的半亩荷塘却保留了下来。所谓“亭子”实是一座五间的大厅。大厅四面开窗，十分敞亮。王家把大厅（包括全堂红木家具）和荷塘交给原来的管家老王头看管。清明上坟，偶尔来蝶园看看，平常是不来的。

小陈的上衣都湿透了，小玉叫他脱下来，在小缸灶里抓了一把柴禾，把小陈三的湿衣服搭在烘笼上烤着，扔给他一条手巾，叫他擦擦身上的雨水，给他一件父亲老王头的旧上衣，叫他披披。缸灶火上还炖了壶茶水——老王头是喝茶的。还好，圆笼里的花没有湿了，但是怕受了潮气，闷得褪了色，小玉还是帮小陈一屉一屉揭开，平放在红木条案上。

雨还在下。

小陈说："这雨！"

小玉说："这雨！"

"你一个人，不怕？"

"不怕！怕什么？"

小玉的父亲常常出去，给王家料理一点杂事：完钱粮、收佃户送来的租稻……找护国寺的老和尚聊天，有时还找老朋友喝个小酒，回来时往往是月亮照着城墙垛子了。

小玉胆很大。王家亭子紧接着城墙，城外荒坟累累，还是杀人的刑场，鬼故事很多，她都不相信，只有一个故事，她觉得很凄凉：一个外地人赶夜路，到了东门外，想抽一袋烟。前面有几个人围着一盏油灯。赶路人装了一袋烟，凑过去点个火。不想吧唧了半天，烟不着，他用手摸摸火苗，火是凉的！这几个是鬼！外地人赶紧走，鬼在他身后哈哈大笑。小玉时常想起凉的火、鬼哈哈大笑。但是她并不汗毛直竖。这个鬼故事有一种很美的东西，叫她感动。

小玉的母亲死得早，她十四岁就支撑门户，打里打外，利利落落，凡事很有决断。

母亲是个绣花女工，小玉从小就学会绣花。手很巧，平针、"乱参"、挑花、"纳锦"，都会。绣帐檐、门帘、枕头顶，都成。她能出样子、配颜色，在县城里有些名气。"打子儿""七色晕"，她为甄家即将出阁的小姐绣的一对门帘飘带赢得很多人称赞。白缎地子，平金纳锦飞龙。难的是龙的眼睛，眼珠是桂圆核壳钉上去的。桂圆核壳剪破，打了眼，头发丝缝缀。桂圆核很不好剪，一剪就破，又要一般大，一样圆，剪坏了好多桂圆，才能选出四颗眼珠。白地、金龙、乌黑闪亮的龙眼睛，神气活现。

小陈三看王小玉的绣活，王小玉看小货郎的绒花。喝着老王头的土叶茶，说着话，雨停了，小陈的上衣也干了，小陈告辞。小玉送到门口：

"常来！"

"唉，来！"

小陈三果然常来歇脚。他们说了很多话，还结伴到扬州辕门桥去过几次。小陈三办货，小玉买彩绒丝线。王小玉是个美人，长得就像王家亭子前才出水的一箭荷花骨朵，细皮嫩肉，一笑俩酒窝。但是你最好不要招惹她。她双眼一瞪，够你小子哆嗦一会子，她会拿绣花针给你身上留下一点记号。

都说王小玉和小陈三是天生的一对。

小玉对小陈三是喜欢的，认为他本小利薄，但是是一个有志气、有出息的后生。小玉对她自己的，也是小陈三的前途有个"远景规划"。她叫小陈三在南市口租个门面，当中是店堂，两边设两个玻璃砖面的小柜台。一边卖她的绣活，小陈帮她接活，记账，一边还可以由小陈卖绒花丝线。小陈可以不必再挑货郎担——愿意挑也可以，只是一天磨鞋底子，太辛苦了。兢兢业业，做上几年，小日子会红火起来的。"斗升之家"还能指望什么呢？

对小玉的“蓝图”，小陈表示完全同意，只是：

“太委屈你了！”

“我愿意！”

有个人不愿意。

谁？

小陈的妈。

小陈的父亲死得早，妈年轻守寡。她是个非常要强的女人。她眼睛有病，双眼有翳——白内障，见人只模模糊糊看见脸，眉眼分不太清，对面来人，听说话才知道是谁。就这样，她还一天不拾闲儿，忙忙碌碌，家里收拾得“一水也似的”。儿子爱王小玉，她知道，因为儿子早在她耳朵跟前夸小玉，怎么好看，怎么能干，什么事都拿得起，放得下。老太太只是听着，不言语，转着灰白的眼珠子，好像想什么心事。

王小玉给孙家四小姐绣了个幔帐。这孙四小姐是个很讲究的，欣赏品位很高的才女，衣着都别出心裁，不落俗套。她曾经让小玉绣过一“套”旗袍。一套三件。她一天三换衣，但是乍看看不出来，三件都绣的是白海棠。早起，海棠是骨朵；中午，海棠盛开了；晚上，海棠开败了。

她要出嫁了，要小玉绣个幔帐。她讨厌凤穿牡丹这样大红大绿的花样，让小玉给她绣一幅百蝶图，她收藏了一套《滕王蛱蝶》大册页，叫小玉照着绣。

小玉花了一个月，绣得了，张挂在王家亭子，请孙四小姐来验看。孙四小姐一进门，只说了一个字：“好！”

王小玉绣的百蝶图轰动一城，来看的人很多。

小陈三的妈也来了。经过眼科名医金针拨治，她的眼睛好多了，已经能看清楚黄瓜茄子。她凑近去细看了百蝶图，越看越有气。

小陈跟老太太提出要把小玉娶过来，他妈瞪着浑浊的眼睛喊叫起来：

“不行！”

小玉太好看，太聪明，太能干，是个人尖子。她的家里，绝对不能有个人尖子。她不能接受，不能容忍！

她宁可要个窝窝囊囊的平庸的儿媳。

来了一个人尖子，把她往哪儿搁？

“你要娶王小玉，除非等我死了！”

小陈三不明白母亲为什么生那么大的气。小陈三是个孝子。“顺者为孝”。他只好听妈的，没有在家里吵嚷吼叫，日子过得还是平平静静的。但是小陈的妈知道，儿子和妈之间在感情上发生了很大的变化，她知道儿子对她有一种刻骨的怨恨。他一天不说话。他们的关系已经不是母亲和儿子，而是仇敌。

小陈的妈有时也觉得做了一件错事。她也想求儿子原谅她，但是，决不！她没有错！

她为什么有如此恶毒的感情，连她自己也莫名其妙。

在龙眼树上哭泣的小孩

✽黄春明

我们的记忆，都寄放在许多的人、事、物上，并且每个人寄放记忆的人、事、物，各自不同。我个人对龙眼就有两件深刻的记忆。

七岁那一年，随阿公到了他的友人家，他们一见面，热络地把小孩子忘在一边。当我表示无聊吵着要回家时，那位叫叔公的，他抱着歉意说："啊，我忘了！我带你到后院，后院的龙眼生得累累的。"他问我会不会爬树，阿公在旁说："这孩子像猴子一样，他常常在帝爷庙前的大榕树，爬起爬落像搬马戏。"他们把我留在树上，又到屋里喝茶聊天去了。我看到树上累累的龙眼，高兴得不得了，一上树，马上就摘一把龙眼吃。当然，这一把吃完还可以再摘。

他们老朋友谈话聊天聊到差不多了，阿公他们到后院来带我回家。他们惊讶地看到我抱着龙眼的树干在哭，他们不约而同地问我："你为什么哭？"我望着仍然结实累累的龙眼树，哭着说："龙眼那么多，我吃不完……"

我的话不但让两位老人笑歪了腰。后来我长大了，想到了总是不忘记再嘲笑我一番。

还有一段有关龙眼的记忆。

那是小学四年级了，有一位代课的女老师，要我们画图，画"我的母亲"。当每一位同学都埋头画他们的妈妈时，我还愣在那里不知怎么好。

老师责问我为什么还不画，我很小声地说："我母亲死了。"

老师突然客气起来，她很同情地问："你妈妈什么时候死的？"

我只知道一年级的时候，不知是哪一天。我更小声地说："我忘记了，我不知道。"

"不知道？"她小声而急切地问我。

这下我真的愣住了。老师再问我一次，我还是答不上来。

她急了："什么？妈妈哪一天死都不知道，你已经四

年级了呢！”

同学们的注意力都被老师的话吸引过来了。老师看到同学都在看我们时，老师就叫我站起来。

她大声地说：“各位同学，黄××说不知妈妈是哪一天死的！”

许多同学不知道是讨好老师呢，或是怎么的，他们竟然哄堂笑起来。

“有这样的孩子？妈妈哪一天死的都不知道。你的生日知道不知道？”

我想我不能再沉默了：“我知道。”

老师用很奇怪的声音吊了一下嗓子说：“嘿——有这样的学生？妈妈哪一天死了不知道，只知道自己的生日。”

同学们笑得更厉害，我羞死了，我想我真不应该，我想我犯了大错了，有多大，我不知道，我难堪之余急出答案来了。我说：“老师，我知道了。”

“哪一天？”

“龙眼很多的那一天。”

老师惊叫：“什么龙眼很多的那一天？”

同学们的笑声，差点儿把教室的屋顶掀了。

那一节课老师就让我直站在那里没理我，我想起妈妈死的那一天的经过，它历历如画的画面，就像电影一样，在脑子里重翻一遍。

妈妈弥留那一天，家里来了很多人，平时都很少见过他们，据说都是我们的亲戚。

阿嬷里里外外忙着，中午已过多时，我和弟弟因为还没吃，所以向阿嬷叫肚子饿。

阿嬷严厉地骂我说：“你瞎了，你母亲快死了，你还叫肚子饿。”

我们小孩当然不知道母亲快死了就不能叫肚子饿，不过看阿嬷那么生气，我们只好不再叫饿。我和弟弟各拿一个空罐准备到外头去捡龙眼核玩。

我们外头被卫生单位泼洒了浓浓的消毒药水，还围了一圈草绳，因为妈妈感染了霍乱。我们撩开草绳就钻出去了。

我们沿路捡路人吃龙眼随地吐出来的龙眼核，捡到帝爷庙的榕树下，有一群老人围在那里聊天，其中有人在吃龙眼。

我和弟弟就跟人挤在一起，为的是等吃龙眼的人吐出龙眼核。就这样过了一阵子，阿公急急忙忙走过来了。

这里的老人都认识阿公，也知道他的儿媳妇病危，有人问他说：“允成，你儿媳妇现在怎么样了？”

他没有直接回答老朋友的问话，只对我们两个小孩说：“你们母亲都快死了，你们跑来这里干什么！”

说完拉着弟弟就走，我随后头，只知道妈妈快死了，但是一点也不懂得难过。

当阿公带我们回到家门口时，暗暗的屋里看不到人影，但异口同声的一句话从里头轰出来，他们说：“啊！回来了！”

进到里面，弟弟被推到母亲的身边，妈妈有气无力地交代他要乖，要听话。

弟弟被拉开之后轮到我靠妈妈的时候，还没等妈妈开口，我就把捡了半罐的龙眼核亮给妈妈看，我说：“妈妈你看，我捡了这么多的龙眼核哪。”

我的话一说完，围在旁边的大人，特别是女人，他们都哭起来了，我也被感染，也被吓着了，没一下子，妈妈就死了。

哪知道“妈妈你看，我捡了这么多的龙眼核哪”这一句话竟然是我和母亲话别的话。

长大之后，看到龙眼开花的时候，我就想，快到了；当有人挑龙眼出来卖，有人吃着龙眼吐龙眼核的时候，我就告诉我自己说：“妈妈就是这一天死的。”

两个老闺蜜

✽简 媜

连续三日，气象局发布豪雨特报。难得等到雨歇，老妇人拎着煮好放凉的一瓶白鹤灵芝茶，撑伞出门。她得走一千米路，才能到她的小学同学家。

这同学也七十岁了。两人分别五十年后，有一日在小诊所内重逢。起初，彼此觉得对方那张镶蕾丝、挂着流苏（皱纹太多）的脸有点儿不一样，等护士喊名字，又觉得这名字不一样。后来，其中一人鼓起勇气对另一人说："我叫×××。噫！我是不是认识你呀？"标准的老太太重逢法。

两个老太太终于哎哟哎哟地执手相认，嗓门挺大，霎时忘了病痛，忘了五十年岁月像一头老母牛趴在她们背上喘。世界是怎么个转法呢？真像儿童乐园里的旋转杯，你拼命向友伴挥别，以为再也见不到了，哪知几次自转、公转后，两人又挨到一起。这世界，总让人晕晕的。

两人住同一小区，丈夫都没了，儿女也不在身边。老同学说："女人是油麻菜籽，生的小孩也是油麻菜籽，一撒就不见了。"幸好两人的身体还算硬朗，小毛病有几桩，大病尚未报到。

六七十年岁月称得上是"大足字本"悲苦人生，一人一本，共两大巨册供两个老太太"说书"。不是时间遗忘她们，这回是她们把时间扫地出门了。两个老同学一周见面三四次，天天通电话。看同一部连续剧，同一天上医院拿药，吃的蔬果愈来愈像，连眼睛痛都搽同一款药膏。仿佛小学生互抄作业，要对一起对，要错一起错。

不久，其中一人中风了，折腾个把月，幸亏不算太严重，一手一脚慢慢拖还能走，只是心情沉入谷底，一副只求一死的模样，常喃喃唤她死去丈夫的名字。

没中风的那个也像中了风，心里难受得茶饭不思。她天天到老同学家照应，鼓励她要按时吃药，别让保姆为难，要多做复健才能走到美容院烫头发，要快乐点儿才能多活几年。最后，搬出心底话："你不为儿女想也得为我想，我苦了一辈子才捡到个姐妹……"话未说完，两个老太太手拉手哭起来，害得保姆也跟着红了眼眶。

老妇人在自家院子里种了好几蓬白鹤灵芝草，一得空就煮一瓶给老同学送去，当青草茶喝。她为了鼓舞老同学，剪了几枝短茎栽入盆内，放在老同学家的院子里，让她早晚散步做复健时，有个东西可以盼。

豪雨初歇，老妇人趁这空隙出门，手中那瓶草茶看来有点儿沉。雨虽弱了，到处仍是湿漉漉的。她打伞，走得比往常慢，仿佛整个世界的雨水都压在她伞上。

老妇人未走到门口即大声唤老同学名字，这是她的习惯。坐在廊前等着的那个即刻起身，微拖一脚去开门。老妇人大惊："你别出来，地上滑……"门内的这个举起一个粗藤般结实的褐色拐杖，说："放心啦！有这个！"

接着，她们聊豪雨，比对八家电视台的气象预报，其敬业态度像天天得出海作业的渔人。两个老太太互搀着进屋，那情景让人觉得友谊不是抽象概念，是她们从年轻起即一针一线绣出的雪中送炭锦帕。她们实实在在靠着老姐妹攒存的炭火，把晚年烘暖了。

关公借钱

琦君

小时候在乡下看庙戏，总是外公或长工阿荣伯牵着我去。起先是规规矩矩坐在外公身边，猛啃甘蔗与荸荠，啃够了，就站在条凳上，踮起脚尖来看，又嫌被人挡住看不见，就要阿荣伯抱着我挤到戏台边，把台上的戏囡儿看得清清楚楚（我的家乡称演员为“戏囡儿”，大概认为他们是逗人快乐的囡囡吧）。我最喜欢那个演貂蝉的花旦，手托亮晃晃的铜盘，转得好利落。我还喜欢红脸关公和黑脸张飞，他们一出来，我就会合掌拜一拜，把他们当神佛一般。我尤其喜欢看张飞发脾气时，跺着脚“哇呀呀呀”地大叫，回家就学给妈妈看，妈妈笑骂：“姑娘家这样粗野，多难看哪！”

他们唱完戏，都会到我家的大院来游花园。我就紧跟在他们后面，一个个分辨，哪一个是扮关公的，哪一个是扮张飞的，有的连脸上的油彩都没洗净呢。母亲认出那个扮小丑的，笑着对他说：“你这个白鼻头儿，在戏里是个害人精，看你人倒是忠忠厚厚的嘛！”他说：“太太，我若是在戏里不会当害人精，就没饭吃啰！”外公坐在柴仓边的竹椅里，只是摸着胡子笑。

外公悄悄告诉我：“你妈妈最喜欢扮蓝袍青天大人的那个戏囡儿，也就是你最喜欢的红脸关公。昨天他推牌九，把一荷包的钱输得光光的，连买馄饨的铜板都没有，向我借，我就借了他一块银洋。”

“一块银洋啊！”我眼睛睁得大大的。

“哦，他们都好穷啊！挣一个，花一个，也没有积蓄。你不要告诉你妈哟，她会心疼的，又要埋怨我乱花钱了。”

“他会还你吗？”我也很心疼那块白花花的银洋呢。

“还什么呀？他们今天到东，明天到西，也不知今生今世会不会再碰头呢！”外公轻轻叹了一口气。

我愣愣地，心里说不出是什么滋味儿。

几天以后，老师要我写日记，写篇“看戏的感想”。我原只想写“我最最敬仰的关公”。因为我听小叔讲过《三国演义》，心里浮起的形象，就是舞台上的关公，右手捧着一卷书，左手捋着长须，挑灯夜读《春秋》的威严，多么令人敬仰！可是一想到扮关公的戏囡儿是个赌钱赌得满头大汗的人，就怎么也写不下去了。

我咬着笔杆发呆，外公说：“你就写‘关公借钱’，不是很有趣吗？”我连连摇头说：“不要，我不要把心里的关公变成那个样儿。”

那篇日记，没写好，稀里糊涂凑了几笔就交给先生。先生看了很生气地说：“心太散漫，以后不许看戏了。”我心里只想哭，觉得以后也真的不想看戏了，看了戏，人究竟是好是坏都分不清了。

猫在野棠花落处

刘梅花

那只猫，蹲在墙头上，半眯着眼睛，傲慢得很。一棵沙枣树叶子浓密，光影遮挡，它的脸上落下斑斑驳驳的树荫。猫的几根胡子在傍晚的光线里，发出一线一线的光芒。虽然看起来有点威风，可我实在不喜欢它。确切地说，我不喜欢所有的猫。

可是，玲子喜欢哪。她喵喵叫着，那只猫像箭一样射下来，跳到玲子脚边。玲子抱起猫，脸蹭在猫儿脸上，简直亲昵得不行。可是，猫的嘴是吃过老鼠的呀。我皱眉暗自思忖。更加过分的是，玲子挑起一筷子臊子面搁在猫的饭碗里，竟然连筷子都不洗，就大口吃饭。

我顿时嫌弃玲子家的臊子面，虽然炝了葱花，浇了油泼辣子。猫也跟着吃，我可不想和猫吃一锅饭。我说："吃饱了，剩下半碗给猫吧。"谁知，玲子却说："我家的猫不吃别人的剩饭，它很嫌弃的……""什么破猫。"我蔫蔫骂了一句。那只破猫不高兴，冲我喵喵叫了几声，瞪眼、龇牙，露出凶恶之相。它那眼神蔑视、傲慢、冷漠，简直令我生气。

自此，我到玲子家串门、写作业，再也不肯吃她家的饭。不过，玲子有事没事，腋下就夹着那只破猫，像夹着毛绒包包。猫的爪子伸得长长的，梗着脖子，被拎到这儿，提到那儿，有时还被扔到炕上滚几圈。玲子的哥哥也一样，出门的时候顺手抓起猫，进门又随便一扔。猫儿习以为常。

我问："你家的猫儿抓不抓老鼠？"玲子回答道："它并不抓老鼠哇，不是逮不住，是不想逮。实际上它连麻雀都能捉到，连小鸡都能抓住吃了，可有本事呢。你见过猫儿吃花朵吗？一定没有。我家的猫就吃，把海棠花都吃光了。"

"那么你家的老鼠谁抓呀？"

玲子说："老鼠嘛，虎子逮呀，你难道没看见，虎子很忙吗？草垛底下、房顶上、柴屋子里，它嗖嗖嗖跑来跑去干吗呢？就是逮老鼠哩。"虎子是她家的狗，又笨又肥，大概是老鼠吃多了。我大笑，她家的狗也够奇异的，操这份心。

玲子腋下夹着猫，带我去看狗逮耗子。她的裙子是蓝花绸子缝的，蓬蓬的，像一朵花。我的布鞋有点夹脚，慢吞吞跟着。似乎是秋天，树叶金黄，沙枣树上缀满果实，泛着光亮。两个小丫头，一只猫儿，嘀嘀咕咕，走在柔情的秋天里。

有一年，我的同桌菊一家要搬到县城去。临走，她送我一只布袋，袋子里有东西在呼呼地抓挠挣扎。她说："我家的猫儿送你吧，不然它太可怜了，你好好照顾它。"我点点头，提溜着那只不断动弹的布袋，眼睁睁看着她走远了，赶紧一扬手扔了。老天，我可不喜欢猫儿，能滚多远就滚多远。

那只猫很硕壮，一弓身从布袋里逃出来，一路呼啸而去。不过，主人一家已经搬走了，留下空空的院落，一院子凌乱的废物。它在留下的旧物间徘徊，怅然盯着屋子发呆。没有饭，没有水，猫蜷缩在一堆破棉絮里，神情疲惫哀怜。

猫被我扔掉，可是我许诺菊要照顾它的，心里总有些惴惴不安。每有空闲，就跑到菊家的空院子，趴在墙头上去看猫。那只猫倒也没有饿死，不过成了野猫。它瘦掉了半个身子，变得又细又长，瘦骨嶙峋，一副落魄的样子。

有时候，它蔫蔫的，收起爪子卧在窗台上，眼神悲凉。有时候，下了雨，它就躲在屋子里，只从风刮破的窗纸里露出眼睛。天气好的时候，猫伸着四肢，仰着脖子，在南墙下睡觉。有一回，它就在墙头上溜达，瞪着我看，充满了敌意。然后轻轻举起爪子，慢慢朝后退去。想来它肯定不认识我，我只拎了一会儿就把它扔掉了，它哪里会记得。

这只被抛弃的猫，一定也哭泣过。它爬到沙枣树上啃沙枣、逮麻雀，也会溜到别人家里偷吃鸡食，常常被邻居们追打到墙头上去。主人不在身边的事情，别的猫儿们显然不曾经历。它们瞧不起它，朝它呵斥，跟它打架。有一次，我看见它浑身的毛被撕咬去几块，伤痕累累地躺在窗台上喘气。我以为它要死了，不过隔几天去看，猫好好的，蜷缩在树荫下，打着呼噜睡觉。一个废弃的院落，是庇护它的家。好歹，它有个落脚的地方，虽然四处流浪。

小孩子们玩一种小弓箭，这只野猫就成了靶子。他们大呼小叫地追杀它，拉开小弓箭射过去。猫狼狈逃窜，拖着瘦弱的身子死命奔跑。好几次，它的尾巴、脖子都被射中了。可怜的猫儿，躲在树上不敢下来，疼得哀叫着。树下的孩子们迟迟不肯散去，兴奋地大喊大叫，像围猎了一只老虎一样激动。

菊回了一趟村子，看到她心爱的猫活成了野猫。她很难过，问我："你扔了它呀？"我委实感到尴尬，就说："猫想家呢，我总不能天天拴着它。"菊扭过脸不说话，悄悄看墙头的猫。我以为她回城的时候要带走猫，但她没有，仍旧让它当野猫。

两个小丫头，在树下沉默良久，各自分开走了。那只猫，在不远处的墙头上伤心地叫着。我不知道它吃不吃海棠花，倘若吃，也许会少挨几顿饿。不知怎么回事，我想到那只猫，就觉得它在野海棠花深处藏着。

我家的亲戚住在焦家湾，一个沙窝窝里。我最怕去她家，一村子的厉害狗也就罢了，关键是她家养猫。虽说那只猫温柔，眼神也不冷漠，还时不时蹭到我脚边亲热，但我怕它。

夜里，大家都呼呼睡了，那只猫提起爪子，轻轻走过来，掀起谁的被角钻进去，咕噜咕噜念经。我紧紧裹住自己，被角掖得牢牢的，不许猫儿钻进来。倘若我一觉睡醒，摸着一个毛乎乎的东西，温热、骨骼分明，还在咕噜咕噜叫，我会立刻大叫一声，一把抓出来扔了。可是那只猫儿很固执，最喜欢我的被窝，竟然藏在被子里不肯出来。我每次醒来，赶紧伸腿动脚，看猫在不在被窝里。果然，它躲在腿弯里，蜷缩成一团睡得正香。我惊叫着掀起被子，抓起猫就扔，惊得一屋子人都爬起来。那时候乡村里都是大炕，填了麦草，热乎乎地睡着一大家人。

猫被扔的次数多了，就生气。它爪子上尖利的指甲钩住床单，挂在炕上，拽不下来。我狠狠抓它，它的爪子也抓我，我的手背就被猫挠出一道血痕。结果打扰得一屋子人都睡不好。我说，我害怕猫儿。大家都惊讶，不过是一只猫儿，有什么可害怕的呢？

谁知道呢，我就是怕猫儿。大概，我是属鼠的吧。一看见猫儿，我就想躲远一点，才不想和它亲昵。摸它的毛、抱在怀里、喂饭，想都不要想。不喜欢猫的原因，竟是怕它。

有一天清晨，走过一条林荫小道，一只小猫突然跑过来，活蹦乱跳的，在晨光里看我。它的身上沾着草穗，眼神略带忧伤，前爪支起来，样子乖顺。我心里突然涌起怜悯，有一种想带它回家的冲动——天地之间，一个小小的柔弱的生命，在这样一个初阳升起的时候，和一个柔弱的人，相遇在树荫里，彼此对视。

那一刻，眼泪也浮出来，漂泊的我，想抱抱那只流浪的小猫。

风把从前吹得好远

✽沈奇岚

一天，马路特别空荡，人们都在哪里聚着看球吧。晴晴看了看车站上的车次表，下一班车还有20分钟才到。她抬起头来闭着眼睛吹了一会儿风，决定走路。天还蓝着，绿绿的树顶上团簇着一圈圈白色的花，空气里有着隐隐约约的香气，路边的玫瑰开得正红。她一个人走在老城的石子路上，四周安静得出奇，仿佛走在梦里。

经过街道拐角的酒吧，一阵热气从门口袭来。晴晴朝里瞄了一眼，只看见大屏幕上晃着跑动的人影，人们坐在桌上、椅上，手里拿着啤酒，脸上隐隐映着屏幕的绿色。他们在他们的世界里。

晴晴也是去过酒吧的。那时刚来德国，对什么都好奇，该玩的也都玩过，金属音乐、后摇滚派对、哥特节，没有什么能让她一直喜欢下去。这里的夏天不够热烈，和所有的事物一样，没法在她的记忆里留下印记。

真正的夏天还是在从前，那时候晴晴可能12岁，也可能13岁。那时还是没有空调的房间，老房子里有些闷热，电风扇一圈一圈慢悠悠地转着。爸爸总是在电风扇下光着膀子沉沉地睡，打着呼噜，一声长，一声短。午睡之后总是有西瓜可以吃，那是前夜就浸在井水里的瓜，用刀子轻轻一碰，就能豁开齐齐的一道口子，露出红色的瓤，黑得发亮的子儿。从睡下到吃瓜的这段时间，如果睡得着就很短，如果睡不着就很漫长。睡不着的时候，晴晴就看着头顶的电风扇一圈一圈地转。有时候她蹑手蹑脚地起身，把电风扇的开关从“7”旋到“1”，电风扇就“哗哗哗”飞快地转起来，房间里顿时像台风来临，连凉席的边都被吹得微微颤动起来。爸爸翻了个身，往身上拉了拉毯子，继续睡去。晴晴又把电风扇从“1”旋到“2”，再旋到“3”，一边旋转一边观察电风扇的速度，直到无聊了，又继续躺下，听窗外的蝉叫。

夏季的每一天好像都是这样度过的。

家里厨房的窗户上面有个收音机模样的扩音喇叭，喇叭下面垂着一根细细的绿色的线。每次吃饭前，伯伯总是伸手拉一下那根绿色的线，然后喇叭就开始播放节目，有时候是音乐，有时候是故事。晴晴有一次去田里送饭，走在田埂上，田野上的喇叭里正在说孔雀公主的故事。她听得津津有味，放慢了脚步，直到听到孔雀公主和心爱的小伙儿幸福地在一起时，才发现手里的饭菜都凉了，匆匆奔去田里，看见伯伯和叔叔都蹲在田埂上抽着烟，笑眯眯地等着她。

那广播一直在空气里传着声音，和空气一样无时不在，稀薄透明：大人打谷的时候，晴晴和朋友们在院子里跳皮筋的时候，用晾衣竿戳树上的鸟窝的时候，去摘邻居家树上果子的时候……

到了晚上，大人们歇了工，在谷场摆了桌子搓起麻将，晴晴就和朋友们一起去河边玩，在河边撒上吃剩的西瓜子儿，期待来年可以长出一些大西瓜。晴晴还喜欢玩河里的小鱼苗，把碗伸到河里，随意一舀就是黑压压一碗，像一碗细线。她数哇数哇数到头晕，就再把鱼苗放回河里。天色渐渐暗下去，大人们拉了好长的电线，在麻将桌上方支起一盏电灯来。飞蛾纷纷扑了过来，影子映在谷堆上，持久巨大得像是风在谷堆上跳舞。

这样的夜晚，在晴晴去城市读书之后再也没有过。

“噢！”经过的那家汉堡店里传出一阵骚动，德国队进了球。有人冲出门口，仰天大叫了一番。晴晴微笑地看着这些狂喜的人们，她知道他们平时并不这样放肆和直接。

她也爱上过蓝眼睛，可即使在最亲密的关系里，他们都始终有着自己的方式和原则。汉堡店隔壁的咖啡店里，从第一次喝咖啡到最后一次，她和蓝眼睛始终分开付账。和这里所有的事物一样，没有什么特别刻骨铭心的，只是一时一地的善良温柔打动了自己，接近一下。

聚或者散，不增添爱，也不减少孤独。

晴晴从前不知道爱原来可以不伤及灵魂。最早关于爱的启蒙教育是琼瑶剧，那时候晴晴可能14岁，也可能15岁。她和奶奶一起睡，两个人一起看小小的黑白电视机，里面的人为了爱情歇斯底里。

奶奶房间的隔壁就是家里的仓库，里面堆着隔年的米，晴晴常去米袋里抓米虫玩。有一次晚上去仓库，晴晴听见米袋中间有细微的说话声，上前一看，是既喜悦又害羞的表姐，旁边是在谷场见过的叔叔。他们抬头看了晴晴一眼，又继续低声说起来。晴晴退出门，走回奶奶的房间，黑白电视机上是个情绪激动的女人，奶奶看得很投入。晴晴躺在凉席上，看着头顶的电风扇一圈一圈地转，心里有些好奇，也有些疑惑。

后来表姐很快就嫁了人。晴晴再看到表姐的时候，她腰圆圆的，脸鼓鼓的，戴着草帽，声音洪亮，手脚勤快。

读了高中之后，晴晴一直住在学校里，只有暑假的时候才回老家。她渐渐也成了有心事的女孩子，会在田野里静静地望着远方，好久好久。那年晴晴可能16岁，也可能17岁。爸爸在午后拿着凉席出来，号召大家午睡。晴晴躺在凉席上，睁着眼睛睡不着。身子底下是浸了一年又一年汗渍的凉席，爸爸说这凉席睡得越久颜色就越深，每次睡下的时候也越凉快。晴晴翻来覆去地睡不着，心里惦记着后座的男生，那个上课陪她说话、周末陪她散步的男生。晴晴觉得一直陪伴着就好，可回老家后想起他来，心口总是有些发烫，总觉得应该做些什么才好。她决定写信，从英文作业本上撕下两张纸来，把课本垫在下面。可她不知道写什么好。电风扇吹着信纸，纸面上下翻飞，像她的心一样上上下下的。爸爸翻个身，她就把课本一合，回头观察动静。

写了信、寄了信之后的夏天就更漫长了。晴晴每天都在等信，等不到时心里就失望、焦急。她就拿上苍蝇拍，去到厨房，对着落在灶台上的苍蝇一阵乱拍；或者到后院，追着鸡鸭跑上一圈，鸭子惊得飞过一条河去，母鸡们惊惶地跑来跑去。骚扰过鸡鸭之后，晴晴觉得自己有点好笑，就慢慢走回屋去。

那天伯伯是惊慌失措地冲进家里的，喊起了正在睡觉的爸爸。他们急急地骑着自行车去到邻村，奶奶在房里一脸愁容地等待着。晴晴一个人切了西瓜，吃了西瓜，看天暗下去，熟睡过去。深夜里醒来，听见伯伯的房里一阵阵的哀号。表姐生第二个孩子的时候难产死了，她一定要再生个儿子，可留下的都是女儿。

接下来的日子，家里很忙，没有人午睡。晴晴有时经过隔壁放米的仓库，总是会想起表姐那又害羞又惊喜的神情。隔年的米味道重了许多。

做道场的时候很热闹，三天三夜的丧事，很多亲戚哭哭啼啼，很多邻居就来吃了三天的饭。晴晴觉得那些热闹和自己无关，她跑去河边，那里有她和表姐一起种过的西瓜子儿，但始终没有长出西瓜来。

“嘟嘟——”马路上的车开过的时候都在鸣笛。土耳其队追平德国队之后，德国队又进了一个球，赢了。满脸喜悦的人们扯着国旗在街上跳舞，车子放肆地鸣着笛，有人摔酒瓶，有人唱歌，人们开始狂欢。

又是那么多不属于她的热闹。

晴晴加快了脚步，走到家门口。打开信箱，拿出两封信，都是账单。打开门，放下书包，走到厨房，开始烧水。马路上的喇叭声接连不断，开水壶响着，她从冰箱里拿出两块西瓜来，坐到阳台上，看着天际，吃一口西瓜，看一会儿云。

夏天到了，而故乡更远了。

谁的叫声让一束花香听见

刘亮程

一些沙枣花向着天上的一颗星星开，那些花香我们闻不见。她穿过夜空，又穿过夜空，香气越飘越淡。在一个夜晚，终于开败了。

可能那束花香还在向远空飘，走得并不远，如果喊一声，她会听见。

可是，谁的叫声会让一束花香听见。那又是怎样的一声呼唤，她回过头，然后一切都会被看见——一棵开着黄白碎花的沙枣树，枝干扭曲，却每片叶子都向上长，每朵花都朝天开放。树下的人家，房子矮矮的，七口人，男人在远路上，五岁的孩子也不在家，母亲每天黄昏在院门外喊，那孩子就蹲在不远的沙包上，一声不吭，看着村子一片片变黑，自己家的院子变黑，母亲的喊声变黑。夜里每个窗户和门都关不住，风把它们一一推开。那孩子魂影似的回来，蹲在树杈上，看着空荡荡的房子。人都到哪去了。"妈妈，妈妈。"那孩子使劲喊，却从来没喊出一句。

另外一个早晨，这家的男人又要出远门，马车吆出院子，都快走远了，突然听见背后的喊声。

"呔。"

只一声。他蓦然回头，看见自己家的矮土房子，挨个站在门前沙枣树下的亲人：妻子一脸愁容，五个孩子都没长大，枯枯瘦瘦的，围在母亲身边。那个五岁的孩子站在老远处，一双眼睛空空荡荡地望着路——这就是我的日子。他一下全看见了。

他满脸泪水地停住。

他是我父亲，那个早晨他没走成，被母亲喊住了。我蹲在远远的土墙上，看见他转身回来。车上的皮货卸下来，马牵进圈棚。那以后他在家待了三年，或是五年，我记不清。我以后的生活被别人过掉了，我再没看见这个叫父亲的人。也许他给别人当父亲去了。我记住的全是他的背影，那是他青年接近中年的样子，脊背微驼，穿一件蓝布上衣，衣领有点破了，晒得发白的后背上，落着尘土和草叶，他不知道自己脊背上的土和草叶，他一直背着它。那时候我想，等我长大长高一些，我会帮他拍打脊背上的土，我会帮他把后脑勺的一撮头发捋顺。我一直没长大。我像个跟屁虫，跟在他后面，似乎从没走到前头，看见过他的脸。我想不起他的微笑，不知道他衣服的前襟，有几只纽扣，还有他的眼睛，我只看见他看见过的东西，他望远处时我也望远处，他低头看脚下的虫子时我也看着虫子，他目光抚过的每样东西我都亲切无比。但我从没看见他的眼睛。有一天我和他迎面相遇，我会认不出他，与他相错而去。我只有跟在后面，才会认识他，才是他儿子。他只有走在前面，才是我父亲。

在我更小的时候，他把我抱在胸前，我那时的记忆全是黑暗，如果我出生了，那一刻我会看见，我的记忆到哪去了，我怎么一点都想不起出生时的情景，我连母乳的味道都忘记了，我不会说话的那几个月、一年，我用什么样的声音说出了我初来人世的惊恐和欢喜。

还有什么没有被看见。

那棵沙枣树又陪我们过了一年。如果树有眼睛，它一样会看见我们的生活，看见自己的叶子和花在风中飘远。更多的叶子落在树下，被我们扫起。树会看见我们砍它的一个枝干做了锨把。那个断茬慢慢地长成树上的一只眼睛，它天天看见立在墙根的铁锨，看见它的枝做成的锨把，被我们一天天磨光磨细。父亲拿锨出去的早晨它看见了，我一身尘土回来的傍晚它看见了。整个晚上，那个断茬长成的树眼，直直地盯着我们家院子，盯着月亮下的窗户和门。它看见什么了。那个蹲在树杈的五岁男孩又看见了什么。

夜夜刮风。风把狗叫声引向北边的戈壁沙漠。雪把牛哞单独包裹起来，一片片撒向东边的田野。雨落在大张的驴嘴里。夜晚的驴叫是下向天空的一场雨，那些闪烁的星星被驴叫声滋润。每一粒星光都是深夜的一声惊叫。我们听不见。我们看见的只是它看我们的遥远目光。

多少年后，我才能说出今天傍晚的一滴雨，它落在额头，冰凉传到内心时我已是一个中年人。当什么突然地击疼我，多少年后，谁发出一声叫喊。那些我永远不会叫出的喊声，星星一样躲得远远的。我被它胆怯地注视。

多少年后，我才碰见今天发生的事情，它们走远又回来。就像一声狗吠游遍世界回到村里，惊动所有的狗，跟自己多年前的回音对咬。

有一种小黑沙枣，专门长着喂鸟。人也喜欢吃。熟透了黑亮黑亮。人看着树上的沙枣做农活，沙枣刚黑一点小尖时，编耱，收拾磙子。沙枣黑一半时，麦种摊在苇席上晾半天，拌种的肥料碾碎。沙枣全黑时鸟全聚在树上，人下地，把麦子播撒下去。对鸟来说，沙枣的甘甜比麦粒可口，顾不上到地里刨食麦种。树上的沙枣可以让鸟一直吃到落雪前，那时麦苗已长到一拃高，根早扎深了。鸟想到吃麦粒时已经太晚。

我们在一棵沙枣树下生活多少年，一些花香永远闻不见。几乎所有的沙枣花向天开放，只有个别几朵，面向我们，哀哀怨怨的一袭香环家绕院。

那些零碎星光，也一直在茫茫夜空找寻花香。找到了就领她回去。它们微弱的光芒，仅能接走一丝花香，再没力气照在地上。

更多的花香被鸟闻见。鸟被熏得头晕，满天空乱飞，鸣叫。

还有一些花香被那个五岁的孩子闻见。花落时，他的惊叫划破夜晚。梦中走远的人全回来，睁大双眼。其实什么都看不见，除了自己的梦。

你要做什么呢

王安忆

在我学琴的时候，一个唱歌的朋友带我去见一个拉琴的朋友。路上，他告诉我，那朋友琴拉得很好，可是因为成分不好，屡次上调不成，投考文工团也终因政审不及格而不成。最后，他进了一个县级的剧团。

真倒霉呀！我叹息。

此时，我亦在农村，亦在投考文工团。成分马马虎虎，尚说得过去，问题则是业务能否及格了。

记不得是哪一条马路了。总之，我懵懂地跟着唱歌的朋友拐进一条弄堂，走上一弯木楼梯。还没上完楼梯，就听前边招呼起来。

楼梯拐角上立着一个谱架，有个人站在谱架前边，手里挥着一根指挥棒，谱架上放着几页密密麻麻的总谱。

他引我们走进一间亭子间，然后让座，然后倒水，然后让我拉琴给他听。

他很认真地看着我拉琴，听我拉完一支曲子，给我讲了些什么。讲的什么我全忘了。

后来，他拉给我看，他拉得很认真，拉完一支曲子，又给我讲了些什么。讲的什么，我也全忘了。

最后，他帮助我处理了两支曲子。把技巧高的地方简化，让我能够胜任；又加入一些出人意料的手法，用来唬人——以应付招考。他讲了许多，我都记不得了。

“每天练四个小时才好。”他对我说——这个，我记得的，他正伏在桌上帮我修改谱子。

我不说话。停了一会儿，我说：“我并不喜欢拉琴。”

“那么，你喜欢做什么呢？”他回过头来看了我一眼，微笑着说，“你要做什么呢？”

我不说话。

过后，他们开始聊天，并且拉琴和唱歌。我只能靠在边上看着他们。

过后，我们告别了，走下木楼梯，走出弄堂，走出那条马路。

那样的年龄，莫名其妙地有着一肚子莫名其妙的情感，找不到出口，也是难受的事。于是，便写一些见不得人的诗，写一只娃娃，写隔壁的男孩子……一切都写尽写完了，却还要写。实在没什么可写的了，忽然想起了那个人的那一句话：

“你要做什么呢？”

也不知为什么，没有想起别人，而要想起这个人，没想起别的话，只想起这一句。于是又写了一首诗，题目就叫作《你要做什么呢？》，大意是，一个人总必须做点什么，不可虚度光阴。

很多日子过去了，很多悲欢成了往事。终于考上了文工团，每天不练琴也能混口饭吃，每天练八小时也不见得长进。自己明白不是拉琴的料，又不知自己究竟是做什么的料。无聊的时候，东想西想，偶尔会想起这个人，他微笑着对我说：

“你要做什么呢？”

他的微笑，我记得尤为清晰，忠厚的、宽容的、亲切的。那人的模样，还隐隐地能记起一些：高高的，瘦瘦的，戴眼镜的。似乎是很不难看的。如果交往下来，或许能成为朋友，甚至能成……越想越大胆，越发的莫名其妙，越发的无聊起来。看来，一个人确实必须要做点什么，不做什么，就会无聊。可是，我终究要做什么呢？还是想不明白。

后来，不知不觉地写起小说，被叫作“作家”。深感终于找到了与之相宜的事情，终于有些事情可以做做。每日早起晚睡，煞有介事地写来写去，写完许多白纸和墨水。忙得很欢，心中不再有空处去乱找情感来排解了。倒是充实。

然而，眼看着许多的劳动者为社会创造切实可见的物质财富，改革家为社会经济体制出谋划策，科学家实践着新的技术革命，运动员赢得锃亮的金牌，让全世界抬头仰望五星红旗升起……看到自己忙来忙去为了一张白纸，真觉得空洞得可以，不着天又不着地。忽又茫然起来，想洗手不干。可是到了这个份儿上，莫说从头学起困难重重，连学什么都没个数呢。胡思乱想起来，有时候又会想起那位萍水相逢的朋友，他微笑着转过头对我说：

“你要做什么呢？”

是啊，我要做什么呢？一个人总必须要做点什么，否则就更加空洞了。

也只有这样了。只有这样做下去，既然一个人总要做点什么。不做什么，会平添烦恼。无事生非嘛！

多少悲欢变成往事，往事又过去。淡了的淡了，忘了的忘了，不愿想的就不去想，不愿忘的就写下来。可是有一种东西是你没想而又没忘的，它像是被记忆的筛子误留下的一颗小小的微粒，躲在记忆的角落。有时候，会突然闪一下，却又熄灭。这短暂的闪烁终究会留下一点什么。

我再记不起那是一条什么马路，一条什么弄堂，一弯什么样的楼梯，一间什么样的亭子间。我不知道他叫什么名字，在哪里工作，现在怎样，还好吗？我只记得他对我说过这样一句话：

“你要做什么呢？”

是啊，我要做什么呢？我总要做点什么吧！

窃读记

✿林海音

转过街角，看见三阳春的冲天招牌，闻见炒菜的香味，听见锅勺敲打的声音，我松了一口气，放慢了脚步。下课从学校急急赶到这里，身上已经汗涔涔的，总算到达目的地——目的可不是三阳春，而是紧邻它的一家书店。

我趁着慢步给脑子一个思索的机会："昨天读到什么地方了？那女孩不知最后嫁给谁？那本书放在哪里？左角第三排，不错……"走到三阳春的门口，便可以看见书店里仍像往日一样地挤满了顾客，我可以安心了。但是我又担忧那本书会不会卖光了？因为一连几天都看见有人买，昨天好像只剩下一两本了。

我跨进书店门，暗喜没人注意，我踮起脚，使矮小的身体挨蹭过别的顾客和书柜的夹缝，从大人的腋下钻过去。哟，把短发弄乱了，没关系，我到底挤到里边来了。在一片花绿封面的排列队里，我的眼睛过于急忙地寻找，反而看不到那本书的所在，从头来，再数一遍，啊！它在这里，原来不是在昨天那位置了。

我庆幸它居然没有被卖出去，仍四平八稳地躺在书架上，专候我的光临。我多么高兴，又多么渴望地伸手去拿，但和我的手同时抵达的，还有一只巨掌，五个手指大大地分开来，压住了那本书：

“你到底买不买？”

声音不算小，惊动了其他顾客，他们全部回过头来，面向着我。我像一个被捉到的小偷，羞惭而尴尬，涨红了脸。我抬起头，难堪地望着他——那书店的老板，他威风凛凛地俯视着我。店是他的，他有全部的理由用这种声气对待我。我用几乎要哭出来的声音，悲愤地反抗了一句：

“看看都不行吗？”其实我的声音是多么软弱无力！

在众目睽睽之下，我几乎是狼狈地跨出了店门，脚跟后面紧跟着的是老板的冷笑：“不是一回了！”那口气对我还算是宽容的，仿佛我是一个不可以再原谅的惯贼。但我是偷窃了什么吗？我不过是一个无力购买而又渴望读到那本书的穷学生！

曾经有一天，我偶然走过书店的窗前，窗里刚好摆了几本慕名很久而无缘一读的名著，欲望推动着我，不由得走进书店，想打听一下它的价钱。也许是我太矮小了，不引人注意，竟没有人过来招呼，我就随便翻开一本摆在长桌上的书，慢慢读下去，读了一会儿仍没有人理会，而书中的故事已使我全神贯注，舍不得放下了。直到过了好大一会儿，才过来一位店员，我赶忙合起书来递给他看，煞有介事地问他价钱，我明知道，任何便宜价钱对于我都是枉然的，我绝没有多余的钱去买。

但是自此以后，我得了一条不费一文读书的门径，下课后急忙赶到这条“文化街”，这里书店林立，使我有更多的机会。

一页，两页，我如饥饿的瘦狼，贪婪地吞读下去，我很快乐，也惧怕，这种窃读的滋味！有时一本书我要分别到几家书店去读完，比如当我觉得当时的环境已不适宜我再在这家书店站下去了，我便要知趣地放下书，若无其事地走出去，然后再走入另一家。

我希望到顾客正多着的书店，就是因为那样可以把矮小的我挤进去，而不致被人注意。偶然进来看看闲书的人虽然很多，但是像我这样常常光顾而从不买一本的，实在没有。因此我要把自己隐藏起来，真像个小偷似的。有时我贴在一个大人的身边，仿佛我是与他同来的小妹妹或者女儿。

最令人开心的还是下雨天，感谢雨水的灌溉，越是倾盆大雨我越高兴，因为那时我便有充足的理由在书店待下去。好像躲雨人偶然避雨到人家的屋檐下，总不好意思赶走吧？我有时还要装着皱起眉头不时望着街心，好像说：“这雨，害得我回不去了。”其实，我的心里是怎样高兴地喊着：“再大些！再大些！”

但我也不是个读书能够废寝忘食的人，当三阳春正上座，飘来一阵阵炒菜香时，我也饿得饥肠辘辘，那时我也不免要做个白日梦：如果袋中有钱该多么好！到三阳春吃碗热热的排骨大面，回来这里已经有人给摆上一张弹簧沙发，坐上去舒舒服服地接着看。我的腿真够酸了，交替着用一条腿支持另一条，有时忘形地撅着屁股依赖在书柜旁，以求暂时的休息。明明知道回家还有一段路程要走，可是求知的欲望这么迫切，使我舍不得放弃任何可捉住的窃读机会。

为了解决肚子的饥饿，我又想出一个好办法，临来时买上两个铜板（两个铜板或许有）的花生米放在制服口袋里。当智慧之田丰收，而胃袋求救的时候，我便从口袋里掏出花生米来救急。要注意的是花生皮必须留在口袋里，回到家把口袋翻过来，细碎的花生皮便像雪花一样飞落下来。

但在这次屈辱之后，我的小心灵受了创伤，我的因贫苦而引起的自卑感再次地犯发，而且产生了对人类的仇恨。有一次刚好读到一首真像为我而写的小诗时，更增加了我的悲愤。那小诗出自一个外国女诗人的手笔，我曾抄录下来，贴在床前，伤心地一遍遍读着，小诗说：

我看见一个眼睛充满热烈希望的小孩，
在书摊上翻开一本书来，
读时好似想一口气念完。
开书摊的人看见这样，
我看见他很快地向小孩招呼：
“你从来没有买过书，
所以请你不要在这里看书。”
小孩慢慢地踱着叹口气，
他真希望自己从来没有认过字母，
他就不会看这老东西的书了。
穷人有好多苦痛，
富的永远没有尝过。
我不久又看见一个小孩，
他脸上老是有菜色，
那天最少是没有吃过东西——
他对着酒店的冻肉用眼睛去享受。
我想着这个小孩情形必定更苦，
这么饿着，想着，这样一个便士也没有。
对着烹得精美的好肉空望，
他免不了希望他生来没有学会吃东西。

我不再去书店，许多次我经过“文化街”都狠心咬牙地走过去。但一次，两次，我下意识地走向那熟悉的街，终于有一天，求知的欲望迫使我再度停下来，我仍愿一试，因为一本新书的出版广告，我从报上知道好多天了。

我再施惯技，又把自己藏在书店的一角。当我翻开第一页时，心中不禁轻轻呼道：“啊！终于和你相见！”这是一本畅销的书，那么厚厚的一册，拿在手里，看在眼里，都够分量！受了前次的教训，我更小心地不敢贪婪，多串几家书店更妥当些，免得再遭遇到前次的难堪。

每次从书店出来，我都像喝醉了酒似的，脑子被书中的人物所扰，踉踉跄跄，走路失去控制的能力。“明天早些来，可以全部看完了。”我告诉自己。想到明天仍可以占有书店的一角时，被快乐激动得忘形之躯，便险些撞到树干上去。

可是第二天走过几家书店都看不见那本书时，像在手中正看得起劲的书被人抢去一样，我暗暗焦急，并且愤愤地想：皆因没有钱，我不能占有读书的全部快乐，世上有钱的人这样多，他们把书买光了。

我惨淡无神地提着书包，抱着绝望的心情走进最末一家书店。昨天在这里看书时，已经剩了最后的一册，可不是，看见书架上那本书的位置换了另外的书，我的心整个沉下了。

正在这时，一个耳朵架着铅笔的店员走过来了，看那样子是来招呼我的。我多么怕受人招待！我慌忙把眼睛送上了书架，装作没看见。但是一本书触着我的胳膊，轻轻地送到我的面前：

“请看吧，我多留了一天没有卖。”

啊，我接过书害羞得不知应当如何对他表示我的感激，他却若无其事地走开了。被触动的情感，使我的眼光久久不能集中在书本的黑字上。当书店里的日光灯忽地亮了起来，我才觉出站在这里读了两个钟点了。我合上最后一页——咽了一口唾沫，好像所有的智慧都被我吞食下去了。然后抬头找寻那耳朵上架着铅笔的人，好交还他这本书。在远远的柜台旁，他向我轻轻地点点头，表示他已经知道我看完了，我默默地把书放回书架上。

我低着头走出去，黑色多皱的布裙被风吹开来，像一把支不开的破伞，可是我浑身都松快了。摸摸口袋里是一包忘记吃的花生米，我拿一粒花生送进嘴里，忽然想起一句语文老师鼓励我们用功的话：

“记住，你是吃饭长大，也是读书长大的！”

但是今天我发现这句话还不够用，它应当这么说：

“记住，你是吃饭长大，读书长大，也是在爱里长大的！”

当老人变成孩子

✽刘墉

天热，吃凉面。“你不知道吗？我从来不爱吃面。”87岁的老母，居然把碗一推，转身去冰箱拿了面包和肉松。

一边把肉松往面包里夹，一边没好气地说：“看到面，我就想起你老叔，想起他，我就有气！那年，我刚嫁到你们刘家，你奶奶怪，你老叔更混蛋。”

“给他做了面，他偏要吃饺子；等他吃完饺子，我回头吃那碗面，早凉了，我一边吃，一边掉眼泪。告诉你！记住了！妈从那时候开始，就恨吃面。”

吃完饭，一家人在餐桌上吃水果。5岁小孙女的水果，照例由奶奶料理。

将近90岁了，老人家的手还挺稳，削完了苹果又切桃子。

“我要桃核！”小孙女喊着，“我要去种。”

“种桃子干什么？”老奶奶停下刀，叮嘱着小孙女，“要种杏，别种桃！”

一桌人都怔了。“‘桃’就是‘逃’！我逃一辈子了，先逃‘老义军’（军阀），再逃小日本，还逃得不够吗？”老奶奶喃喃地说，“所以要种就种杏，幸幸福福过几年太平日子。”

不知为什么，跟着老母40多年，最近却听了她一堆新故事。说实在话，我从不知她不爱吃面，也不晓得她忌讳种桃子。怎么一下子，全出笼了？连最近小女儿跟她学的儿歌，都是我以前没听过的。

“怎么没听过？我从小就唱！”老母还不承认，“我爹教我的。”

最近提到我外公，老母的表现也不一样了。以前她恨他，恨他又娶了个小的，现在却“我爹、我爹”叫得愈来愈亲切。好像她缩小了，我外公又站在了她的面前。

于是，那个原来所谓不苟言笑、偏心、重男轻女的老头子，便一下成了会说故事、会唱儿歌、会买咕咕钟的“好爸爸”。

“我爸爸也一样。”一位老朋友颇有同感，“以前提到我爷爷，他都好像要立正似的，说‘我的父亲’。可是这两年不同了，他会说‘我阿爸带我去抓鱼’‘我阿爸教我游泳’。当你看他说话的样子，他不再是我的爸爸，倒成了一个孩子。”

老人家确实愈来愈像个孩子。过去她很不喜欢小孩，后来只爱自己的孙子、孙女，现在则只要是孩子，她就喜欢。

有一天，妻带她从外面回来，看她提个重重的塑胶口袋，我问她买了什么。

“买什么？你不会感兴趣的！全是糖，给小孩吃的。”

每次有小孩来玩，不论是亲戚的小孩或邻居的洋孩子，就都往她的房里钻。每个人出来，都鬼鬼祟祟地捂着口袋，说老奶奶叫他们别说，把糖偷偷吃掉，或藏起来。

只是老人也像孩子般，愈来愈跟人分你我。好比爱藏玩具的孩子，什么东西都要是自己的。

原来几大瓶维生素片，放在厨房，一家人吃，只要去拿就成了。不知从什么时候开始，老人自己存了一瓶。吃完饭，一定要回房，吃自己的。

原来一家人围着看电视，现在老人叫我又为她买了一个，放在她的房间，常躲在屋里自己看。还把小孙女叫进去，和她一起看卡通。

她真成了个孩子，使我想起儿子小时候，喜欢用纸盒子和脚踏车围成一圈，然后躲在里面，说那是他的家。过去年轻时，她喜欢串门聊天，现在还喜欢，只是不再出去串门，而希望别人来我们家，而且最好是能进她的房间，坐在她的床边，跟她讲悄悄话。

有一天，我在花园工作，老母迈着小脚，一步步凑过来，又拉着我的袖口，走到院子一角，神秘兮兮地说：“来！妈问你，你赚的钱，够不够下半辈子花？人都会老，别一天到晚乱花，存着点儿，等老了用！”

我笑了起来：“原来是这事，干吗神秘兮兮的？”

“当然了！咱们娘儿俩，总也有点悄悄话吧？”老人居然转过脸去，有点激动，“你知道吗？咱们好久没说私房话了。”

突然发现老人的寂寞。一家七口，虽然热热闹闹，但在她的心底，由于身体的衰退，愈来愈失去安全感，也愈来愈怕寂寞了。

或许人的一生，就像日出与日落吧！似乎回到同样的位置，只是方向不同。

由出生时的啼哭，需要抚爱，需要拥抱；到开始学走路，开始抓取自己的东西；到“扮家家酒”，假设有个自己的小家；到愈长愈壮，觉得天地之间，可以处处为家。

然后，过了中午，太阳西落。我们随着身体的衰老，逐渐收回遥远的步子，躲回家，躲回自己的房间，抓紧自己的东西，也抓紧自己的亲人。

我们又像儿时一样，需要亲人的拥抱和呢喃。

母亲老了！

我常得留心她进浴室的时间是不是太长，也在每晚就寝之前，先推开她的房门瞧瞧。

看她一个人睡着，昏昏的夜灯，映着墙上父亲年轻时的照片，我有一种莫名的感伤。突然觉得这老人家，跨过87年的岁月，此刻，却缩在床上，如同我5岁的小女儿，需要关爱和保护。

“去买一张轻便折叠的轮椅，”我对妻说，“明年春天，带着她一块儿，去迪士尼乐园。”

与陌生人交流

✲铁　凝

从前我家离我就读的中学不远，上学的路程大约十分钟，每天清晨我都要在途经的一家小吃店买早点。

那年我十三岁，念初中一年级。

每日清晨，我就带着一副空荡的脑子走在上学的路上，走到那家小吃店门前。我要在这里吃馃子喝豆浆，馃子就是人们所说的油条。这个时间的小吃店，永远是热闹的，一口五印大锅支在门前，滚沸的卫生油将不断下锅的面团炸得嗞嗞叫，空气里有依稀的棉花籽的香气。这卫生油是棉籽油经过再加工而成，虽然因了它剔除不尽的杂质，炒菜时仍要冒出青烟，但在这个每人每月只供应三两食油的城市，能吃到卫生油炸出的馃子已是欢天喜地的事了。我排在等待馃子的队伍里，看炸馃子的师傅麻利、娴熟的操作。

站在锅前负责炸的是位年轻姑娘，她手持一双长竹筷，不失时机地翻动着油条，将够了火候的成品夹入锅旁那用来控油的钢丝笸箩。因为油是珍贵的，控油这一关就显得格外重要。她用不着看顾客，只低垂着眼睑做着属于自己业务范围的事——翻动、捞起。但她的操作是愉快的，身形也因了这愉快的劳作而显得十分灵巧。当她偶尔擦汗把脸抬起来时，我发现她长得非常好看，她那新鲜的肤色，那从白帽檐下掉出来的栗色头发，那纯净、专注的眼光，她的一切……在我当时的年岁，无法用词去形容一个成年女人的美，但一个成年女人的美却真实地震动着我，使我对自己充满自卑，又充满希冀。

关于美女，那时我知道得太少，即使见过一点可怜的图片，也觉得她们分外遥远、虚渺。家中剩余的几张旧唱片，那唱片封套上精美的画面曾令我赞叹不已：《天鹅湖》中奥薇丽塔飘逸的舞姿，《索尔维格之歌》上设计得韵致十足、装饰性极强的少女头像……她们都美，可望而不可即。

唯有这炸馃子的姑娘，是活生生地可以感觉和捕捉的美丽。她使我空荡的头脑骤然满当起来，使我发现我原本也是个女性，使我决意要向着她的样子美好地成长。

以后的早晨，我站在队伍里开始了我细致入微的观察，观察她那两条辫子的梳法，她站立的姿态，她擦汗的手势，脚上的凉鞋，头上的白布帽。当我学着她的样子，将两条辫子紧紧并在脑后时，便觉得这已大大缩短了我和她之间的距离。当寒冷的冬季我戴上围巾又故意拉下几缕头发散出来时，我的内心立刻充满愉悦。日子在我对她的模仿中生着情趣，脑子不再空荡，盯着黑板上的氮磷钾，我觉出一个新的自己正在身上诞生。

后来我们搬了家。我不能再光顾那家小吃店了。当我在乡间路上，在农民的院子里遇见陌生的新媳妇时，总是下意识地将她们同那位炸馃子的姑娘相比，我坚信她们都比不上她。

直到几年后我返回城市，又偶尔路过那家小吃店时，发现那姑娘还在。五印的铁锅仍旧沸腾着，她仍旧手持细长的竹筷在锅里拨弄。她的栗色头发已经剪短，短发在已染上油斑的白帽子边沿纷飞。她还是用我熟悉的姿势擦汗。

她抬起头来，脸色使人分不清是自然的红润，还是被炉火烤得通红。她没了昔日的愉快，已然发胖的身形也失去了从前的灵巧。她满不在乎地扫视着排队的顾客，嘴里满不在乎地嚼着什么。这咀嚼使她的操作显得缺乏专注和可靠，仿佛笸箩里的馃子其实都被她嚼过。

我站在锅前，用一个成年的我审视更加成年的她，初次怀疑起我少年时代的审美标准。因为，站在我面前的实在只是一名普通妇女。此刻她正从锅里抽出筷子指着我说："哎，买馃子后头排队去！"她的声音略显沙哑，眼光疲惫而又烦躁。好像许多年来她从未有过愉快，只一味地领受着这油烟和油锅的煎熬。

我匆匆地向她指给我的"后头"走去，似乎要丢下一件从未告知他人的往事，还似乎害怕被人识破：当年的我，专心崇拜的就是这样一位妇女。

一些年过去，生活使我见过了许多好看的女性，中国的，外国的，年老的，年轻的……那炸馃子的师傅无法与她们相比，偶尔想起她来，仿佛只为着证实少年的我是多么幼稚。

又一些年过去，一个不再幼稚的我却又一次光顾那家小吃店了。记得是秋天的一个下午，我乘坐的面包车在那家小吃店前抛锚，门口只有一只安静的油锅。我走进店内，看见她独自在柜台里坐着，头上仍旧戴着那白帽，帽子已被油烟沤成了灰色。她目光涣散，不时打着大而乏的呵欠，脸上没有热情，也没有不安和烦躁，就像早已将自己的全部无所求地交给了这店、这柜台。我算着，无论如何她不过四十来岁。

下午的太阳使店内充满金黄的光亮，使那几张铺着干硬塑料布的餐桌也显得温暖、柔和。我莫名地生出一种愿望，非常想告诉这个坐在柜台里打着呵欠的女人，在许多年前我对她的崇拜。

"小时候我常在这买馃子。"我说。

"现在没有。"她漠然地告诉我。

"那时候您天天站在锅前。"我说。

"你要买什么？现在只有豆包。"她打断我。

"您梳着两条又粗又长的辫子，穿着白凉鞋，您……"

"你到底想干什么？"她几乎怪我打断了她的呆坐，索性别过脸不再看我。

"我只是想告诉您，那时候我觉得您是最好看的人，我曾经学着您的样子打扮我自己。"

"嗯？"她意外地转过脸来。

面包车的喇叭响了，车子已经修好，司机在催我上车。我匆匆走出小吃店，为我这唐突的表白寻找动机，又为我和她那无法契合的对话感到没趣。但我忘不了她那声意外的"嗯"，和她终于转向我的脸。我多么愿意相信，她相信了一个陌生人对她的赞美。

不久，当又一个新鲜而嘈杂的早晨来临时，我又乘车经过这个小吃店。门前的油锅又沸腾起来，还是她手持竹筷在锅里拨弄。她的头上又有了一顶雪白的新帽子，栗色的卷发又从帽檐里滚落下来，那些新烫的小发卷儿为她的脸增添着活泼和妩媚。她以她那本来发胖的身形，正竭力再现着从前的灵巧，那是一种更加成熟的灵巧。

车子从店前一晃而过，我忽然找到了那个下午我对她唐突表白的动机。

正因为你不再幼稚，你才敢向曾经启发了你少年美感的女性表示感激，为着用这一份陌生的感激，再去唤起她那爱美的心意。我庆幸我的车子终究是一晃而过，我坚信愿意坚信的：她的焕然一新分明是因为听见了我的感激。

当你克服着虚荣走向陌生人，平淡的生活里处处会充满陌生的魅力。

人生的什么和什么

张晓风

1

有个朋友姓李，不晓得走路的习惯是偏于内八字或外八字——总之，他的鞋跟老是磨得内外侧不一样厚。

他偶然找到一个鞋匠，请他换鞋跟，很奇怪的，那鞋匠注视了一下，居然说："不用换了，只要把左右互调一下就是了，反正你的两块鞋跟都还有一半是好用的！"

朋友大吃一惊，好心劝告他这样处处替顾客打算，哪里有钱赚，他却也理直气壮："该赚的才赚，不该赚的就不赚——这块鞋底明明还能用。"

朋友刮目相看，然后试探性地问他："为政府做了一辈子事，退了役还得补鞋，政府真对不起你。"

"什么？人人要这样一想还得了，其实只有我们对不起政府，政府哪有什么对不起我们的？"

朋友感动不已，嗫嗫嚅嚅地表示要送他一套旧西装（他真的怕会侮辱他），他倒也坦然接受了。

不知为什么，朋友说这个故事给我听的时候，我也不觉得陌生，而且真切得有如今天早晨我才看过那老鞋匠似的。

2

有一次在急诊室看医生急救病人，病人已经昏迷了，氧气罩也没用了，医生狠劲地用一个类似皮球的东西往里面压缩氧气。至少是呼吸系统有毛病。

两个医生轮流压，像打仗似的。

渐渐地，他清醒了，但仍说不出话来，医生只好不断发问，让他点头摇头，大概问十几个问题，才碰得上一个点头的答案。他是在路上发病的，一个亲人也没有，送他来的是一个不相干的人。

后来发现他可以写字——虽然他的眼睛一直是闭着的。

医生问他的病历，问他是不是服过某些成药，问他现在的感觉，忽然，那医生惊喜地叫了一声："写下去，写下去，再写！你写得真好——哎，你的字好漂亮。"

整个急救的过程，我都一面看一面佩服，但是当医生用欢呼的声音去赞美那个病人不成笔画的字的时候，我却为之感动得哽咽起来。

病人果真一路写下去。也许那个病人想起了什么，虽然闭着眼睛，躺在床上仰面而写，手是从生死边缘被救回来的颤抖不已的手——但还有人在赞美他的字！也许是颜体，也许是柳体，也许什么都不是，只是一个活着的人写的字，可贵的是此刻他的字是"被赞美的字"。

那医生救人的技能来自课本，但他赞美病人字迹的方法却来自智慧和爱心，后者更足以使整个急救室像殿堂一样神圣肃穆起来。

3

有一位父执辈，颇有算八字的癖好，谁家有了刚生的孩子，他总要抢来时辰，免费服务一番——那是他难得的实习机会。

算久了，他倒有一个发现，现代孩子的命普遍都比老一辈好，他又去找同道证实，得到的结论也都一样，他于是很高兴，说："世道一定是好的了，要不是世道好，哪有那么多命好的孩子？"

我自己完全不知道八字是怎么一回事，但听到他的话仍不免欢欣雀跃，甚至肃然起敬——为那些一面在排着神秘的八字一面又不忘忧心世事的人。

4

在澄清湖的小山上爬着，爬到顶，有点疑惑不知该走哪一条路回去，问道于路旁的一个老兵。

那人简直不会说话，他说："看到路——就走，看到路——就走，再看到路——再走，就到了。"

我心里摇头不已，怎么碰到这么呆的指路人。

赌气回头自己走，倒发现那人说得也没错，的确是"看到路——就走"，渐渐地，也能咀嚼出一点那人言语中的诗意来，天下事无非如此，"看到路——就走"，哪有什么一定的金科玉律，原来万物的事理可以如此简单明了——简单明了得有如呆人的一句呆话。

做父亲

✽丰子恺

楼窗下的弄里远远地传来一片声音:“咿哟,咿哟……卖小鸡喽……”渐近渐响起来。

一个孩子从家中抬起头来,张大眼睛倾听一会儿,“小鸡!小鸡!”叫了起来。四个孩子同时放弃手中的笔,飞奔下楼,好像路上的一群麻雀听见了行人的脚步声而飞去一般。

我刚才扶起他们所带倒的凳子,拾起桌子上滚下去的铅笔,听见大门口一片呐喊:“买小鸡!买小鸡!”其中又混着哭声。连忙下楼一看,原来元草因为落伍而狂奔,在庭中跌了一跤,跌痛了膝盖骨不能再跑,恐怕小鸡被哥哥、姐姐们买完了轮不着他,所以激烈地哭着。我扶了他走出大门口,看见一群孩子正向一个挑着一担“咿哟,咿哟”的人招呼,欢迎他走近。元草立刻离开我,上前去加入团体,且跳且喊:“买小鸡!买小鸡!”泪珠跟了他的一跳一跳而从脸上滴到地上。

孩子们见我出来,大家回转身来包围了我:“买小鸡!买小鸡!”喊声由命令的语气变成了请愿的语气,喊得比之前更响了。他们仿佛想把这些音蓄入我的身体中,希望它们由我的口上开出来。独有元草直接拉住了担子的绳而狂喊。

我全无养小鸡的兴趣;而且想起了以后的种种麻烦,觉得可怕。但乡居寂寥,绝对屏除外来的诱惑而强迫一群孩子在看惯的几间屋子里隐居这一个星期日,似也有些残忍。且让这个“咿哟,咿哟”来打破门庭的岑寂,当作长闲的春昼的一种点缀吧。我就招呼挑担的,叫他把小鸡给我们看看。

他停下担子,揭开前面的一笼。“咿哟,咿哟”的声音忽然放大。但见一个细网的下面,蠕动着无数可爱的小鸡,好像许多活的雪球。五六个孩子蹲集在笼子的四周,一齐倾情地叫着:“好来!好来!”一瞬间我的心也屏绝了思虑而没入在这些小动物的姿态的美中,体会了孩子们对小鸡的热爱的心情。许多小手伸入笼中,指一只纯白的小鸡,有的几乎要隔网捉住它。挑担的忙把盖子无情地冒上,许多“咿哟,咿哟”的雪球和一群“好来,好来”的孩子就变成了咫尺天涯。孩子们怅望笼子的盖,依附在我的身边,有的伸手摸我的袋。我就向挑担的人说话:“小鸡卖几钱一只?”

“一块洋钱四只。”

“这样小的,要卖二角半钱一只?可以便宜些否?”

“便宜勿得，二角半钱最少了。”

他说过，挑起担子就走。大的孩子脉脉含情地目送他，小的孩子拉住了我的衣襟而连叫“要买！要买”，挑担的越走得快，他们喊得越响，我摇手止住孩子们的喊声，再向挑担的问：“一角半钱一只卖不卖？给你六角钱买四只吧！”

“没有还价！”他并不停步，但略微旋转头来说了这一句话，就赶紧向前面跑。“咿哟，咿哟”的声音渐渐地远起来了。

元草的喊声就变成哭声。大的孩子锁着眉头不绝地探望挑担者的背影，又注视我的脸色。我用手掩住了元草的口，再向挑担人远远地招呼：“二角大洋一只，卖了吧！”

“没有还价！”他说过便昂然地向前进行，悠长地叫出一声“卖——小——鸡——”，其背影便在弄口的转角上消失了。我这里只留着几个号啕大哭的孩子。

对门的大嫂子曾经从矮门上探头出来看过小鸡，这时候就拿着针线走出来，倚在门上，笑着劝慰哭的孩子，她说：“不要哭！等一会儿还有担子挑来，我来叫你呢！”她又笑着向我说：“这个卖小鸡的想做好生意。他看见小孩子哭着要买，越是不肯让价了。昨天坍墙圈里买的一角洋钱一只，比刚才的还大一半呢！”

我同她略谈了几句，硬拉了哭着的孩子回进门来。别的孩子也懒洋洋地跟了进来。我原想为长闲的春昼找些点缀而走出门口来的，不料讨个没趣，扶了一个哭着的孩子而回来。庭中柳树正在骀荡的春光中摇曳柔条，堂前的燕子正在安稳的新巢上低回软语。我们这个刁巧的挑担者和痛哭的孩子，在这一片和平美丽的春景中很不调和呀！

关上大门，我一面为元草揩拭眼泪，一面对孩子们说：“你们大家说‘好来，好来’，‘要买，要买’，那人就不肯让价了！”

小的孩子听不懂我的话，继续抽噎着；大的孩子听了我的话若有所思。我继续抚慰他们：“我们等一会儿再来买吧。隔壁大妈会喊我们的。但你们下次……”

我不说下去了。因为下面的话是“看见好的嘴上不可说好，想要的嘴上不可说要”。倘再进一步，就变成“看见好的嘴上应该说不好，想要的嘴上应该说不要”了。在这一片天真烂漫光明正大的春景中，向哪里容藏这样教导孩子的一个父亲呢？

人在旅途

✽阿 成

快车到瓦房店是不停的。快车就四大站：大连、沈阳、长春、哈尔滨。我们乘坐的是“大连—大庆”的慢车。这趟火车逢站必停。这样，旅途上所耗的时间要比快车慢上四个多小时。没有办法，正赶上节假日的旅游旺季，能买上卧铺票就已经很不错了。

想不到的是，这趟慢车居然很干净，有一等火车的品质。

在我们所在的卧铺隔间里，除了我们一家人，还有一对打算到哈尔滨旅游的青年恋人，这两人虽是城里人打扮，但从言谈上看还是镇上人的样子。那个女人瞟了一眼我们几位哈尔滨人，不屑地说：“其实，哈尔滨总有一股煤烟味儿。”女儿正要反驳她，被我用眼神制止住了。其实，所有的中国人从根儿上顺，都是农民，既不必自豪，也不必不屑。

另外一位旅客，是个青年和尚，他是火车快要开的时候才上来的。

青年和尚没有什么行李，只有一个出家人常用的那种黄色的单肩挎包。他的铺位是上铺。他将挎包放在上铺之后，便坐在过道的边座上，单手托着下巴，看着车窗外。

火车徐徐地开动起来了，不少人高马大的东北旅客来来回回走的时候，都居高临下地、好奇地看他一眼。青年和尚好像已习惯了这样的眼光，神态自若地看着窗外的秋景。

车厢里很嘈杂，有人由于终于上了卧铺车，兴奋得直骂人，有人冲月台上送行的人挥着手直嚷：“走吧，走吧，傻子！快走吧你。”也有人野蛮地嚷嚷着：“这是谁的行李？往里塞塞。再没人吱声，我扔下去了！”火车刚刚开动的时候总是这种样子的，特别是东北线，什么事儿都瞅着悬，一触即炸的样子。

这位边座上的年轻和尚是个瘦高个儿，长得并不帅气，戴着一副近视镜，却是很斯文的样子，我觉得在他身上有一种飘逸、脱俗的神采，又感觉他在静静地看着芸芸众生。

我和气地问：“师父，到哪儿下车呀？”

“长春。”

“噢。到长春是几点？后半夜了吧？”

“后半夜三点多。”

“您到长春是……”

“办事。”

我大幅度地点着头。我的女人正在大口大口地吃苹果，她渴了。她一边吃一边问：“师父，你多大了？”

“30岁。”

我对女人说：“别冲着师父的脸吃苹果。”

女人倒不大在意，她自由惯了，问年轻的和尚：“你是几月生人？”

“阴历三月十四。”

我女人说：“比我女儿还小五天呢。”

年轻的和尚笑着说：“那是因为我有些事还没

办完。”

我欣赏地点点头，觉得这个和尚不俗，便问：“师父是哪个寺庙的？”

他说：“瓦房店，金刚寺。”

“是住持吗？”

他笑着点点头。

“佛学院毕业的？”

“闽南佛学院。”

我继续大幅度地点着头说：“你很年轻啊，了不起，前途无量。”

他粲然地笑了，说：“我已经出家15年了。”

我女人神态复杂地说：“孩子，你是不是受到了什么……”

……

天很快就黑了。在火车行驶的晃动中，我和亲正和尚聊得很好。

他告诉我说，他的法名叫亲正，亲人的亲，正义的正。是啊，很好的法名。

其实，他并不像我女人猜的那样，是受了什么打击才出家当和尚的。他的家庭很好，父亲（母亲早逝了）、哥哥、妹妹都有。他说，他喜欢当和尚，就像有人喜欢当官，有人喜欢当木匠，有人喜欢画画一样，和尚也是一种职业嘛。

我女人问：“你们挣工资吗？”

他说：“工资？不挣。”

亲正说，他在长春念高中一年级的时候就喜欢到庙上去。他觉得那里的环境更适合他。所以，高中一毕业他就正式出家了。

我女人问：“那你父亲能同意吗？多闹心哪。”

他说，家里开始是反对的。但是人各有志，最后还是同意了。

我端详着亲正和尚，觉得他这个人很自信，很阳光。倏忽之中，我觉得“自信”似乎对他很重要。是不是在他的学生时代就渴望自己自信起来呢？

他说，作为一个出家人，当他悟清一个道理时，像平常人一样是有一种自豪感和成就感的。比如什么叫佛法？佛祖为此讲了几十“座”，讲的是什么呢？简单地说，就是宇宙人生的道理。

我点头，表示我理解他说的话。

他说：“佛家的理论是无法穷尽的，所以要悟。比如，一颗小瓜子可以装下一座大山。这是什么道理，你能理解吗？”

我女人说，有容乃大。

他说，还可以再往深里想一想。

后来，我们讨论了“时间”问题。

他说：“对佛家来说，过去，现在，未来，是一体的。你既在现在，也在过去，又在未来。”

我女人打断了他的话说：“不说这个，不说这个。我问你，你现在跟你家里的老爹、兄妹还有联系吗？”

他说：“有，我们经常打电话。哥哥妹妹都结婚了。”

我女人问：“那你哥哥妹妹的孩子，对你当和尚理解吗？”

他笑着说：“我出家的时候，他们的孩子还没出生。不过，现在一打电话，小孩子就抢着跟我说话。他们知道叔叔的家——在庙里。”

我们聊了很多，甚至聊到“以德治国”这样的大主题。虽然我还一时不能完全理解他的观点，但是，我尊重他的信仰，并互留了地址。

他说：“再到瓦房店来，我开车接你。”

我说：“好哇，到庙上好好跟您聊聊。”

我女人悄悄地对我说：“他能开车来接你吗？”

我说：“出家人不打妄语。一定能的。”

后来，火车到点熄灯了，他上到上铺去了，并送给我们一家人每人一挂腕上的佛珠。合十谢过之后，彼此就睡下了。

上半夜，我几乎没睡着。我在想，他很年轻，为什么出家呢？是不是在他的学生时代，有值得他周围的人反省的事呢？

火车到长春时，我居然睡着了。我女人却醒着，并一直把他送到车厢门口，很慈爱地说：“孩子，千万保重啊。”

他说：“哎，我记住了。”

后来，我女人对我说：“那一刻，这孩子的眼睛里是含着泪水的。”

有时候，这些要求看上去是如此基本，但是有时候，又似乎是那么遥不可及。

我理想的小房子

✽冯　唐

老舍先生：

见信好。

您快到四十岁的时候，在《论语》第一百期发表了一篇文章，讲您的理想家庭。家庭太复杂，涉及太多硬件和软件、生理和心理、现在和未来，一篇文章不容易讲透，这封信，我只想和您聊聊我理想的房子。组个理想家庭的重要前提之一，是有个理想的房子。

多数人类包括不少禽兽都有筑巢的冲动，尽管生没带来一物，死带不走一物，生死之间，总想有个自己私有的窝儿。人都有个妈，我也有一个。我妈是蒙古族人，我的理解，蒙古族人居无定所，骑上马就带着全部家当走，下了马放下家当，就是家。但是我妈到了城市，很快就开始念叨，她想要有个大房子，我说和蒙古族习俗不符哇，她说她也不知道，但是她就是想要。我想，这些说不清楚但是一定想要的，往往根深蒂固地编码在人类基因里。

我心目中理想的房子要有十个要素。

第一，房间面积要小。一卧，最多两卧，多出来的一个卧房当客房或者等小孩儿长到青春期坚持要求自己睡或者偶尔夫妻吵架需要分房睡。每个卧房不超过十平方米，乾隆帝的卧房也不过十来平方米，平常人王气更弱，不僭越。卧室里最好有大些的衣橱，常穿的衣服可以挂起来，旅行箱也可以藏到视线之外。一厨。如今的女性喜欢平等，做完饭不洗碗，所以要有洗碗机。要有烤箱，没女人做饭的时候可以烤鸡翅和羊肉。一起居室。一桌，六到十把椅子，吃饭、喝茶、看书、写作都有地方了。最好有个真壁炉，天冷的时候点起一把火，心里就踏实了。最好有个宽大的单人真皮沙发，中饭之后，躺在里面看书，被书困倒，被夕阳晒醒，午睡前的书都记到脑子里了。这样算下来，一百平方米足够了。如果嫌小，想想，多出来的面积和房间你一年也去不了几次；想想，面积小，好打扫。如果还嫌小，想想减东西，一年以上没碰过的东西，理论上讲都可以扔了。不用参“断舍离”，只参一个“扔”字，就好。

第二，要有个大点儿的院子。有树，最好是果树或者花树或者又开花又结果。自家的果子长得再难看也甜。哪怕花期再短、平时打理再烦，每年花树开花的那几天，在树下支张桌子，摆简单的酒菜，开顺口的酒，看繁花在风里、在暮色里、在月光里动，也值了。有禽兽，大大小小的鸟用不同方言叫，松鼠、野猫、鹿不定时地来看看你在读什么书，知道你没有杀心，见你靠近也不躲避，稍稍侧身，让你走过去而已。

第三，要有好天气。不要太干燥，不要太湿，冬天不要太长，夏天早晚不要太热。

第四，要有景色。尽管你天天看，但是景色依旧重要，或许也正是因为你会天天看到。如果你的眼睛足够尖，你会发现，尽管你天天看，景色每天都不一样。上天下地，背山面海，每天看看不一样的云，想想昨晚的梦，和自己聊一会儿天，日子容易丰盛起来。

第五，附近要有公园。越近越好，走路三五分钟能到最好，如果开车才能到，不能算房子附近有公园。公园不用很大，简单的草坪，一圈二三百米，能跑步就好。人过四十，一身不再是使不完的力气，反而似乎有总拉不开的筋骨，跑步是解药。每天跑跑，三五千米，汗出透，整个人都好了。

第六，附近要有大学。最好走路能到，最好是个像样的好大学。有大学就有图书馆，有看不完的书可以蹭看。有大学就有苍蝇馆儿，而且开得晚，一年到头都有便宜的好吃的。有大学就有教授，要张课程表，去蹭大课听。

第七，附近要有足够好的生活设施。最好能有几家好餐馆，开了几十年，食材新鲜，厨师踏实，菜好到你常吃不厌，懒得做饭了，就能不做。最好能有几家好咖啡馆，豆子现磨，闻香进门，早餐和糕点都让人惦念。最好能有一两家走路能到的独立书店，时常能翻翻新书，每次能买到一两本过去一直想读但是没机会读的旧书。小学和中学都在走路范围内，否则接送小孩儿上下学就会消耗掉你不多的自由时间。多数病都是年纪大了之后得的，老了之后，医院是必需的。医院最好走路能到，不必雕梁画栋，等候时间不长就好，医生能不乱开药、能多和你解释病情、能体会到你的痛苦就好。

第八，所在城市要有历史。最好百年以上，连续不断。有很多古董店，家具、瓷器、餐具，买了就用在日常的生活里，一年下来，在古董店买的东西比网购还多。有不少博物馆，一些古迹，偶尔逛逛，觉得祖先并不遥远。

第九，一个小时车程之内有国际机场。人偶尔还是要出去走走，度假、会友、凑热闹。

第十，附近要有朋友。最好有很多朋友。朋友们就散住在附近几个街区，不用提前约，菜香升起时，几个电话就能聚起几个人，酒量不同，酒品接近，术业不同，三观接近。菜一般，就多喝点酒。酒不好，就再多喝点，很快就能高兴起来。一生中，除了做自己喜欢的事儿，剩下最重要的就是和相看两不厌的人待在一起。从这个角度看，这第十点是最重要的一点。如果老舍先生您还健在，您在哪里，北平就在哪里，哪里就是北平。所以如果看上一处房子，买了下来，让房子变得更理想的捷径是鼓动好朋友们也买在附近，共我山头住。

当然，这十点之前，有些更基本的要求：空气是干净的，水是能喝的，食品是能吃的，无论什么时候在街上走都是安全的，没有什么组织是能不依法就把你从你的房子里带走的。

您写这篇《我的理想家庭》是1936年，您在文章结尾的时候说："这个家庭顶好是在北平，其次是成都或青岛，至坏也得在苏州。无论怎样吧，反正必须在中国，因为中国是顶文明顶平安的国家；理想的家庭必在理想的国内也。"

我理解您在那时的无奈，佩服您在那时的乐观。希望我们都有您的乐观，希望一切无奈落去，希望一切理想成真。

第一，房间面积要小。

第二，要有个大点儿的院子。

第三，要有好天气。

第四，要有景色。

第五，附近要有公园。

第六，附近要有大学。

第七，附近要有足够好的生活设施。

第八，所在城市要有历史。

第九，一个小时车程之内有国际机场。

第十，附近要有朋友。

有时候，这些要求看上去是如此基本，但是有时候，又似乎是那么遥不可及。

家 徽

✽余 华

国有国徽，校有校徽，厂有厂徽，奇怪吗？我家竟有家徽。我们家的家徽是一条鱼，一条画在门板上的鱼。那条鱼画得很笨拙，线条零乱而粗糙，只能让人意会到是条鱼而已。

祖父在世时，膝下有父亲他们兄弟四个，个个都是人高马大的男子汉。民国初年，战乱频繁，家里仗着几个男人下死力气，勉强维持温饱。

一天夜半，父亲起来小解，发现一个人影蹿进了厨房，他便喊叫起来，同时马上守住门口。不一会儿，父亲兄弟几个都起来了，他们点着灯，拿着大木棒子和斧头，仔细地搜索着厨房的每一个角落。厨房的旮旮旯旯都搜遍了，却没发现人。兄弟几个说父亲定是半夜眼花，父亲赌咒发誓说肯定有人，还在争辩时祖父来了，祖父让儿子们都去睡觉。等他们兄弟走了后，祖父走到水缸边，敲敲盖子，说："你不用躲了，出来吧。"只见这时水缸里水淋淋地站起一个人来，这人一手擎着水缸木盖，浑身颤抖，面无血色，另一只手里，还攥着一布袋大米哩。

祖父望着窃贼，叹口气说："算了，你走吧，要是让我的儿子们看见了，你今天非残废不可。"

贼傻望着祖父，他不敢相信祖父就这样轻易地让他走，但祖父分明是平静地挥了挥手，贼便从水缸里爬出来，祖父又把那水淋淋的米袋子交给他，说："带上它吧，它可帮你家度几天日子。"贼要说什么，眼眶却红了，低着头，提着米袋子往外走，走到门口。"慢着，"祖父又叫住他，塞给他一串铜钱，"你拿这钱去做个小生意，再也不要干这伤天害理的勾当了。"

贼扑通一声跪在地上，给祖父磕了几个响头，便走了。

不知过了多久，一天清晨，祖父一开门，便在门环上发现了一条两斤多的鲜鱼，祖父先是感到奇怪，但马上他就猜到是那贼送来的，那人大约是做了贩鱼的生意。

自此以后，我家门环经常出现鲜鱼，家里便经常可以改善生活。父亲他们感到奇怪，祖父便舒缓地向父亲兄弟几个讲起鱼的来历。

大约吃了几十条鱼后，祖父感到不安，说人家是小本经营，别吃垮了人家。于是连着几天半夜守候着，一直熬了三个夜，终于让祖父遇见了那送鱼人，谁知不是那个贼，却是一个年轻渔人。这渔人是那贼的儿子，贼在临终前嘱咐他要坚持送鱼到我家来。祖父和父亲他们听得连连点头。为了不违亡人遗愿，祖父拿过一把刀子，让年轻人在我家门上刻了一条鱼，并说从此不许他再送鱼，就用这条刻下的鱼替代好了。

于是，我们家照祖父的意思，每次修屋或换门时，都保留这鱼的图案。它自然而然地成了家徽。

依然不记得年龄，只知道是小时候罢了。

我不曾离开过我的乡村——除却到外祖家去——而对于自己的乡村又是这样的生疏，甚至有着几分恐怖。虽说只是一个村子吧，却有着三四里长的大街，漫说从我家所在的村西端到街东首去玩，那最热闹的街的中段，也不曾有过我的足迹。我的世界是那样狭小而又那样广漠，因为从小时候我就是孤独的了。

父亲在野外忙，母亲在家里忙，剩下的只有老祖母，她给我说故事、唱村歌，有时听着她的纺车声嗡嗡地响着，我便独自坐在一旁发呆。这样的，便是我的家了。

外面呢，我也常到外面去玩，但总是自己个儿。街上的孩子们都不和我一块游戏，即使为了凑人数而偶尔参加进去，自己也觉得无趣。起初是怕他们欺侮我，也许，欺侮了无能的孩子便不英雄吧，他们并不曾对我有什么欺侮，只是远离着我，

悲哀的玩具

李广田

然而这远离，就已经是欺侮我了。时常，一个人踽踽地沿着墙角走回家去，“他们不和俺玩”，这样说着一头扑在了祖母的怀里，祖母摸着我的头顶，说：“好孩子，自己玩吧。”

虽然还是小孩子，寂寞的滋味是知道得很多了。到了成年的现在，也还是苦于寂寞，然而这寂寞已不是那寂寞，现在想起那孩子时代的寂寞，也觉得是颇可怀念的了。

父亲呢，他永是那么阴沉，那么严峻，仿佛，历来就不曾看见过他有笑脸。母亲虽然是爱我——我心里如是想——但她从未曾背着父亲给我买过糖果，只说：“见人家买糖果就得走开。”虽然小吧，也颇知道母亲的用心了，见人家大人孩子围着敲糖锣的担子时，我便咽着唾沫，幽手幽脚地走开。后来，只要听到外面有糖锣声，便不再出门去了。

实际上说来，那时候也就只有祖母一个人是爱我的。她尽可能地安慰我，如用破纸糊了小风筝，用草叶做了小笛，用秫秸插了车马之类，我都很喜欢。某日，我刚从外边回家，她老远地用手招我，低声说：“来。”

我跑去了，“什么呢，奶奶？”我急喘地问。

“玩意儿，孩子。”

说着，从针线筐里取出一包棉花，伸开看时，里面却是包着一只小麻雀。我简直喜得雀跃了。

“哪来的麻雀呀，奶奶？”

“拾的，从檐下。八成是它妈妈从窝里带出来的。”

“怎么带到地下来？”

“傻孩子！大麻雀在窝里抱它，要到外面去给它打食，不料出窝时飞得太猛了，就把它带了出来，几乎把它摔死哩。”

我半信半疑地，心里有点黯然了，原是只不幸的小麻雀呀，然而我有了好玩具了。立刻从床下取出了小竹筐，里面铺了棉花，上面蒙了布片，这就是我的鸟笼了。饿了便喂它，我吻它那黄嘴角；不饿也喂它，它却不开口了。携了竹筐在院里走来走去，母亲见了说：“你可有了好玩物了。”

这时，我心里暗暗地想道：那些野孩子，要远离就远离了吧，今后我就不再出门了，反正家里有祖母，又有了这玩物，它长大起来能飞的时候就更好了。

晌午，父亲从野外归来，照例，一见他便觉得不快，但，我又怎晓得养麻雀是不应当的呢！

“什么？”父亲厉声问。

“麻——雀——”我的头垂下了。

“拿过来！”话犹未了，小竹筐已被攫去了；不等我抬起头来，只听呼的一声，小竹筐已经飞上了屋顶。

怎样啦？自然是哭了，哭也不敢高声，高声了不是就要挨打吗？在这些场合，母亲永是站在父亲一边，有时还说：“狠打！狠打！”似乎又痛又恨的样子。有时候母亲也曾为了我而遭父亲的拳脚，这样的心，在作为小孩子的我就不大懂得了。最后，还是倒在祖母怀里去啜泣。这时，父亲好像已经息怒，只远远地说：“小孩子家，糟践信门（即草菅生命），还不给我下地去拾草去！”接着是一声叹气。

祖母低声骂着，说：“你爹不是好东西，上不疼老的，下不疼小的，只知道省吃俭用敲坷垃（即劳苦种田）！不要哭了，好孩子，到明儿老奶奶爬树给你摸只小野鹊吧。”说着，给我擦眼泪。哭一阵，什么也忘了，反正，这类事是层出不穷的。究竟那只小麻雀的下落怎样，已经不记得了。似乎到了今日才又关心到了二十年前的那只小麻雀，那只不幸的小麻雀，我觉得它是更可哀的，离开了父母，离开了兄弟姐妹，离开了温暖的巢穴被老祖母捡到了我的小竹筐里，不料又被父亲给抛到那荒凉的屋顶上了，寂寞的小鸟，没有爱的小鸟，遭了厄运的小鸟啊！

在当时，确实是恨着父亲的，现在却是不然。反之，却又觉得他是可悯的。每当我想起：一个斑白的农夫，还是披星戴月地忙碌，为饥寒所逼迫，为风日所摧损，前面也只剩着短短的岁月了，便不由得悲伤起来。而且，父亲是没受教育的人，他生自土中，长自土中，从年少就用了他的污汗去灌溉那些沙土，想从那些沙土里去取得一家老幼之所需，父亲有着那样的脾气，也是无足怪的了。听说，现在他更衰老了些，而且也时常念想到他久客他乡的儿子。

择偶记

朱自清

自己是长子长孙，所以不到十一岁就说起媳妇来了。那时对于娶媳妇这件事简直茫然，不知怎么一来，就已经说上了。是曾祖母娘家人，在江苏北部一个小县份的乡下住着。家里人都在那里住过很久，大概也带着我；只是太笨了，记忆里没有留下一点影子。祖母常常躺在烟榻上讲那边的事，提着这个那个乡下人的名字。起初一切都像只在那白腾腾的烟气里。日子久了，不知不觉熟悉起来了，亲昵起来了。除了住的地方，当时觉得那叫作“花园庄”的乡下实在是最有趣的地方了。因此听说媳妇就定在那里，倒也仿佛理所当然，毫无意见。每年那边田上有人来，蓝布短打扮，衔着旱烟管，带好些大麦粉、白薯干儿之类。他们偶然也和家里人提到那位小姐，大概比我大四岁，个儿高，小脚；但是那时我热心的其实还是那些大麦粉和白薯干儿。

记得是十二岁上，那边捎信来，说小姐得痨病死了。家里并没有人叹惜；大约他们看见她时她还小，年

代一多，也就想不清是怎样一个人了。父亲其时在外省做官，母亲颇为我亲事着急，便托了常来做衣服的裁缝做媒。为的是裁缝走的人家多，而且可以看见太太小姐。主意并没有错，裁缝来说一家人家，有钱，两位小姐，一位是姨太太生的；他给说的是正太太生的大小姐。他说那边要相亲。母亲答应了，定下日子，由裁缝带我上茶馆。记得那是冬天，到日子母亲让我穿上枣红宁绸袍子，黑宁绸马褂，戴上红帽结儿的黑缎瓜皮小帽，又叮嘱自己留心些。茶馆里遇见那位相亲的先生，方面大耳，同我现在年纪差不多，布袍布马褂，像是给谁穿着孝。这个人倒是慈祥的样子，不住地打量我，也问了些念什么书一类的话。回来裁缝说人家看得很细：说我的“人中”长，不是短寿的样子；又看我走路，怕脚上有毛病。总算让人家看中了，该我们看人家了。母亲派亲信的老妈子去。老妈子的报告是，大小姐个儿比我大得多，坐下去满满一圈椅；二小姐倒苗苗条条的。母亲说胖了不能生育，像亲戚里谁谁谁；教裁缝说二小姐。那边似乎生了气，不答应，事情就吹了。

母亲在牌桌上遇见一位太太，她有个女儿，透着聪明伶俐。母亲有了心，回家说那姑娘和我同年，跳来跳去的，还是个孩子。隔了些日子，便托人探探那边口气。那边做的官似乎比父亲的更小，那时正是光复的前年，还讲究这些，所以他们乐意做这门亲。事情已到九成九，忽然出了岔子。本家叔祖母用的一个寡妇老妈子熟悉这家子的事，不知怎么教母亲打听着了。叫她来问，她的话遮遮掩掩的。到底问出来了，原来那小姑娘是抱来的，可是她一家很宠她，和亲生的一样。母亲心冷了。过了两年，听说她已生了痨病，吸上鸦片烟了。母亲说：“幸亏当时没有定下来。”我已懂得一些事了，也这么想着。

光复那年，父亲生伤寒病，请了许多医生看。最后请着一位武先生，那便是我后来的岳父。有一天，常去请医生的听差回来说，医生家有位小姐。父亲既然病着，母亲自然更该担心我的事。一听这话，便追问下去。听差原只顺口谈天，也说不出个所以然。母亲便在医生来时，教人问他轿夫，那位小姐是不是他家的。轿夫说是的。母亲便和父亲商量，托舅舅问医生的意思。那天我正在父亲病榻旁，听见他们的对话。舅舅问明了小姐还没有人家，便说：“像×翁这样人家怎么样？”医生说：“很好呀。”话到此为止，接着便是相亲；还是母亲那个亲信的老妈子去。这回报告不坏，说就是脚大些。事情这样定局，母亲教轿夫回去说：“让小姐裹上点儿脚。”妻嫁过来后，说相亲的时候早躲开了，看见的是另一个人。至于轿夫捎的信儿，却引起了一段小小风波。岳父对岳母说：“早教你给她裹脚，你不信；瞧，人家怎么说来着！”岳母说：“偏偏不裹，看他家怎样！”可是到底采取了折中的办法，直到妻嫁过来的时候。

你在大雾里得意忘形

铁凝

那时的清晨我在冀中乡村，在无边的大地上看雾的飘游、雾的散落。看雾是怎样染白了草垛、屋檐和冻土，看由雾而凝成的微小如芥的水珠是怎样湿润着农家的墙头和人的衣着面颊。雾使簇簇枯草开放着簇簇霜花，只在雾落时，橘黄的太阳才从将尽的雾里跳出地面。于是大地玲珑剔透起来，于是不论你正做着什么，都会情不自禁地感谢你拥有这样一个好的早晨。太阳多好，没有雾的朦胧，哪里有太阳的灿烂，大地的玲珑?

后来我在新迁入的这座城市度过了第一个冬天。这是一个多雾的冬天，不知什么原因，这座城市在冬天常有大雾。在城市的雾里，我再也看不见雾中的草垛、墙头，再也想不到雾散后的大地会是怎样一派玲珑剔透。城市的雾只让我频频地想到一件往事，这往事滑稽地联系着猪皮。小时候邻居的孩子在一个有雾的早晨去上学，过马路时不幸被一辆雾中的汽车撞伤了头颅。孩子被送进医院做了手术，出院后脑门上便留下了一块永远的“补丁”。那补丁粗糙而明显，显然有别于他自己的肌肤。人说，孩子的脑门被补了一块猪皮。每当他的同学与他发生口角，就残忍地直呼他“猪皮”。猪皮和人皮的结合这大半是不可能的，但有了那天的大雾，这荒唐就变得如此可信而顽固。

城市的不同于乡村，也包括诸多联想的不

同。雾也显得现实多了，雾使你只会执拗地联想包括猪皮在内的实在和荒诞不经。城市因为有了雾，会即刻不知所措起来。路灯不知所措起来，天早该大亮了，灯还大开着；车辆不知所措起来，它们不再是往日里神气活现的煞有介事，大车、小车不分档次，都变成了蠕动，城市的节奏便因此而减了速；人也不知所措起来，早晨上班不知该乘车还是该走路，此时的乘车大约真不比走路快呢。

我在一个大雾的早晨步行着上了路，我要从这个城市的一端走到另一端。我选择了一条僻静的小巷一步步走着，我庆幸我的选择，原来大雾引我走进了一个自由王国，又仿佛大雾的洒落是专为陪伴我的独行，我的前后左右能看清的事物才不到一米远。后来一切嘈杂和一切注视都被阻隔在一米之外，一米之内才有了“白茫茫大地真干净”的气派，这气派使我的行走不再有长征一般的艰辛。

为何不做些腾云驾雾的想象呢？假如没有在雾中的行走，我便无法体味人何以能驾驭无形的雾。一个“驾”字包含了人类那么多的勇气和主动，那么多的浪漫和潇洒。原来雾不只染白了草垛、冻土，不只染湿了衣着肌肤，雾还能被你步履轻松地驾驭，这时你驾驭的何止是雾？你分明在驾驭着雾里的一个城市、雾里的一个世界。

为何不做些黑白交替的对比呢？黑色也能阻隔嘈杂和注视，但黑夜同时也阻隔了你注视你自己。只有大雾之中你才能够在看不见一切的同时，清晰无比地看见你的本身。你那被雾染着的发梢和围巾，你那由腹中升起的温暖的哈气。

于是这阻隔、这驾驭、这单对自己的注视就演变出了你的得意忘形。你不得不暂时忘掉“站有站相，坐有坐相，走有走相”的人间训诫，你不得不暂时忘掉脸上的怡人表情，你想到的只有走得自在，走得稀奇古怪。

我开始稀奇古怪地走，先走他一个老太太赶集：脚尖向外一撇，脚跟狠狠着地，臀部撅起来；再走他一个老头赶路：双膝一弯，两手一背——老头走路是两条腿的僵硬和平衡；走他一个小姑娘上学：单用一只脚着地转着圈儿地走；走他一个秧歌步：胳膊摆起和肩一样平，进三步退一步，嘴里得叨念着“呛呛呛，七呛七……”走个跋山涉水，走个时装表演，走个青衣花旦，再走一个肚子疼。推车的、挑担的、背筐的、闲逛的，都走一遍还走什么？何不走个小疯子？舞起双手倒着一阵走，正着一阵走，侧着一阵走，要么装一回记者拍照，只剩下加了速的倒退，退着举起“相机”。最后我决定走个醉鬼。我是武松吧，我是鲁智深吧，我是李白和刘伶吧……原来醉着走才最最飘逸，这富有韧性的飘逸使我终于感觉到了我自己。

我在大雾里醉着走，直到突然碰见迎面而来的一个姑娘——你，原来你也正踉跄着自己。你是醉着自己，还是疯着自己？感谢大雾使你和我相互地不加防备，感谢大雾使你和我都措手不及，只有在雾里你我近在咫尺时才发现彼此，这突然的发现使你无法让自己戛然而止。于是你和我不得不继续古怪着自己擦身而过，你和我都笑了，笑容都湿润都朦胧，宛若你与我共享着一个久远的默契。从你的笑容里我看见了我，从我的笑容里我猜你也看见了你。刹那间你和我就同时消失在雾里。

当大雾终于散尽，城市又露出了她本来的面容。路灯熄了，车辆撒起了欢儿，行人又在站牌前排起了队。我也该收拾起自己的心思和步态，像大街上所有的人那样，“正确”地走着奔向我的目的地。

但大雾里的我和大雾里的你却给我留下了永远的怀念，只因为我们都在大雾里放肆地走过。也许我们终生不会再次相遇，我就更加珍视雾中一个突然的非常的我，一个突然的非常的你。我珍视这样的相遇，或许在于它的毫无意义。

然而意义又是什么？得意忘形就不具意义？人生又能有几回忘形的得意？

你不妨在大雾时分得意一回吧，大雾不只会带给你猪皮那般实在的记忆，大雾不只会让你悠然地欣赏屋檐、冻土和草垛，大雾其实会将你挟裹进来与它融为一体。当你忘形地驾着大雾冲我踉跄而来，大雾里的我会给你最清晰的祝福。

不仅仅是左手

池莉

17岁那年秋天，我被下放农村做知青，几个月之后，被选拔到大队小学教书。第一天上课，学生就不怕我。三年级的学生就有与我同年出生的。五年级毕业班的音乐、体育、美术课，我都没有办法顺利进行，两三个完全无组织无纪律的男生，个子比我高，下巴上都长了胡子，这个冬季就要娶亲了。

校长鼓励我不必怕学生。他说："怕什么？他们再大，你也是老师，他们是学生，天下还有学生大得过老师去不成？"校长从打扫操场的大扫帚上抽出一根最长的竹条子，交给我，要我向王老师学习。

我们学校的王老师，中年人，大个子，宽肩膀，胡子拉碴，少言寡语，非常威严。王老师走路总是甩开膀子迈大步，模样好生坦然潇洒，好像条条道路都是为他开的。我们大队的广大贫下中农，凡路上遇见王老师，都要抢先问候，都要为他让路，还要夸他教书教得好。王老师的书就是教得好，他班里毕业的学生，珠算打得风流水转，出了校门就可以当一个小队会计。对付最顽皮的男生，王老师一向只用一只手，左手。王老师不是左手力气大，是力气不大，主要轻重感觉好。王老师用左手把调皮学生的后颈脖子拎起来，从窗口轻轻扔出去，从来没有把学生摔出事情来。偶尔也有意外，也会发生一点皮肉伤，后来总是被时间证明没有大碍。贫下中农谁家有一个甚至多个不爱念书的调皮小子，爷娘老子也都是不怕的，大家便都是指望王老师整治。王老师只这左手的一扔，多年的威信就建立起来了。

然而，作为教师，仅有武力是不够的，在乡村学校，尤其不够。最终人人都是要看你有没有本事。有本事的人，孩子随你打骂，那是替爹娘管教孩子；没有本事的人，你弹他孩子一个指头，那就是欺负孩子的爹娘了。最初，我以为王老师的威信就是来自他的左手和珠算。后来，我慢慢发现，王老师还写得一手漂亮的板书，语文、数学、体育、美术，他可以一个人包班，门门功课都教得好，除了唱歌——农民不认为唱歌是一门功课，因此非常认可王老师的班级不唱歌。同时，王老师还会修雨伞、做木工、打草鞋、箍水桶、烧锡补焊。王老师有一只工具箱，那简直就是百宝箱，他想要钉子就可以掏出钉子，他想要铁皮就可以掏出铁皮，任何困难都难不住他。要过春节了，村里家家户户请王老师写对联。也总有一些人家会贴别人写的对联，这就更是为王老师提供了比较物。农民过春节有的就是时间，又没有什么娱乐，大家成群结伙到处闲逛，挨家挨户比较对联。这一比较，显然还是王老师的字好。十里八村的人家婚丧嫁娶，也都要请王老师去做司仪。如果发生了什么意外，厨子来不了，王老师也当厨子，王老师从打豆腐到红案，都做得得心应手。一般有人请，王老师都是有求必应。但凡王老师应了的事情，一概都做得利索漂亮。而他自己呢，则又有一条人生的座右铭，便是万事不求人。王老师是从来不去麻烦任何人的。他自己什么都会做。他就是自己生活的创造者。于是，王老师的威信怎么能够不高？谁家的孩子他不敢打？打了家长还要感谢，因为他们认为这就表示王老师重视了他们的孩子。

我17岁的时候，见识了王老师，也是十分佩服的，觉得他做人做得好生响亮和牛气啊！但是，真正认识到王老师的价值，却是在多年之后了。那是在我大学毕业了，工作了，成家了，在扑面而来的现实生活面前常常捉襟见肘的时候，便一次又一次地想起了我那乡村小学的王老师。在琢磨中，我终于明白，一个人想要掌握自己的生活，想要骄傲，又淡定，是何等不容易啊！在那赤贫的年代，王老师仅凭一只小小工具箱，创造与修补着他自己的生活、学校的生活和乡亲们的生活，他付出了多少智慧、勇气、精力与辛劳！30年过去了，王老师依然是我迄今为止见到过的，唯一一个有气魄、有能力掌握自己全部生活的人，唯一一个最贫穷却最有志气的人。有志才可以帅气，有气才可以帅体，因此一个贫穷的乡村小学教师，才是那么神气，那么体面，那么受人尊重。一年四季中有三个季节他都是打赤脚或者穿草鞋，但是好像条条道路都是为他开的，条条道路都恭候着昂首挺胸的他。

从三老师身上理解和领会到的道理，成了我人生最重要的认知。由此我懂得，一个人，无论穷与富，都应该做一个有志气的人。有志气才有体面与高尚。有体面与高尚才有真正的美丽。这美丽是那种大美丽，仿佛太阳、月亮、森林与鲜花，天然大方，超凡脱俗，使自己怡然自得，让懂得它的人赏心悦目。一个人这么活一辈子，便够了。

原野盛宴

雨中山果落，灯下草虫鸣

鲁迅的十七岁

✽刘卫东

1898年的绍兴，青石巷里的荷花香满十里，十七岁的鲁迅还在三味书屋里读线装书。

晚清的绍兴茶楼人声鼎沸，茶馆里的说书人熟悉明刻本的曲艺杂谈、清末的游仙小说，说着古代会稽的惊险故事，端着木制的黑碗，喝着琥珀色的老酒。私塾先生们捻着胡须写小楷，临摹碑刻，三月的落花在书案上招蜂引蝶。读完《三字经》《千字文》，磨墨的书童们爬上树梢看闹市和石巷里的行人、茶客、穿着皂鞋的官差们，看阁楼里眉目清秀的女子十里红妆。清水色的屋脊，墨迹淋漓的原木、梁椽、屏风雕刻挡不住窗扇的玲珑秀气和石雕画栏古旧的情怀。远处的青山脚下，说书先生数着铜钱，吃着茴香豆，长长的衣衫沾满草木的青涩。

古代会稽的私塾，红地青花的瓷器摆在案几上，雕花的窗棂，纯蓝色的细瓷花瓶，镶嵌玉石或描红着绿的笔筒里插着孔雀翎、白羽和青竹笔。阳光透过洁白的素纸慢慢渗透到残余的文字里，墨汁和油彩浸渍着衣襟。清香的朱墨，柔软的竹帛，有豆荚和稻花的色泽。老先生手把手地教书童们念诵古书，一笔一画地描红，横折弯钩，点提撇捺，一寸见方的纸张上写满古旧的文字。书童们恭听先生圈点口哼，毕恭毕敬，散学之后却逼着老童生讲故事，叽叽喳喳不能罢休。

十七岁的鲁迅还没有去江南水师学堂，他应该读过许多线装书，包括那些手抄本，明清的小说书。白墙乌瓦，黑白分明的绍兴，浓浓的酒，酸酸的菜，戴着小毡帽晒稻谷的农夫，穿长衫的读书人，撑着油纸伞拜访深石巷里的老中医的短工，在茶肆里侃着京城奇闻的食客，他们都曾经是鲁迅读过的那些线装书里的一个影子。薄似篾片的绿竹签，夹在线装书里，或者用莲子的梗叶做书简，清香诱人，书卷里莲子的清香溢满前厅后院。水泊之洲，土木院落，尺轨方寸，迷雾中乌黑的砖瓦沉在浮尘与渺茫的炊烟之中，世事如棋，南国的底蕴就杂陈在这粉墙黛瓦和水墨色的石巷之间。

晚清南国的地图上，分布着许多私塾，古朴的书院、祠堂、阁楼。青色的山体，河泽起起落落，错落的马头墙，粉白的风火墙，浸润着草木的腐朽味道与丹青意境。船儿悠悠地晃着，水声潺潺。先生们孩子们在私塾里案几上描红、写生。私塾里读书的书童们，在春天的时候从油菜花丛中捉蝴蝶，在先生的检视下读书写字、背诵古文。他们喜欢放风筝、钓鱼虾，拥有细腻的情感和敏锐而又容易受伤的心。

江南的水车和水磨在吱吱呀呀地转动，时间在慢慢磨。大红的宅门，青色的屋瓦，黑色的墨线，书童们笔下的汉字骨节突出，秀气而不失锋芒。秋叶散落在庭院的水池里，古代的文字和稚嫩的笔法竟然拥有如此新鲜的生命力。但是十七岁的书童，还是水中的莲子，有着清秀可人的笔迹，他们不像乌篷船里的茶客和盐商那样世故。

嘉庆年间，绍兴的水路和稻花，飞过临街两扇石库台门，读书人喝着陈年的米酒，书房里行囊齐备，准备乘着乌篷船出门远行。绍兴地处丘陵山地和河网平原的衔接地带，水墨色的山脊横在船头，往来的渔船载着虾米和青豆，慢慢地摇着桨。群山裙连，书的清香与饮酒的寂寞在水路上肆意蔓延。船舱里搁着油纸伞、青布衫、炊具、小人书。温润的气候，山晦暗的光和清淡的水色，花鸟的嬉戏与水性的刺绣是这些私塾里的书童们的旅伴。

私塾里的红草笺，稻花丛中的乌篷船，十七岁的鲁迅寒衣单薄。鲁迅也许是在私塾外面的茶楼下听评书吧，叫天子、何首乌，煮熟了的豆荚，热腾腾的气息，吸引着放鹅、牧牛、摘罗汉豆的孩子们。碧绿的菜畦，紫红的桑葚，蟋蟀弹琴，油蛉低唱，私塾的窗口里飘来状元红的酒香。酒当然是绍兴名酒状元红、善酿、香雪。老酒坛上面压着沙袋，坛旁搁着酒吊、漏斗和汆筒等舀酒、温酒工具，孩子们嗅着香气，嚼着青豆，偷偷地读些笔记小说，学先生的样子抹抹嘴，扑哧一笑。

少年的鲁迅，懂得绍兴黄酒里那种绵绵不绝的趣味，豆荚的香味，说书先生的嬉笑怒骂，私塾师傅的刁钻，民间艺人的憨厚与刻板。听一折戏，看着台上油彩浓妆的生旦净丑，人情的冷暖与麻木。喝一坛绍兴酒，钓一只鱼虾，书童们眼中的水路，乌篷船总是有着呜呜噜噜的声音。私塾里的孩子散学后呼朋引伴，折纸鸢，吃酸杏，躲猫猫，喝芝麻糊，这是童稚之心。十七岁的鲁迅正当少年，风华正茂，激笔挥毫，有着赤子之心，恰是少年意气，单薄的衣衫，一叶轻舟，走遍东南几百里水路。

给我一坛绍兴十八年陈酿，敬给同学少年，一醉方休。

下雨天，真好

✽琦君

我问你，你喜欢下雨吗？你会回答说："喜欢，下雨天富于诗意，叫人的心宁静，尤其是夏天，雨天里睡个长长的午觉该多舒服。"可是你也许会补充说："但别下得太久，像那种黄梅天，到处湿漉漉的，闷得叫人喘不过气来。"

告诉你，我却不然。我从来没有抱怨过雨天，雨下了十天、半月，甚至一个月，屋子里挂满万国旗似的湿衣服，墙壁地板都冒着湿气，我也不抱怨。我爱雨不是为了可以撑把伞兜雨，听伞背上滴答的雨声，就只是为了喜欢那下不完雨的雨天。为什么，我说不明白，好像雨天总是把我带到另一个处所，离这纷纷扰扰的世界很远很远。在那儿，我又可以重享欢乐的童年，会到了亲人和朋友，游遍了魂牵梦萦的好地方。悠游，自在。那些有趣的好时光啊，我要用雨珠的链子把它们串起来，绕在手腕上。

今天一清早，掀开帘子看看，玻璃上已洒满了水珠，啊，真好，又是个下雨天。

守着窗儿，让我慢慢回味吧。我那时才六岁呢，睡在母亲暖和的手臂弯里，天亮了，听到瓦背

上哗哗哗的雨声，我就放心了。因为下雨天长工不下田，母亲不用老早起来做饭，可以在热被窝里多躺会儿。这一会儿工夫，就是我最幸福的时刻，我舍不得再睡，也不让母亲睡，吵着要她讲故事。母亲闭着眼睛，给我讲雨天的故事：有一个盲人，雨天没有伞，一个过路人看他可怜，就打伞一路送他回家，盲人到了家，却说那把伞是他的，还请来邻居评理，说他的伞有两根伞骨是用麻线绑住的，伞柄有一个窟窿。说得一点也不错。原来他一面走一面用手摸过了，伞主人笑了笑，就把伞让给他了。我说："这盲人好坏呀！"母亲说："不是坏，是因为他太穷了，伞主人想他实在应当有把伞，才把伞给他的，伞主人是个好心人。"在熹微的晨光中，我望着母亲的脸，她的额角方方正正，眉毛是细细长长的，眼睛也眯成一条线。教我认字的老师说菩萨慈眉善目，母亲的长相大概也跟菩萨一个样子吧。

雨下得愈大愈好，檐前马口铁落水沟叮叮地响，我就合着节拍唱起山歌来。母亲一起床，我也就跟着起来，顾不得吃早饭，就套上叔叔的旧皮靴，顶着雨在院子里玩。阴沟里水满了，白绣球花瓣飘落在烂泥地和水沟里。我把阿荣伯给我雕的小木船漂在水沟里，中间坐着母亲给我缝的大红"布姑娘"。绣球花瓣绕着小木船打转，一起向前流。我跟着小木船在烂泥地里踩水，吱嗒吱嗒地响。直到老师来了才被捉进书房。可是下雨天老师就来得晚，他有脚气病，像大黄瓜似的肿腿，穿钉鞋走田埂路不方便。我巴不得他摔个大跟头掉在水田里，那样他就不会来逼我认方块字了。

天下雨，长工们就不下田，都蹲在大谷仓后面推牌九。我把小花猫抱在怀里，自己再坐在阿荣伯怀里，等着阿荣伯把一粒粒又香又脆的炒胡豆剥了壳送到我嘴里，胡豆吃够了再吃芝麻糖，嘴巴干了吃柑子。肚子鼓得跟蜜蜂似的。一双眼睛盯着牌九，黑黑的四方块上白点点，红点点。大把的铜子儿一会儿推到东边，一会儿推到西边。谁赢谁输都一样有趣。我只要雨下得大就好，雨下大了他们没法下田，就一直这样推牌九推下去。老师喊我去习大字，阿荣伯就会去告诉他："小春肚子痛，喝了午时茶睡觉了。"老师不会撑着伞来谷仓边找我的。母亲只要我不缠她就好，也不知我是否上学了，我就这么一整天逃学。下雨天真好，有吃有玩，长工们个个疼我，家里人多，我就不寂寞了。

潮湿的下雨天，是打麻线的好天气，麻线软而且不会断。母亲熟练的双手搓着细细的麻丝，套上机器，轮轴呼呼地转起来，雨也跟着下得更大了。五叔婆和我帮着剪线头，她是老花眼，母亲是近视眼，只有我一双亮晶晶的眼睛最管事。为了帮忙，我又可以不写大小字。懒惰的四姑一点儿忙不帮，只伏在茶几上，抽着鼻子，给姑丈写情书。我瞄到了两句："下雨天讨厌死了，我的伤风老不好。"其实她的鼻子一年到头伤风的，怨不了下雨天。

五月黄梅天，到处黏糊糊的，母亲走进走出地抱怨，父亲却端着宜兴茶壶，坐在廊下赏雨。院子里各种花木，经雨一淋，新绿的枝子，顽皮地张开翅膀，托着娇艳的花朵。冒着微雨，父亲用旱烟管点着它们告诉我，这是丁香花，那是一丈红。大理花与剑兰抢着开，木樨花散发着淡淡的幽香。墙边那株高大的玉兰花开了满树，下雨天谢得快，我得赶紧爬上去采，采了满篮子送左右邻居。玉兰树叶上的水珠都是香的，洒了我满头满身。

唱鼓儿词的总是下雨天从我家后门摸索进来，坐在厨房的条凳上，咚咚咚地敲起鼓子，唱一段《秦雪梅吊孝》，或者《郑元和学丐》。母亲一边做饭，一边听。泪水挂满了脸颊，拉起青布围裙擦一下，又连忙盛满满一大碗白米饭，请盲人先生吃，再给他一大包的米。如果雨一直不停，母亲就会留下盲人先生，让他在阿荣伯床上打个中觉，晚上就在大厅里唱，请左邻右舍都来听。大家听说潘宅请听鼓儿词，老老少少全来了。宽敞的大厅正中央燃起亮晃晃的煤气灯，发出嘶嘶嘶的声音。煤气灯一亮，我就有做喜事的感觉，心里说不出的开心。大人们都坐在一排排的条凳与竹椅上，紫檀木镶大理石的太师椅里却挤满了小孩。一个个光脚板印全印在茶几上。雨哗哗地越下越大，盲人先生的鼓咚咚地也敲得愈起劲。唱孟丽君，唱秦雪梅，母亲和五叔婆她们眼圈都哭得红红的，我就只顾吃炒米糕、花生糖。父亲却悄悄地溜进书房作他的“唐诗”去了。

八九月台风季节，雨水最多，可是晚谷收割后得靠太阳晒干。那时没有气象报告，预测天气好坏全靠有经验的长工和母亲抬头看天色。云脚长了毛，向西北飞奔，就知道有台风要来了。我真开心。因为可以套上阿荣伯的大钉鞋，到河边去看涨大水。母亲皱紧了眉头对着走廊下堆积如山的谷子发愁，几天不晒就要发霉的呀，谷子的霉就是一粒粒绿色的曲。母亲叫我和小帮工把曲一粒粒拣出来，不然就会愈来愈多的。这工作好好玩，所以我盼望天一直不要晴起来，曲会愈来愈多，我就可以天天滚在谷子里拣曲，不再读书了。母亲端张茶几放在廊前，点上香念《太阳经》，保佑天快快放晴。《太阳经》我背得滚瓜烂熟，我也跟着念，可是从院子的矮墙头望出去，一片迷蒙。一阵风，一阵雨，天和地连成一片，看不清楚，看样子且不会晴呢，我愈高兴，母亲却愈加发愁了。母亲何苦这么操心呢？

到了杭州念中学了，下雨天就可以坐叮叮咚咚的包车上学。一直拉进校门，拉到慎思堂门口，下雨天可以不在大操场上体育课，改在健身房玩球，也不必换操衣操裤。我最讨厌灯笼似的黑操裤了。从教室到健身房有一段长长的水泥路，两边碧绿的冬青，碧绿的草坪，一直延伸到健身房后面。同学们起劲地打球，我撑把伞悄悄地溜到这儿来，好隐蔽，好清静。我站在法国梧桐树下，叶子尖滴下的水珠，纷纷落在伞背上，我心里有一股凄凉寂寞之感，因为我想念远在故乡的母亲。下雨天，我格外想她。因为在幼年时，只有雨天里，我才有更多的时间缠着她，雨给我一份靠近母亲的感觉。

星期天下雨真好，因为“下雨天是打牌天”，姨娘讲的。一打上牌，父亲和她都不再管我了。我可以溜出去看电影，邀同学到家里，爬上三层楼“造反”，进储藏室偷吃金丝蜜枣和巧克力糖，在厨房里守着胖子老刘炒香喷喷的菜，炒好了一定是我吃第一筷。晚上，我可以丢开功课，一心一意看《红楼梦》，父亲不会衔着旱烟管进来逼我背《古文观止》。稀里哗啦的洗牌声，夹在洋洋洒洒的雨声里，给我一万分的安全感。

如果我一直不长大，就可一直沉浸在雨的欢乐中。然而谁能不长大呢？人事的变迁，尤使我于雨中俯仰低徊。那一年回到故乡，坐在父亲的书斋中，墙壁上“听雨楼”三个字是我用松树皮的碎片拼成的。书桌上紫铜香炉里，燃起了檀香。院子里风竹萧疏，雨丝纷纷洒落在琉璃瓦上，发出叮咚之音，玻璃窗也砰砰作响。我在书橱中抽一本白香山诗，学着父亲的音调放声吟诵，父亲的音容，浮现在摇曳的豆油灯光里。记得我曾打着电筒，穿过黑黑的长廊，给父亲温药。他提高声音吟诗，使我一路听着他的声音，不会感到冷清。可是他的病一天天沉重了，在淅沥的风雨中，他吟诗的声音愈来愈低，我终于听不见了，永远听不见了。

杭州的西子湖，风雨阴晴，风光不同，然而我总喜欢在雨中徘徊湖畔。从平湖秋月穿林荫道走向孤山，打着伞慢慢散步。心沉静得像进入神仙世界。这位宋朝的进士林和靖，妻梅子鹤，终老是乡，范仲淹曾赞美他：“片心高与月徘徊，岂为千钟下钓台。犹笑白云多事在，等闲为雨出山来。”想见这位大文豪和林处士徜徉林泉之间，流连忘返的情趣。我凝望着碧蓝如玉的湖面上，低斜的梅花，却听得放鹤亭中，响起了悠扬的笛声。弄笛的人向我慢慢走来，他低声对我说：“一生知己是梅花。”

我也笑指湖上说：“看梅花也在等待知己呢。”雨中游人稀少，静谧的湖山，都由爱雨的人管领了。衣衫渐湿，我们才同撑一把伞绕西泠印社由白堤归来。湖水湖风，寒意袭人。站在湖滨公园，彼此默默相对。“明亮阳光下的西湖，宜于高歌；而烟雨迷蒙中的西湖，宜于吹笛。”我幽幽地说。于是笛声又起，与潇潇雨声相和。

二十年了，那笛声低沉而遥远，然而我，仍然依稀听见，在雨中……

谁说春色不忧伤

× × × × ×

✽迟子建

在我的故乡，十月便入冬了。雪花是冬季的徽标，它一旦镶嵌在大地上，就意味其强悍的统治开始了。虽说年分四季，但由于南北不同和季节差异，四季的长度是不相等的，有的春短，有的秋长。而我们那儿，最长的季节是冬天。它裹挟着寒风，一吹就是半年，把人吹得脸颊通红，口唇干裂，人们在呼号的风中得大声说话，不然对方听不清。东北人的大嗓门，就是寒风吹打的吧。你走在户外，男人的髭须和女人的刘海，都被它染白了，所以北国人在冬天，更接近童话世界的人，他们中谁没扮过白须神翁和白毛仙姑呢？

被寒流折磨得久了、被炉火烤得力气弱了、被冬日单一蔬菜弄得食欲寡淡的人，谁不盼着春天呢？春天的到来是最铺张的，它的前奏和序幕拉得很长。三月中旬吧，就有它隐约的气息了。连续几个晴天后，正午时屋檐会传来滴答滴答的水声，那是春天的第一声呼吸，屋顶的积雪开始融化了。人们看见活生生的水滴，眼里泛着喜悦的光彩。但别高兴得太早，春天伸了一下舌头，扮个鬼脸，就不见了。寒流的长鞭子又甩了出来，鞭打得人还不能脱下冬衣。人们眼巴巴地看着屋檐滴水时凝结的冰溜儿，就像望着脆弱的琴弦，不敢把动人的旋律弹奏。到了四月初，屋顶的积雪全然融化了，家家的白屋顶露出了本色，红瓦的现出热烈的红色，青瓦的现出深沉的钢青色，这时春天的脚步真的近了。雪花隐遁，天空由灰白变成淡蓝，太阳苍白的面庞有了暖色，河岸柳树泛红，林中向阳山坡的达子香花，羞答答地打骨朵儿了，人们饲养的家禽，开始在冬窝里频频伸展翅膀，想啄春天的第一口湿泥，做自己的口红。这时的春天怎么说呢，是到了婚日的盛装的新娘，呼之欲出了！

春天就是一个宝石库，那里绿翡翠最多。地上的草，林中的树，园田的菜圃，呈现着一派娇嫩的绿；山间原野的花儿，姹紫嫣红，争奇斗艳，蓝的如宝石，红的如玛瑙，白的如珍珠，金黄的如琥珀。这时窗缝的封条撕下来了，门上用于抵御寒风的棉毡也取下来了，人们换下棉衣棉裤，家禽们又可以寻觅肥美的虫子，作为它们的小点心了！到了五月，春天波涛汹涌地来了，所有的生命都荡漾在它明媚的波涛里！

但这样的春色，也许过于寻常，并没有烙印在我心灵深处。我对最美春色的记忆，居然与伤痛联系在一起。也就是说，有两个年份的春光，分别因身体和心灵的伤痛，而化为了化石，嵌在我骨头缝里，无法忘怀。

我在大兴安岭师专读二年级时，也就是三十四年前，春末时分，我突患牙痛。先是一颗牙起义，疼了起来，跟着它周边的牙呼应它。半口牙痛起来的感觉，你甚至想当自己的刽子手，砍下头颅。我还记得童年时一个杀猪的因为牙痛，要喝农药，他老婆喊邻人阻止丈夫愚蠢行为的情景。有过牙痛经历的人都知道，那种痛锥心刺骨，尤其是夜深它扰得你不能安眠时。记得我被牙痛连续折磨了两个昼夜，一天凌晨，天还没亮，我实在忍耐不住，一个人悄悄穿衣起来，出了集体宿舍，走向校园西侧的原野。那天有雾，我张开嘴，希望雾气能像止痛散，发挥点作用。当我步出宿舍区，接近原野的时候，发现了一团黑乎乎的东西。走近一看，是台用于耕地的拖拉机！我想起白天时，曾望见它在原野上工作。拖拉机驾驶室的门，居然一拉就开了。我像发现了一个古堡，兴奋地跳上驾驶室。完全不懂驾驶技术的我，试图开动它。好像拖拉机的履带一转，我的病痛就会被碾碎似的。我不知哪里是油门、刹车，双脚乱踏，手抚在方向盘上，振振有词地喊着“前进前进”，可拖拉机纹丝不动。但这丝毫没有减淡我的热情，我像对付一匹野马似的，执意要驯服它，一直和它战斗，直到雾气野鬼似的在日出中魂飞魄散，我才大汗淋漓地休战。太阳从背后升起来，照亮了我面前的原野。它的绿是那么的鲜润，就像一块刚压好的豆腐，只不过这是块巨大的翡翠豆腐！这片触目惊心的绿震撼了我，我跳下拖拉机。牙痛就在我奔向原野的时刻，突然止息了。病牙撤兵，我整个身心都获得了解放。我感恩地看着春天的原野，想着它蛰伏一冬，冲出牢笼后出落得如此动人，可我从未细心打量过它，辜负如此春色，实在不该。

另一片记忆中的至美春色，是与2002年联系在一起的。那年五月三日，爱人在归乡途中车祸罹难，我赶回故乡奔丧。料理完丧事，回到塔河，正是新绿满枝的时候。姐姐见我很少出门，有一天领着孩子，拉着我去堤坝走走。太阳已经很暖了，可走在土路上，我却觉得脊背发凉。堤坝是我和爱人常去的地方，我们曾在河边打水漂儿，采野花，看两岸的山影、庄稼和牛羊。我走下堤坝，看到几棵嫩绿的柳蒿芽，随手采了，那是我和爱人喜欢吃的野菜，把它用开水焯了，蘸酱吃鲜美无比。我采了柳蒿芽，又看见了野花，白的、粉红的、淡蓝的，星星似的眨眼。我没有采花，因为以往采回的野花，会放到床头桌上，照亮两个人的梦境。想着爱人与这样的春色永别了，想着再无人为我采撷这大好春色，伴我入梦，我忍不住落泪了。“万木皆春色，唯我枝头泪”，这是我为《白雪乌鸦》里丧夫的女主人公写的一句内心独白，它其实也是我的内心独白。那天我怕姐姐看见我的泪，便朝茂密的柳树丛走去。泪眼中的春色飞旋起来，像一朵一朵的云，在人间与天堂之间绽放，那么迷离，那么凄美！四野寂静，我听见了自己的心跳声。我想一颗依然能感受春光的心，无论怎样悲伤，都不会使她的躯壳成为朽掉的木。爱情的春光抽身离去，让我成为无人点燃的残烛，可生命的春光，依然闪烁！

我最爱的词人辛弃疾，曾写过“春风不染白髭须”的名句。是啊，春风染绿了山，染红了花，染蓝了天，染白了云，可它不能把我们的白须白发染黑，不能让岁月之河倒流。但春风能染红唇，能让它像一朵永不凋零的花，吐露心语，在夜深时隔着时空，轻唤你曾爱过的人，问一声：“你还好吧？”

夜航船

余秋雨

一

我的书架上有一部明代文学家张岱的《夜航船》。这是一部许多学人查访终身而不得的书，新近根据宁波天一阁所藏抄本印出。书很厚，书脊显豁，插在书架上十分醒目。文学界的朋友来寒舍时，常常误认为是一部新出的长篇小说。这部明代小百科的书名确实太有意思了，连我自己巡睃书架时也常常会让目光在那里顿一顿，耳边响起欸乃的橹声。

夜航船，历来是中国南方水乡苦途长旅的象征。我的家乡山岭丛集，十分闭塞，却有一条河流悄然穿入。每天深夜，总能听到笃笃的声音从河畔传来，这是夜航船来了，船夫看到岸边屋舍，就用木棍敲着船帮，召唤着准备远行的客人。山民们夜夜听到这个声音，习以为常，但终于，也许是身边的日子实在是混不下去了，也许是憨拙的头脑中突然卷起了幻想的波澜，这笃笃的声音产生了莫大的诱惑。不知是哪一天，他们吃过一顿稍稍丰盛的晚餐，早早地收拾好简薄的行囊，与妻儿们一起坐在闪烁的油灯下等候这笃笃声。

当敲击船帮的声音终于响起时，年幼的儿子们早已歪歪扭扭地睡熟，山民粗粗糙糙地挨个儿摸了一下他们的头，随即用拳头擦了擦眼角，快步走出屋外。蓬头散发的妻子提着包袱跟在后面，没有一句话。

外出的山民很少有回来的。有的妻子，实在无以为生了，就在丈夫上船的河滩上，抱着儿子投了水。这种事一般发生在黑夜，惨淡的月光照了一下河中的涟漪，很快什么也没有了。过不了多久，夜航船又来了，仍然是笃笃笃、笃笃笃，慢慢驶过。

偶尔也有些叫人羡慕的信息传来。乡间竟出现了远途而来的老邮差，手中拿着一封夹着汇票的信。于是，这家人家的木门槛在几天内就会跨进无数双泥脚。夜间，夜航船的敲击声更响亮了，许多山民开始失眠。

几张汇票使得乡间有了私塾。一些幸运的孩子开始跟着一位外乡来的冬烘先生大声念书。进私塾的孩子有时也会被笃笃声惊醒，翻了一个身，侧耳静听。这声音，与山腰破庙里的木鱼声太像了，那是祖母们向往的声音。

二

一个坐夜航船到上海去谋生的人突然成了暴发户。他回乡重修宅院，为了防范匪盗，在宅院四周挖了河，筑一座小桥开通门户。宅院东侧的河边，专修一个船码头，夜航船每晚要在那里停靠，他们家的人员货物往来多得很。夜航船专为他们辟了一个精雅小舱，经常有人从平展展的青石阶梯上下来，几个用人挑着足够半月之用的食物上船。有时，用人手上还会提着一捆书，这在乡间是稀罕之物。山民们傻想着小舱内酒足饭饱、展卷卧读的神仙日子。

船老大也渐渐气派起来。我家邻村就有一个开夜航船的船老大，早已成为全村艳羡的角色。过去，坐他船的大多是私盐贩子，因此航船经常要在沿途受到缉查。缉查到了，私盐贩子总被捆绑起来，去承受一种叫作“趱杠”的酷刑。这种酷刑常常使私盐贩子一命呜呼。船老大也会被看成是同伙，虽不做“趱杠”，却要吊打。现在，缉查人员拦住夜航船，见到的常常是神态高傲的殷富文士，只好点头哈腰连忙放行。船老大也就以利言相讥，出一口积压多年的鸟气。

每次船老大回村，总是背着那支大橹。航船的橹背走了，别人也就无法偷走那条船。这支橹，就像现今小汽车上的钥匙。船老大再劳累，背橹进村时总把腰挺得直直的，摆足了一副凯旋的架势。放下橹，草草洗过脸，就开始喝酒。灯光亮堂，并不关门，让亮光照彻全村。从别的码头顺带捎来的下酒菜，每每引得乡人垂涎欲滴。连灌数盅后他开始讲话，内容不离这次航行的船客，谈他们的风雅和富有。

三

好多年前，我是被夜航船的笃笃声惊醒的孩子中的一个。如果是夏夜，我会起身，攀着窗沿去看河中那艘扁黑的船，它走得很慢，却总是在走。听大人说，明天傍晚就可走到县城。县城准是大地方，河更宽了，船更多了，一条条晶亮晶亮的水路，再也没有泥淖和杂藻，再也没有土岸和残埠，直直地通向天际。

第二天醒来，急急赶到船老大家，去抚摸那支大橹。大橹上过桐油，天天被水冲洗，非常干净。当时私塾已变成小学，学校的老师都是坐着航船来的，学生读完书也要坐着航船出去。整个学校，就像一个船码头。

橹声欸乃，日日夜夜，山村流动起来了。

夜航船，山村孩子心中的船，破残的农村求援的船，青年冒险家下赌注的船，文化细流浚通的船。

船头画着两只大大的虎眼，犁破狭小的河道，溅起泼剌剌的水声。

四

这下可以回过头来说说张岱的《夜航船》了。

这位大学者显然是夜航船中的常客。他如此博学多才，不可能长居一隅。在明代，他广泛的游历和交往，不能不经常依靠夜航船。次数一多，他开始对夜航船中的小世界品味起来。

船客都是萍水相逢，无法作切己的深谈。可是船中的时日缓慢又无聊，只能以闲谈消遣。当时远非信息社会，没有多少轰动一时的新闻可以随意评说，谈来谈去，以历史文化知识最为相宜。中国历史漫长，文物典章繁复，谈资甚多。稍稍有点文化的人，正可借此比赛和炫示学问。一来二去，获得一点暂时的满足。

张岱是绍兴人，当时绍兴府管辖八县，我的家乡余姚正属其中。照张岱说法，绍兴八县中数余姚文化气息最浓，后生小子都得读书，结果那里各行各业的人对于历史文物典章，知之甚多，一旦聚在夜航船中，谈起来机锋颇健，十分热闹。因此，这一带的夜航船，一下去就像进入一个文化赛场。

他在《夜航船序》里记下了一个有趣的故事：

昔有一僧人，与一士子同宿夜航船。士子高谈阔论，僧畏慑，卷足而寝。僧人听其语有破绽，乃曰：“请问相公，澹台灭明是一个人，是两个人？”士子曰：“自然是两个人。”僧曰：“这等，尧舜是一个人，两个人？”士子曰：“自然是一个人！”僧人乃笑曰：“这等说起来，且待小僧伸伸脚。”

你看，知识的优势转眼间就成了占据铺位的优势。这个士子也实在是丢了吾乡的脸，不知道“澹台”是复姓倒也罢了，把尧、舜说成一个人是不可原谅的。让他缩头缩脚地蜷曲着睡，正是活该。但是，夜航船中也有不少真正的难题目，很难全然对答如流而不被人掩口耻笑。所以连张岱都说：“天下学问，惟夜航船中最难对付。”

于是，他决心编一部初级小百科，列述一般中国文化常识，使士子们不要在类似于夜航船这样的场合频频露丑。他把这部小百科名曰《夜航船》，当然只是一个潇洒幽默的举动，此书的实际效用远在闲谈场合之上。

五

但是，张岱的劳作，还是让我们看到了一种有趣的“夜航船文化”。这又是中国文化的一个可感叹之处。

在缓慢的航行进程中，细细品尝着已逝的陈迹，哪怕是一些琐碎的知识。不惜为千百年前的细枝末节争得脸红耳赤，反正有的是时间。中国文化的进程，正像这艘夜航船。

船头的浪，泼不进来；船外的风，吹不进来；航行的路程，早已预定。谈知识，无关眼下；谈历史，拒绝反思。十年寒窗，竟在谈笑争胜间消耗。把船橹托付给老大，士子的天地只在船舱。一番讥刺，一番炫耀，一番假惺惺的钦佩，一番自命不凡的陶醉，到头来，争得稍大一点的一个铺位，倒头便睡，换得个梦中微笑。

第二天，依然是这般喧闹，依然是这般无聊。船一程程行去，岁月一片片消逝，永远是喧闹的无聊，无聊的喧闹。

我一次次抚摸过的船橹，竟是划出了这样一条水路？我梦中的亮晶晶的水路，竟会这般黯然？

幸好，夜航船终于慢吞吞地走到了现代。吾乡的水路有了一点好的征兆：几位大师上船了。

我仿佛记得曾坐小船经过山阴道，两岸边的乌桕，新禾，野花，鸡，狗，丛树和枯树，茅屋，塔。伽蓝，农夫和村妇，村女，晒着的衣裳，和尚，蓑笠，天，云，竹……都倒影在澄碧的小河中，随着每一打桨，各各夹带了闪烁的日光，并水里的萍藻游鱼，一同荡漾。诸影诸物，无不解散，而且摇动，扩大，互相融和；刚一融和，却又退缩，复近于原形。边缘都参差如夏云头，镶着日光，发出水银色焰。——这是鲁迅在船上。

夜间睡在舱中，听水声橹声，来往船只的招呼声，以及乡间的犬吠鸡鸣，也都很有意思。雇一只船到乡下去看庙戏，可以了解中国旧戏的真趣味，而且在船上行动自如，要看就看，要睡就睡，要喝酒就喝酒，我觉得也可以算是理想的行乐法。——这是周作人在船上。他不会再要高谈阔论的旅伴，只求个人的清静自由。

早春晚秋，船价很便宜，学生的经济力也颇能胜任。每逢星期日，出三四毛钱雇一只船，载着二三同学，数册书，一壶茶，几包花生米，与几个馒头，便可优游湖中，尽一日之长。随时随地可以吟诗作画。“野航恰受两三人。”“恰受”两字的状态，在这种船上最充分地表现着。——这是丰子恺在船上。他的船又热闹了，但全是同学少年，优游于艺术境界。

这些现代中国的航船虽然还是比较平缓、狭小，却终于有了明代所不可能有的色泽和气氛。

仍然想起张岱。他的惊人的博学使他以一人之力编出了一部百科全书式的《夜航船》，在他死后24年，远在千里之外的法国诞生了狄德罗，另一部百科全书将在这个人手上编成。这部百科全书，不是谈资的聚合，而是一种启蒙和挺进。从此，法国精神文化的航船最终摆脱了封建社会的黑夜，进入了一条新的河道。张岱做不到这地步，过错不在他。

说到底，他的书名还是准确的：《夜航船》。

我，难道真的被夜航船的笃笃声敲醒过吗？它的声响有多大呢？我疑惑了。

记得有一天深夜，幼小的我与祖母争执过：我说这笃笃声是航船，她说这笃笃声是木鱼。究竟是什么呢？都是？都不是？抑或两者本是同一件事？

祖母早已亡故。也许，我将以一辈子，索解这个谜。

初妆

✽许冬林

12岁，少年。青荷出水的年纪。

一切清明澄澈空寂，只有微微的风和浅浅的涟漪。

夏日黄昏沐浴后，一盆清水里掺有香皂和花露水的香味，泼在院子里。水像一件石青色的裙子在地面铺开，潮湿的水印渐渐蔓延到凤仙花边。凤仙花好像十二三岁的年纪，粉嫩多汁。嫩豆绿的茎一掐，指甲缝里便濡上一层湿润。狭长瘦削的叶子背后罩着一朵朵蝴蝶似的花，玫瑰红、海棠红、樱桃红、浅莲红、白色、粉色、紫色……朵朵簇簇，密匝匝，笑呵呵。一株盛开的凤仙花，就是一场热闹的蝴蝶会。

那年，我家简朴的院子前，被我密密栽种了一排各色的凤仙花。沐浴后，我穿白的确良短袖上衣、海水蓝裙子。我端竹椅坐在凤仙花边，等待花开，不知道是凤仙花装点了我的裙子，还是我和凤仙花一起装点了乡下清寂的小院。只知道，花是香的，我也是香的。

邻村有两个男孩，放暑假，日日调皮，晒得精黑。有一日黄昏，他们走到我的竹椅边，磨蹭半天，要摘我的凤仙花，我不答应。方脸的男孩子软软地说只要一朵，我一笑，他就蹲身挑了一朵。另一个长脸的男孩子不甘落后，也挤过来要，我觉得男孩子摘花没什么道理，就拒绝了。“给他不给我，养个儿子没屁股。”长脸的男孩子嬉皮笑脸胡诌起来。我羞愤得要哭，我还是一个小女孩，长大还那么遥远，怎么能提什么儿子呢？我这样想着，那边他们已经探身摘掉一大捧凤仙花，嬉笑着飞跑了。多年以后，当我已成年，经历了粉红情事，知晓了凤仙花的花语是“别碰我”，再忆及从前那两个男孩子，只觉得他俩像两只初次出巢笨拙采蜜的小蜜蜂。

18岁初恋，深深浅浅的情，像月亮下的一面湖水，兀自幽深无言。

黄梅天，江北的天空蒙在蟹灰色的幕布里，雨下得朝朝夕夕。他打着伞来我家，看我。我坐在窗子前，望着镜子里的自己梳长长的发，心思又潮又软又艳。彼时，窗外的凤仙花在雨里乱乱地开，浓浓淡淡一片湿红和湿绿。他坐在木床边沿，说我家有这样多的凤仙花，从前有没有用它染过指甲。当然染过。我还说这些凤仙花都是我栽的，后来种子落下来，代代繁衍。

恋人心动起来，笑着抢过我手里的梳子，替我梳起来。枣木梳子从发根捋到发梢，一梳一梳，轻轻浅浅地按下去。时光是慢的，幸福是慢的。甜美的人生，我以为，也是慢的。他默默梳发，我默默欢喜，彼此都无言。

多年后的这个春天，日日听雨，听得郁郁寡欢，觉得远隔少年的成年岁月是这样冷冷澹澹。一日兴起，翻箱倒柜，寻出从前的毛笔和一小叠泛黄宣纸。黛青色的茎干两边，是片片黄绿翠绿的修长叶子，当中一坨朱砂红。墨色的青砖院墙虚虚而模糊在宣纸一角。一幅凤仙花的中国画在我笔底婆娑生出来。

画画的时候，雨水已经在薄阳里暂时收了性子，楼下人家的院子外草丛里，野生的凤仙花苗已经出土。我又想起从前，在老家的院外河畔上，几个女孩子摘了凤仙花堆在小青石上，她们在轻揉花瓣，取汁染指，一个个都成了俏佳人。在不远处的柳树下，有两个皮肤精黑的男孩子在探头缩腰地偷看她们。其中一个穿蓝色裙子的女孩子站起来，对着河水照照，又对着同伴炫耀她戴在发间的凤仙花环，那是用狗尾巴草串起来的凤仙花环。她不染指甲，她要与众不同。她知道他们在看她，故意站起来，让他们看。

青山元不动

✽林清玄

我从来不刻意去找一座庙宇朝拜。

但是每经过一座庙，我都会进去烧香，然后仔细地看看庙里的建筑，读看到处写满的、有时精美得出乎意料的对联，也端详那些无比庄严地穿着金衣的神明。

大概是幼年培养出来的习惯吧！每次随着妈妈回姥姥家，总要走很长的路，有许多小庙神奇地建在那一条路上，妈妈无论多急着赶路，必定在路过庙的时候进去烧一炷香，或者喝杯茶，再赶路。

爸爸出门种作的清晨，都是在庙里烧了一炷香，再荷锄下田的。夜里休闲时，也常和朋友在庙前饮茶下棋，到星光满布才回家。

我对庙的感应不能说是很强烈的，但却十分深长。在许许多多的庙中，我都能感觉到一种温暖的情怀，烧香的时候，就好像把自己的心情放在供桌上，烧完香整个人就平静了。

也许不能说只是庙吧，有时是寺，有时是堂，有时是神坛，反正是有着庄严神明的处所，与其说我敬畏神明，还不如说是一种来自心灵的声音，它轻浅的弹奏触动着我；就像在寺庙前听着乡人夜晚弹奏的南管，我完全不懂得欣赏，可是在夏夜的时候聆听，仿佛看到天上的一朵云飘过，云里闪出几粒晶灿的星星，南管在寂静之夜的庙里就有那样的美丽。

新盖成的庙也有很粗俗的，颜色完全不调谐地纠缠不清，贴满了花草浓艳的艺术瓷砖，这使我感到厌烦；然而我一想到童年时看到如此颜色鲜丽的庙就禁不住欢欣地跳跃，心情就接纳了它们，正如渴着的人并不挑拣茶具，只有那些不渴的人才计较器皿。

我的庙宇经验可以说不纯是宗教，而是感情的，好像我的心里随时准备了一片大的空地，把每座庙一一建起，因此庙的本身是没有意义的。记得我在学生时代，常常并没有特别的理由，也没有朝山进香的准备，就信步走进后山的庙里，在那里独坐一个下午，回来的时候就像改换了一个人，有快乐也沉潜了，有悲伤也平静了。

通常，山上或海边的庙比城市里的更吸引我，因为山上或海边的庙虽然香火寥落，但往往有一片开阔的景观。那些庙往往占住一座山或一片海滨最好的地势，让人看到最好的风景，最感人的是，来烧香的人大多不是有所求而来，仅是来烧香罢了，也很少人抽签，签纸往往发着黄斑或尘灰满布。

城市的庙不同，它往往局促一隅，近几年因大楼的兴建更被围得完全没有天光。香火鼎盛的地方过分拥挤，有时烧着香，两边的肩膀都被拥挤的香客紧紧夹住了，最可怕的是，来烧香的人都是满脑子的功利，又要举家顺利，又要发大财，又要长寿，又要儿子中状元。我知道的一座庙里没几天就要印制一次新的签纸，还是供应不及，如果一座庙只是用来求功名利禄，那么我们这些无求的只是烧香的人，还有什么值得去的呢？

去逛庙，有时也有意想不到的乐趣。有的庙是仅在路上捡到一个神明像就兴建起来的，有的是因为长了一棵怪状的树而兴建，有的是那一带不平安，大家出钱盖座庙。在台湾，山里或海边的庙宇盖成，大多不是事先规划设计的，而是原来有一个神像，慢慢地一座座供奉起来；多是先只盖了一间主房，再向两边延展出去，然后有了厢房，有了后院；多是先种了几棵小树，后来有了遍地的花草；一座寺庙的宏观结构历经百年还没有定型，还在成长着。因此这使我特别有一种时间的感觉：它在空间上的生长，也印证了它的时间。

观庙烧香，或者欣赏庙的风景都是不足的；最好的庙是在其中有一位得道者，他可能是出家修炼许久的高僧，也可能是拿着一块抹布在擦拭桌椅的毫不起眼的俗家老人。在他空闲的时候，我们和他对坐，听他诉说在平静中得来的智慧，就像坐着听微风吹拂过大地，我们的心就在那大地里悠悠如诗般醒转。

如果庙中竟没有一个得道者，那么庙再好再美都不足，就像中秋夜里有了最美的花草而独缺明月。

我曾在许多不知名的寺庙中见过这样的人，在我成年以后，这些人成为我到庙里去的最大动力。当然我们不必太寄望有这种机缘，因为也许在几十座庙里才能见到一个，那要随缘！

最近，我路过三峡镇，听说附近有一座风景秀美的寺，便放下俗务，到那庙里去。庙的名字是“元亨堂”，上千个台阶全是用一级级又厚又结实的石板铺成，光是登石级而上就是几炷香的工夫。

庙庭前整个是用整齐的青石板铺成，上面种了几株细瘦而高的梧桐和几丛竹子；从树的布置和形状，就知道不是凡夫所能种植的，庙的设计也是简单的几座平房，全用了朴素而雅致的红砖。

我相信那座庙是三莺一带最好的地势，站在庙庭前，广大的绿野蓝天和山峦尽入眼底，在绿野与山峦间一条秀气的大汉溪如带横过。庙并不老，现在能盖出这么美的庙，使我对盖庙的人产生了最大的敬意。

后来向庙里洒扫的妇人打听，终于知道了盖庙的人。听说他是来自外乡的富家独子，是一生下来就衣食无忧的人，二十岁的时候发誓修行，便带着庞大的家产走遍北部各地，找到了现在的地方，他自己拿着锄头来开这片山，一块块石板都是亲自铺上的，一棵棵树都是自己栽植的，历经六十几年的时间才有了现在的规模；至于他来自哪一个遥远的外乡，他真实的名姓，还有他传奇的过去，都是人所不知，当地的人称他为“弯仔师父”。

“他人还在吗？”我着急地问。

“还在午睡，大约一小时后会醒来。”妇人说。并且邀我在庙里吃了一餐美味的斋饭。

我终于等到了弯仔师父，他几乎是无所不知的人，八十几岁还健朗风趣，上自天文，下至地理，中谈人生，头头是道，让人敬服。我问他年轻时是什么愿力使他到三峡建庙，他淡淡地说：“想建就来建了。”

谈到他的得道。

他笑了：“道可得乎？”

叨扰许久，我感叹地说：“这么好的一座庙，没有人知道，实在可惜呀！”

弯仔师父还是微笑，他叫我下山的时候，看看山门的那副对联。

下山的时候，我看到山门上的对联是这样写的：

青山元不动

白云自去来

那时我站在对联前面才真正体会到一位得道者的胸襟，还有一座好庙是多么的庄严，他们永远是青山一般，任白云在眼前飘过。我们不能是青山，让我们偶尔是一片白云，去造访青山，让青山告诉我们大地与心灵的美吧！

我不刻意去找一座庙朝拜，总是在路过庙的时候，忍不住地想：也许那里有着人世的青山，然后我跨步走进，期待一次新的随缘。

本草，开到荼蘼花事了

✽刘梅花

一部《本草纲目》，装下了千草百花。草药的世界，草药的江湖，清美到无言以对。

有一种人，因为清寂，因为温暖，因为一种风骨，让人喜欢得不能自拔。

李时珍就是。读《本草纲目》，被他长风浩荡的风雅所倾倒。那种风雅，让人爱到无语，让人一直仰慕。

看他的画像。消瘦，盛开的莲花一样淡雅安然的眼神。布衣，布帽，草鞋。还有采药的竹篓，几枝草药探出竹篓，清冽的美。

心里总是一种热热的感念。感谢上苍，让这样一个绝美的男人，以最纯净的姿态来过尘世，普度众生。

他的内心，该是多么清澈的温暖哪。

李时珍走了很多的路。空山鸟鸣，流水繁花，草木茂盛。他亲自品尝百草，拣尽寒枝，倾心相待，编著成书。

那百草的滋味，他该是最熟悉了。多么苦，多么涩，只有自己晓得。他淡淡一笑，提笔记上：覆盆子，五月子熟，其色乌赤。甘，平，无毒……

一部《本草纲目》，装下了千草百花。草药的世界，草药的江湖，清美到无言以对。

这世间，如此寒凉，如此疼痛。

李时珍一生所倾心的，是驱走众生的疼，扶正袪邪，投下一片暖暖的光和影。他拿自己最干净的心灵，来弥补素淡光阴里的锐疼和钝疼。

他是禅境里的人。

佛家修持的人，小乘度自己，大乘度自己，也度众生。

李时珍所度的，是苍茫众生。他心里静

啊，静得简直清凉洒然。

他一生，最懂得草木。隔枝听花语，见草知药性。绵绵的时光里，李时珍一直独自踏着青苔而行，未曾歇过一步。多么淡雅而绚烂的人生啊。

李时珍的文笔很精确，很凝练。一味药，寥寥几笔，一下子就鲜活起来，花枝招展。汉字真是美不可言。李时珍的汉字，点石成金。

在人生苍凉失意的时候，我翻开《本草纲目》来疗伤。一枝香，佛音缭绕。静啊，静得没有了惆怅和凄惶。只有草木，风动花香。

碎碎的流年，碎碎的光阴。一字一句，读来心香啊。仿佛那蘸了胭脂的指尖，轻轻拓在唇上，那么柔，那么逸。美得清冽，美得生生世世啊。

蒹葭苍苍，白露为霜。李时珍从《诗经》里出发，采药未归。也许有一天，会在山野里繁花处恍然遇到他。他的背篓里，还是丝丝缕缕苦味儿的百草。

采芹的女子，定然会轻轻问一声："先生，草木在您眼里，为何如此惊艳哪？我这芹，也是一味药吗？我自己，也是一株行走的草吗？"

心心念念之间，如果时光流转，我会随他去采药，随他品尝百草的滋味。哪怕，只为他背着竹篓也好哇，只为他研墨端茶也好哇。

李时珍说："山柰，生广中，人家栽之。根叶皆如生姜，作樟木香气。土人食其根如食姜，切断曝干，则皮赤黄色，肉白色。古之谓廉姜，恐其类也。"

又说："三柰，辛，温，无毒。暖中，辟瘴疠恶气，治心腹冷气痛，寒湿霍乱，风虫牙痛。附方：一切牙痛，三柰子一钱……"

李时珍说："车前，五月五日采，阴干。凡用须以水淘洗去泥沙，晒干。入汤液，炒过用。入丸散，则以酒浸一宿，蒸熟研烂，作饼晒干……"

百草就这么牢牢长在李时珍心里。每一味草都是一样的美，百草平等。他爱着草木，爱得多么悉心悉意呀。

他说："狼毒，观其名，知其毒矣。"

他说："以毒攻毒，乃用药上乘之道也。"

倘若以为草有了毒性，就可以弃之不用。不是这样的。众草皆有价值，无贵贱之分。李时珍喜欢每一株草。

多么清雅的书生。多么仔细妥帖的叙述哇。每一味草药，都说得清清爽爽，一点也不含糊。枝是枝，叶是叶，花是花。

薄暮时分，去山野里看百草。找狼毒，找车前，找柴胡，找一个书生的婉约情怀。这些李时珍呵护过的花草哇，一定是风雅得诗一样美了。风华卓然，绚烂清美。

指尖拈起一茎细细的青草，苍绿，柔韧。放舌尖尝尝，是青草的味道，苦涩的味道。真想逆了时空，握着一束草药去寻他。不为惊心，不为苍茫，只为找到这个淡雅清幽的书生。

想一想，都是一份温暖的薄愁。

一个落着细雨的天气里，散淡的心情。坐在窗前听雨，雨声疏落，有点颓废的那种惨淡。淅淅沥沥，好像停下了，却又下着呢。下着呢，却又捕捉不到雨声。

煨了一点柏树枝，屋子里淡淡幽香。青烟丝丝缕缕，配合着窗外欲断还休的雨声。

读几页书，依然在本草的境界里。读百草，也读李时珍。

李时珍坐在漫漫光阴里，像一种碎碎念想，一点一点告诉我：半边莲，小草也。生阴湿塍堑边，就地细梗引蔓，节节而生细叶。秋开小花，淡红紫色，只有半边，如莲花状，故名……

读到此处，心里一惊。半边莲，原来就是被我写过无数次的节节草啊。老家沟沟坎坎开满紫红小花朵的草，原来是一味中药哇。

反复读，眼泪就下来了。小时候写作文，说自己就是节节草，虽然伏在地上，但一定要走出大山。从来不知道，节节草还有一个如此风雅的笔名，真是喜欢得流泪呀。

在有些寂寥的时光里，这个温暖的书生告诉我：你写过的草，硬朗凌厉，其实是一味药，是百草里的半边莲。多么感激他呀。

这样的雨天里，李时珍一定还在原野里流连。水流花深，百草茂盛。他在雨里，撑起一把竹伞，撑起了中医学几千年的精华。

在雨里，他一定也是怡然的。他听得懂百草说话，能读懂草木的眼神。李时珍用衣袖，替一株露葵擦去腮边的泪。他说，不哭，你能杀蛊毒，辟不祥。你的内心装满坚强。

窗外的雨一阵紧，一阵疏。是从李时珍的那个时空里一路赶来的吗？是它们淋湿了李时珍的衣衫吗？

他欣赏百草在风里舞动，在雨里摇曳最美的舞姿。他懂它们。

他常常是一个人，布衣、草鞋、竹篓，翻山越岭。踏过千条细细的山间小径。他在一个深山古寺的木鱼声声里，找到一味草药。寺僧问他："这株丹参，俗人为何还叫赤参呢？"

李时珍说："五参五色配五脏。故人参入脾，曰黄参；沙参入肺，曰白参；玄参入肾，曰黑参；牡蒙入肝，曰紫参；丹参入心，曰赤参。"

寺僧莞尔，拈花一笑。

李时珍坐诊。有人告诉他说：南人军中有一味金疮要药，云有奇功。止血散血定痛。嚼烂涂之，其血即止。

李时珍南下，找到此药。他说："三七，又名金不换。生广西南丹诸州番峒深山中，采根曝干，黄黑色。团结者，状略似白及……味微甘而苦，颇似人参之味。止血良药……"

他听说，北方有一种草药，叫曼陀罗，见者心悦。食用汁液后手舞足蹈，眼里会有幻觉。吃多了就会失去知觉，醒来后不知今夕是何年。李时珍千里跋涉到北方，只为了一株曼陀罗。

他找到曼陀罗，亲自尝试，乃验。他说："曼陀罗花，凡六瓣，状如牵牛花而大……朝开夜合……割疮灸火，宜先服此，则不觉苦也……"

李时珍说："月季花，又名月月红。处处人家多栽插之，亦蔷薇类也……花深红，千叶厚瓣，逐月开放，不结子也……"

多么细心厚道的书生啊。不仅要告诉你每一味草药的药性，还要告诉你百草名字的来历。让你吃着药的时候，心里又有几分诗意。原来，它的名字是这样来的呀。

他说："牵牛子，近人隐其名为黑丑，白者为白丑。盖以丑属牛也。"

学医的时候，老师叫牵牛子为二丑子。我以为是它太丑了，丑得看不成了，丑得越看越难看了，所以就叫二丑子。原来不是这样啊。只不过牛属丑，又有黑白两色，所以才叫二丑子的。

中药的名字真是奇怪呢。再奇怪的名字，李时珍都知道，都悉心悉意告诉你它的来历。这样深邃的人，怎么不让人仰慕呢？

李时珍说："决明，有两种。一种马蹄决明……状如马蹄，青绿色，入眼目药最良；一种茳芒决明，《救荒本草》所谓山扁豆是也……嫩苗及花与角子，皆可瀹茹及点茶食……"

你看，李时珍什么草药都知道，什么变化他都明白。他能为草木把脉，能够洞悉草木的前世来生。真真是学识渊博到极致了呀。

想起一种花，叫荼蘼，开到荼蘼花事了。荼蘼过后，再无花开放。到达终点了，极限了，余韵寥寥矣！

心下有些凄然。已经开到了荼蘼，此后再没有什么花开放了。李时珍就是那朵极致的荼蘼了。李时珍之后，有谁还能超越他，拣尽寒枝，再去为百草倾尽一生呢？怕是，再也没有人能够了。李时珍待草木，已经到了极致，到极限了。

一部《本草纲目》，在漫漫光阴里高不可攀，在繁花盛草里收梢。厚厚的时光落满本草，轻轻一翻，你就能听得到李时珍细细的絮语。哦，多么安然，贴心哪。

美丽的忌讳

✽张曼娟

小时候，家里有一方小庭院。父亲栽种了葡萄、桂花、石榴、龙柏和一些其他的花草。葡萄成熟时，左邻右舍都能感染到丰收的喜悦。葡萄或许不够甜、不够大，却是在我们殷殷期待的眸光中长成的；有时，甚至搏抗过一次强劲的台风浩劫。

桂花总是开得特别好，把秋天装点得香郁郁的。母亲仔细地收集那些细小的花朵，用糖渍在玻璃瓶里，烘焙甜点，增加了一味配料。吃花呢！童稚的心灵，无端地升起神妙的情绪。

石榴更是最深切的盼望，每当开花结果，孩子们齐聚树旁，赞叹不已。想来，"拜倒石榴裙下"的痴狂，莫过于此了。好容易等到红透的石榴果龇牙咧嘴，迸裂开来，每每引发一阵欢呼。石榴其实并不好吃，酸涩胜于微甜。然而，常见满树石榴花，只结成一粒石榴果。这段成长，不容易。

龙柏本来只是一株幼树。那年，母亲请了隔邻对门的父母和孩子齐聚一堂，将栽在盆中的小树布置成美丽的圣诞树。幼小的我们在树旁唱着、跳着，又吃又喝，还不忘忙着拆自己的礼物，看别人得到的东西。这不是银色圣诞，是色彩缤纷的。后来，小树移植到院中，总觉得它像一则童话，郁郁森森地壮硕起来。

然后，舅舅从台中带来一截幼弱的桑枝，插在庭院的墙角。孩子们奔走相告，说是蚕宝宝吃的桑叶呢！虽然只有两三片叶子，不免令人失望，但，我仍尽快地向同学领养了几只蚕宝宝，小学里正流行饲养这种宠物。蚕食桑叶的速度是很快的，不到两天，我便面临了失去蚕宝宝，或失去桑树的抉择。桑树既然是众望所归，当然继续在庭中迎风招展了。

桑叶长得和墙头一般高，便产生了变化，枝叶间长出一些浅青草色、毛茸茸的、似花非花的东西。快要结桑葚了！要不了两天，全村的孩子都得到这个讯息。

桑叶长得浓密，桑葚结得硕大。城里的孩子难得看到结实累累的桑树，不仅结伴来观赏，还要动手采摘。这是给蚕吃的；这是给人吃的。一时之间，人多手杂，折茎断枝，撼干摇根，全然不见"爰求柔桑，春日迟迟"的古诗情味。年仅三四岁的桑树伤痕累累，垂头丧气。于是，我们知道，它是不适合这种热情洋溢的观赏方式的。于是，我在闲暇时，负担起看守者的责任。

偶尔，高大的桑树无风而动。若是动得轻微，当它有风吹过也就罢了。动得太厉害时，我便打开纱门，发出声音。同时，有重物落地，一阵脚步声快速远逸。

直到从我家截去的桑枝纷纷在别的庭院中长大，这种骚扰的情况才改善。桑树长得更好，与我们的感情更深。

初三那年，家中的一切陷入低潮。常年以育婴为副业的母亲身体虚弱，一出门就头晕。父亲不知怎的扭伤肩臂，行动不便。弟弟在学校和同学游戏，被人弄折了手臂。成绩一向不理想的我，则在联考报名前夕，做了个重要决定：让学生生涯就此结束。父母买了新房子，临要付款，却卖不掉旧房子。从不求人的父母，陷入孤立无援状态，夜夜失眠，心力交瘁。

“前不栽桑，后不种柳”，父母亲在家乡听过这样的俗谚。人在自己的力量无法凭恃时，特别敬畏天命。

只为改运，竟然要锯掉我家的桑树！多荒谬啊！

因为父亲心情焦虑烦闷，我们不敢和他争辩。只是觉得不甘。这树是他亲手栽种、施肥、浇水、修剪，多少次风雨中将它捆牢，恐怕伤它一枝一叶。而父亲，怎么能够？怎么舍得？

看着他的桑树一寸一寸地倾斜，终于轰然一声，颓倒在他脚畔。

我们远远地看着，不去帮忙，也算是一种抗议。

父亲扛起它粗壮的枝干出门去，枝叶拖在地上，发出沙沙的声响。邻舍的大人孩子一面在旁围观，一面纷纷地议论。我缓缓跟在后面，看见树上残余的桑葚，因拖拉而被碾破，在地上留下一道紫红色的长长渍痕。我站住，悄悄地擦干眼泪。

我们终究挺过那个困境，一段不堪回首的记忆，如今时时提起，唯独略过砍桑那一段。新房子是公寓，阳台上和楼顶也栽种一些草花。但，石榴与桂花恐其不胜迁移，没有带过来；基于环境的限制，也不可能种植葡萄与柏树。童年岁月已走得很远很远了。

桑树，更没有人愿意提起。

我几乎忘了初三那年的重大决定，专科毕业后，插班大学，接着，攻读研究生。

对各类古籍不断探索，同时，年轻女孩子特有的，对美的追求与感应，也不曾间断。一些精巧别致的小饰物，“充耳琇莹，会弁如星”，两千年前的古人，就这样注重修饰；为什么念古书的女子，不能“巧笑倩兮，美目盼兮”呢？

去年，同窗的女孩，买了一条色彩鲜艳、款式别致的腰带。纤腰一系，行动摇曳，真是妩媚动人。然而，在赞美声中，女孩突然惊惶地解下腰带，从此不再系用。原来，在那些缤纷的丝带中，竟有两根细麻绳穿梭其中，本意大概是要增加几许质朴感吧。我们再没见过那条腰带，她的心情，我们却明了。

古时候的中国人，唯有在跪地泣血，心肝俱摧的那段时刻，才将麻穿戴在身上。

时代确实改变了，但有些事，是我们知道的、记得的，并固执地忌讳着。

这两年的夏天，用细麻绳编织的宽腰带，成为最出色抢眼的饰物。却总令我触目心惊，不合时宜地心焦。

“真是荒谬！”有人不以为然。念书念到后来，都不要过日子了。

只有小时候才百无禁忌，愈长大，忌讳愈多。不要送伞；不要送手帕；不要分梨吃……其实，与念不念书无关的！突然间，在十年以后的这一刻，我才了解，当年，父亲亲手锯掉桑树的心情。

多年后的今天，我仍记得父亲孤独地扛着桑树蹒跚的背影，我仍想掉泪。为的却是父亲无可奈何，不为儿女了解的心情。也许，应该找个机会，向父亲说出感谢。倒不是为了桑树，而是他二十几年来，奋力与外界抗争，将我们保护得周全。

十年，其实不长，却也不短。我终于在自己的忌讳中，了解了父亲的忌讳。

凡有忌讳，心中必蓄着爱惜与深情。对自己所拥有的一切，依依恋恋，恐怕失去。而在其中，我们或许不知不觉地习得谦卑、温柔与敦厚。它有时完全不合逻辑，却深具保护作用，在我们最脆弱的时候。

谁能说，忌讳的心情，不是美丽的？

西欧的夏天

✽余光中

旅客似乎是十分轻松的人，实际上却相当辛苦。旅客不用上班，却必须受时间的约束；爱做什么就做什么，却必须受钱包的限制；爱去哪里就去哪里，却必须把几件行李蜗牛壳一般带在身上。旅客最可怕的噩梦，是钱和证件一起遗失，沦为来历不明的乞丐。旅客最难把握的东西，便是气候。

我现在就是这样的旅客。从西班牙南端一直旅行到英国的北端，我经历了各式各样的气候，已经到了寒暑不侵的境界。此刻我正坐在中世纪达豪土古堡改装的旅馆里，刚刚黎明，湿漉漉的云下是苏格兰中部荒莽的林木，林外是隐隐的青山。晓寒袭人，我坐在厚达尺许的石墙里，穿了一件毛衣。如果要走下像古堡之肠的回旋长梯，去坡下的野径漫步寻幽，还得披上一件够厚的外套。

从台湾的定义讲来，西欧几乎没有夏天。昼蝉夜蛙，汗流浃背，是台湾的夏天。在西欧的大城，例如巴黎和伦敦，七月中旬走在阳光下，只觉得温暖舒适，并不出汗。西欧的旅馆和汽车，皆不备冷气，因为就算天热，也是几天就过去了，不值得为避暑费事。

巴黎的所谓夏天，像是台北的深夜，早晚上街，凉风袭人，一件毛衣还不足以御寒。如果你走到塞纳河边，风力加上水汽，更需要一件风衣才行。下午日暖，单衣便够，可是一走到楼影或树荫里，便嫌单衣太薄。地面如此，地下却又不同。巴黎的地铁比纽约、伦敦、马德里的都好，却相当闷热，令人穿不住毛衣。所以地上地下，穿穿脱脱，也颇麻烦。七月在巴黎的街上，行人的衣装，从少女的背心短裤到老妪的厚大衣，四季衣装都有。七月在巴黎，几乎天天都是晴天，有时一连数日碧空无云，入夜后天也黑不下来，只变成深洞洞的暗蓝。巴黎附近无山，城中少见高楼，城北的蒙马特也只是一个矮丘，太阳要到九点半才落到地平线上，更显得昼长夜短，有用不完的下午。不过晴天也会突来霹雳：七月十四日法国国庆那天上午，密特朗总统在香榭丽舍大道主持阅兵盛典，就忽来一阵大雨，淋得总统和军乐队狼狈不堪。看电视的观众看得见雨水之中，乐队长的指挥杖竟失手落地，他连忙俯身拾起。

法国北部及中部地势平坦，一望无际，气候却有变化。巴黎北行一小时至里昂，就觉得冷些；西南行两小时至卢瓦河中流，气候就暖得多，下午竟颇燠热，不过入夜就凉下来，星月异常皎洁。

再往南行入西班牙，气候就变得干暖。马德里在高台地的中央，七月的午间并不闷热，入夜甚至得穿毛衣。我在南部安达卢西亚地区阳光海岸开车，一路又干又热，枯黄的草原，干燥的石堆，大地像一块烙饼，摊在酷蓝的苍穹之下，路旁的草丛常因干燥而起火，火势颇惊人。可是那是干热，并不令人出汗，和台湾的湿闷不同。

英国则趋于另一极端，显得阴湿，气温也低。我在伦敦的河堤区住了三天，一直是阴天，下着间歇的毛毛雨。即使破晓时露一下朝暾，早餐后天色就阴沉下来了。我想英国人的灵魂都是雨蕈，撑开来就是一把黑伞。与我存走过滑铁卢桥，七月的河风吹来，水汽阴阴，令人打一个寒噤，把毛衣的翻领拉起，真有点"魂断蓝桥"的意味了。我们开车北行，一路上经过塔尖如梦的牛津，城楼似幻的勒德洛，古桥野渡的蔡斯特，雨云始终罩在车顶，雨点在车窗上也未干过，销魂远游之情，不让陆游之过剑门。进入肯布瑞亚的湖区之后，遍地江湖，满空云雨，偶见天边绽出一角薄蓝，立刻便有更多的灰云挟雨遮掩过来。真要怪华兹华斯的诗魂小气，不肯让我一窥他诗中的晴美湖光。从我一夕投宿的鹰头小店栈楼窗望出去，沿湖一带，树树含雨，山山带云，很想告诉格拉斯米教堂墓地里的诗翁，我国古代有一片云梦大泽，也出过一位水汽逼人的诗宗。

现在是早上，从屋脊越过的阳光照在草地上，没漫进阳光的草地上还有白霜。青草站立，而去年的枯草还匍匐着。

从屋脊越过的阳光

鲍尔吉·原野

没有比鸟儿更絮叨的了。鸟儿如果在地球上消失，一半是说话累死的，另一半是被其他鸟说话吵死了。

一棵大树，树叶何止千片？每片树叶后面都可以藏一只鸟，叽喳没完。我在树下，耳边环绕哗然鸟鸣，几百只或许上千只鸟一起说话。我用耳朵分辨不出有多少只鸟，心里也算不过来一瞬间有多少只鸟叫了多少声。就像大铁锅炒黄豆，你算不出一秒钟爆多少声，记不住哪只黄豆爆了，只见黄豆此起彼伏地抽搐，啪啪，然后啪啪啪。

人见得到锅里的豆子，却见不到树上的鸟儿。

仰视树，只见到树，而鸟儿的话语像被筛子筛落一般漏下来，比落叶还多。假如，鸟鸣的声波可以用颜色标注——在一个可视的仪器里，那么，这棵树将落下粉红、宝蓝、明黄的光粒，是一串烟花似的鸟鸣。

听声音猜不出小鸟羽毛的颜色，不知哪会儿，一只鸟儿嗖地弹到地上，啄一口东西仰头咽下去（鸟儿动作太仓促，吃没吃到东西弄不清）。这是蓝羽毛的鸟儿，比麻雀小一圈儿。它向后梳的背头一直梳到尾巴上，是孔雀蓝——我姐小时候有一条这种颜色的条绒裤子——它的眼睛描了白圈儿，喙是……它飞了。我听到树上鸟儿的合唱中有一声弱弱的“叽叽”，是它在叫吗？又有一只翠鸟以眨眼般的速度落下来，像被别的鸟儿从枝上挤下来的。这只鸟转圈儿蹦高，何事乐得蹦高？它翅膀如柳树的嫩叶那样绿，脊梁像柳树到了秋天，深绿里带着灰。这个鸟儿的叫声是“嗞儿、嗞儿”，像往葱叶里吹气发出的声音。它飞走了，演出到此结束，再演该收票了。

我在树下坐着，尽量不动，也不敢打喷嚏和呼噜，为看到从树枝上下凡的小鸟。我希望每一种类的小鸟，或每种音色的小鸟派一个代表下树接见我。我承诺不动手捉你们，我把两只手紧紧攥在一起，不动。鸟儿下地散步的少，除了蓝的、绿的和两只灰鸟下来待过几秒钟。这四只鸟儿胆子忒大，敢在人身边上待几秒钟。人说人坏，动物和鸟类比人更知道人的坏。小鸟敢落在黄牛和母猪的背上，没鸟敢落人背上的。一个人八十岁了，也没鸟敢落在他背上。

现在是早上，从屋脊越过的阳光照在草地上，没漫进阳光的草地上还有白霜。青草站立，而去年的枯草还匍匐着。

鸟儿一天的话说在早上，中午、下午和晚上听不到它们发声。它们在说什么呢？鸟儿一定看到了人看不到的有趣的东西，交流所见。昨夜下过雨，落叶松下面棕色的松针被洗得干干净净，像一地打碎的木梳齿。鸟儿们传递着一个消息：松树下面摆着木梳，卖木梳了！喜鹊喜欢从这棵树尖飞到另一棵树尖，空中只出一声——嘎，落下再叫——嘎嘎。鸟儿里面，它算寡言者。喜鹊没办法像小绿鸟小蓝鸟小灰鸟那样在树枝上乱钻，它的大尾巴碍事儿。

湖上的冰层化开又冻，再化再冻，现在剩有奶酪薄厚。冰下模糊移动的黑影，是草鱼的脊背。花猫把人吃剩的鸡骨头拖进一个废弃的洋铁皮炉筒子里。这些事都看在鸟儿眼里，是它们谈话的内容。树林西边是一条铁路，火车汽笛一如圆号的声音，浑厚而干净。当年设计火车汽笛的人一定是一个音乐家。火车停下来的时候会泄气，呲——白雾包围了机车，它仍然缓缓移动。而到了晚上，一列火车飞驰而过，窗户如一串飞越夜空的灯笼。深夜里，见不到车，只见灯笼飞奔。这些事情都是鸟儿要说的话。

南面的湖水已经开化很久，有两只野鸟泅水，脖子一伸一缩，如互相叮咛——水凉啊，是的，水凉。——但天气很好，不错，很好。——你觉得有风吗？不是风，是树林的气息。

它们游着，它们端详对方游，仿佛不留神，对方就会沉下去。水面从野鸟胸脯间划出八字的微痕，它们点头、互视，不断叮咛。树上的鸟鸣，也可能是情侣之间的叮咛。它们不怕别的鸟听到，别的鸟也不怕别的鸟听到。情话乱成一锅粥，不怕听。

对，鸟儿们说的话跟猫无关，跟火车也无关，是彼此体贴的情话。它们一遍遍叮咛对方，不管对方是不是在听，说到筋疲力尽。

荒野的声音

张炜

1

我走出茅屋，走出小院，有时不知该往哪里去。到处都是树木，是各种花草。我已经把所有远远近近的树和草都认遍了，如果哪天遇到一株从没见过的植物，就会摘一片叶子、揪一根枝茎回家。外祖母大半会说出它书上的名字，还有当地的叫法。我一开始分不清同样开金黄色花朵的迎春和连翘，也分不清蜀桧和龙柏。它们都长得太像了。原来地上的茅草也有那么多学问，过去我总是把狗牙草和青茅看成同一种，后来才知道它们各有自己的名字。有一种叶子稍宽、草梗稍硬的茅草，它们生在路边一点都不起眼，外祖母说这叫"荩草"，"你瞧瞧，它就像最小的竹子，那模样多神气。"

我学会了像外祖母那样看树和花草的"神气"，就像看动物和人一样。在她眼里大丽花是穿花衣服的闺女，爱大笑，胖胖的憨憨的；百合微笑着看人，露出雪白的牙齿；黑菊是冷面的女人，她很傲气；蓝蝴蝶花非常害羞，不爱说话；山牛蒡一天到晚嘀嘀咕咕，嘴巴很碎；紫菀是读了很多书的姑娘，能背许多诗；萱草的心素最好，是不讲穿戴的美人；白头翁是吉祥的花，谁遇到它都离好事儿不远了；合欢花刚一打眼使人高兴，看久了会想起远处的朋友；蓖麻开花小又小，可它能让一对少年越来越好……我别的不敢说，单讲蓖麻就让我信服，因为自从栽了蓖麻，我和壮壮的关系真的更好了。

除了花草，外祖母对树也看得明白，什么树都别想骗她。她说树和人一样，性情是不同的，别看它们平时不吭一声，暗里也是有心眼的。她说海边林子里什么树都有，等于和各种人打交道。“白杨树英俊哪，它们从小到大都是干干净净的、有志气的！”她说。我有时在长了白杨的沙岗上待很长时间，真的喜欢这些大树。我发现喜鹊最愿在这种树上建窝，它们大概同样偏爱白杨。“橡树是林子里最有威信的，所有树都听它的，它话少，说一句算一句。橡树经的事多，遇到什么都不慌不忙。”她看橡树的眼神，就像看那些年纪大的老辈人一样。

我想着外祖母的话，在心里琢磨柳树、苦楝、毛白杨、胶东卫矛、栾树、刺槐、女贞、皂角、白蜡。它们都在屋子四周。梨树和李子、海棠、柿树、无花果、桃树、樱桃属于另一类，这是结出馋人的果子的，那就要换另一种眼光。我觉得柳树脾气最好了，特别是对我们小孩儿好；白蜡树聪明；刺槐不喜欢陌生人；毛白杨心肠好；栾树和野猫是一伙的……外祖母大致赞同我对它们的看法，不过特意告诉我：“槐树和野猫也是一伙的。合欢树喜欢小羊。”

我记住了她的话。她是从来不错的。我长时间看着茅屋东边那棵大李子树，它是我依偎最多的一棵树。它太大了，一到春天，它自己就开成了一片花海。它是我们这儿真正的树王。我甚至觉得它对一切的树和动物，就像外祖母对我一样慈爱。它顾怜一切，护佑一切。

我还想起茅屋西边那片茂密的紫穗槐，有一段时间我喜欢藏在里面读小画书，还在那儿发现了一头可爱的小猪。我问外祖母怎样看待这片灌木，她说：“这可是了不起的一种树，别看它长不高。如果没有它们，那就算不得荒野了。”是的，紫穗槐的模样，还有气味，都会让人想起大海滩，想起荒林野地。

树木花草的脾性和神气，要一一记在心里，不出错儿，比什么都难。至于说各种动物，比如鸟和四蹄动物，只要看一会儿就会明白。因为它们的眼睛骗不了自己也骗不了别人。我没有见过狼和熊，但它们真的在林子里出没过，说不定到现在还有。也许是盼着见到，我心里一点儿都不恨它们。我见过豹猫的眼，尖尖的，冷得吓人。猫头鹰的大眼真好看，它看人的样子没法儿琢磨，那有点儿让人害羞，让人想自己是不是干了什么不好的事，不然怎么会让一只大鸟这么死死地盯住，看那么长时间？

2

野物都是一些古怪的东西。我对它们的眼神怎么也忘不掉。一只春天沙滩上的小麻蜥爬到高坡上，它一直在瞅我。小柳莺在柳絮里扑动，它也会忙里偷闲瞥瞥我，小眼睛真机灵。沙锥鸟在地上飞跑，故意不飞，一边跑一边歪头看人，想看看人有多大本事。小鼹鼠唰地钻出地表又噌一下缩回去，它不是在看，而是嗅，从气味上判断面前这个人是好还是坏。就连小小的蚂蚁都不是傻子，它们走到人的跟前，一对长须翘动着，其实那是在琢磨什么，想明白了，也就走开了。

我最爱看橡树上的红色大马蜂。大橡树流出了甜汁时，牢牢地吸引着十几只大马蜂。它们长得真壮，颜色在阳光下闪闪烁烁，一道道黑色环纹真漂亮。据说它们是蜇人的，被蜇的人轻一点儿肿脸，重一点儿躺在地上。听说有个人喝了酒来招惹大马蜂，它们一块儿攻上来，结果那个人就死了。我因为好奇，一点儿都不怕它们。我凑得很近，以至于嗅到了橡树甜汁的味道。大马蜂专心享用蜜水，头都不抬。有一只飞起来，在我耳旁转了一圈，又在额前看了看。我觉得它的眼睛里没有恶意。果然，它把我的消息告诉了其他几只，它们歪头看看我，继续享用。

林子里有一万种声音，只要用心去听，就会明白整个大海滩上有多少生灵在叹气、说话、争吵、讲故事和商量事情。它们的话人是听不懂的，所以只好去猜。猜它们的话就像猜谜语，有人猜得准，有人一句都猜不着。外祖母说一辈子住在林子里的人总能听懂一点儿，哪怕是只言片语也好。她说有个和自己年纪差不多的老婆婆懂鸟语，结果日子过得相当不错。

大海滩上的生灵包括了树木花草，而不仅仅是能够奔跑和飞动的野物。树木让风把自己的声音送给另一棵树，送给人和动物。比如鸟儿啄无花果，风就把四周白杨和梧桐的感叹传过去：“可怜哪！惨哪！呜呜呜！”兔子啃着狗牙草，把长长的草筋抽断，四周的草都在诅咒："勒坏你的兔子牙！勒！勒呀勒！"这么多生灵一起咒骂，兔子吓得蹦起来就跑。

夜晚好像安静了。不，夜晚有一只鸟边飞边哭。还有一只母狐在抽抽搭搭抹眼泪，看着月亮祷告。花面狸一丝丝往斑鸠身边爬，到了最危险的那会儿，喜鹊掷出了一颗橡子，击中了花面狸的鼻子。鸟儿和四蹄动物都在暗影里警醒，时不时相互扔一个飞镖，那是小泥丸和沉甸甸的种子壳。两只上年纪的刺猬老姐妹坐在一截枯树枝上拉家常，一个说："我生第一个孩子奶水不足。"另一个说："我的小儿子手不老实，偷邻居家的水虫。"

我对夜里所有的声音都听得见。我仰躺着，两只耳朵都用得上。黑色的夜气从北到南地流去，有时成丝成缕，有时像水一样平漫过来。我用耳朵接住流过的夜气，把里面的声音结成的大小疙瘩滤出来。只要我还没睡，就能听见无数的声音：各种生灵说话、咕哝。外祖母睡觉前也要咕哝，说到我、爸爸、妈妈，还有她自己。她说："我年纪大了，越来越喜欢吃甜食了。"她说得真对呀，她见了金线蜜瓜和拳头大的无花果，脸上一下笑开了花。

我夜里睡不着，不是因为月亮太亮，也不是因为肚子胀疼，而是被四处围过来的野物们的声音害的。我不得不用被子把头包起来，故意想别的事，想捉鱼或读书，摆脱那些密密的声音。

有些细声细气的响动就像没有一样，可是即便这样我也能够听到。比如我能听到半夜里风平浪静的大海，听到它这时候在远处不停地诉说，吹口哨、叹气、打喷嚏、咳嗽。大海睡着了的呼噜声也很大。

老风婆能把林子里的所有声音都装到自己的口袋里，背上一路往南走，一直走到我们茅屋这儿，再往南，穿过无数村子，最后送到大山里。所以我想，爸爸他们到了下半夜，也一定会听到林子和大海的声音。

林子里的夜晚，有的睡着，有的醒着；有的上半夜睡下半夜醒；有的整夜不睡。大海闹了一夜，白天睡。许多生灵都是大白天睡觉的。不少鸟儿和人一样，夜里用来睡觉。所以鸟儿和人差不多，都是太阳出来话就多起来。白天和夜晚的荒野不太一样，大概是分成了两半的。不同的野物与生灵分成了两大拨儿，它们各自占据一个荒野。我们因为是人，基本上和鸟儿一伙，占住的是白天这个荒野。

3

我告诉好朋友壮壮："咱们属于白天，晚上就交给另一些家伙好了。"

壮壮说："嗯，那都是一些坏家伙。"

我没有立刻表示同意，因为我在想他的话对不对。我说："晚上也有好的家伙，比如猫头鹰和刺猬，比如我们家很早以前的那只猫。你爷爷晚上不睡时，也是好的家伙。"

壮壮没法儿反驳我的话，转而说别的。他忧愁的事情和我一样，就是上学。

"到了那一天，我们就得被关到高墙里面，还不知是怎么回事哩。"他皱着眉头。

我想了想说："反正谁也逃不掉这种鬼事。说不定上学也有另一些有趣的事，谁知道呢。"他听了同样没有立刻反驳我。我知道，壮壮最近一年多来有些佩服我了。这是越来越了解我的原因吧。我很高兴。

因为和壮壮在一起心里高兴，所以常常在一块儿待上很久。我们俩在林子里走很远，只小心地回避那片老林子。那一次在林子深处遇到的一位老婆婆，究竟是不是老妖婆，我们曾在事后讨论了半天。开始认为是，后来又认为不是，或一半是一半不是。"反正她是最好的老婆婆，我常常想起她。"壮壮说。我和他一样。

走在林子里，我们谈了各种树木花草的脾气和特点。我重复了不少外祖母的观点，指着一大片紫穗槐说："别看它们从来长不高，可它们代表了荒野！"壮壮长时间看着，没有赞同也没有反驳。这时，远处传来了野鸽子的叫声："咕噜噜咕！咕噜噜咕！"壮壮凝神听了一会儿，转脸看着我说："这也是代表荒野的。我觉得这就是荒野的声音……"

我以前没有想过。真的呀！就是野鸽子的呼喊，才把海滩和林子变得更大了，大到没有边缘。我深深地赞同。

吉田兼好

徒然草

有个女子，幽居在荒僻无人的地方，也不知是在逃避什么。某天傍晚时分，一名男子悄然来访，惹得犬儿汪汪地叫起来，侍女出门探视，问："是何方贵客呢？"然后把他引入院中。见到一派凄凉景象，他不由得心中黯然，寻思道："此地岂宜佳人久居？"

随后在屋前粗陋的木板上立候了片刻，听得里面一个恬静稚细的声音传来："请进吧。"才拉开已不灵便的门进去。

室内的情形，却不似外面那么荒凉，别有一番幽雅景致。炉火摇曳，微光影绰；暗盈的熏香，却不是为来客新燃起的，闻着倍觉亲切。

早晨起来，白雪飞舞，真是意趣盎然。又因有事要告诉某人，就去了一封信，信中只字没有提到早晨的飞雪。对方回信说："对这场雪作何感想，尊驾真是吝于一言。如此俗物，岂能与我言事？君胸中甚少情趣也。"这话着实令人回味。

这位友人如今已经故去，但这件小事，却令我难忘。

梅香暗吐、月色朦胧之夜，伫立在她身旁；或任由宅垣旁的草露沾湿了衣裳，和她一起踏着晓月回去——没有这些可供追忆的往事，还不如不要谈情说爱。

夜深人静的时候，为了消磨时间，就着手整理杂物。在大堆故纸中，竟看到过去友人的书信手迹，以及当时乘兴而作的画儿，内心即沉浸于对当日情景的回忆中。至于在世者的书信，看起来年代久远了，也一边回想着是哪些年、哪些月的事，一边不禁感慨万千。过去常用的器具，虽然平日里不太爱护，倒没什么损坏，看着，也让人黯然神伤。

暮春之际，天气晴朗，有一天路过一户富贵人家，看到幽静深邃处，林木森森，古树苍翠，落花遍于庭院，令人流连忘返。于是走进去，看到朝南打开的格窗都已放下，四处寂然无声。朝东的角门半开着，从横帘缝隙间看去，一个大约二十岁的清秀男子，悠闲自在地坐着读书。这是什么人呢？我考虑着要去拜访一下。

在简陋的住处，又有一个年纪很小的男子乘着月色走出来。月光之下，身影朦胧，穿着光艳的狩衣与深紫色的指贯，看上去非同寻常。带着一个可爱的小童，顺着田间狭长的小路，不顾露珠打湿衣服，分开稻叶向前走去。这时，他吹起笛子，那笛声悠扬，这种美是不能够用语言描述的，恐怕在这种地方很难找到知音吧！

此时我很想知道这少年去往何处，便尾随而行。这少年不再吹笛，径直走进山边的寺庙的正门里了。

门内放有一车，这车看起来比京都的更加引人注目，便问驾车的人。答道："某某贵人在某某时间来到这个地方，恐怕是有做法事的事情呢！"

很多法师聚集在正堂，不知道从何处随着夜里寒冷的风飘来的熏香，沁人心脾。从正殿通往本堂的走廊下，侍女来来往往，如此种种，即使是在这人迹罕至的小山村，也能引人注目。

>>>>>>

阿尔卑斯山的精灵

冯骥才

1

阿尔卑斯山才永远是活着的。

五月的森林会出现一种奇异的景象。常常从林间冒出一股烟来。一会儿在这儿，一会儿在那儿。有的很小很淡，很快就消散；有的很大很浓，像烟岚飘得挺远。挺神奇的。这是高山上的云吗？可怕的山火吗？那种传说中丑怪的山鬼躲在里边抽烟吗？

我在这里新结识的朋友奥托告诉我："这是松树在传送花粉，山上有风，一吹就会散发出来。"他还说："你很幸运，这样的事六七年才出现一次。"

我笑了，说："这是树之间的爱情。爱情不能总发生的。"

奥托个子不高，硬邦邦的，像山上的一块岩石，但走起路来，浑身充满弹性。和他握手时就觉得突然被一只很大的钳子钳住。他今年六十五岁，依旧做登山教练。我的伙伴说："您这样的老人爬山可要小心了。"他马上满脸不高兴地说："我怎么会是老人？"

一个山民在旁边说："人的年龄大小全听他自己的。"

这是山民的一句格言。

阿尔卑斯山的人，全爱登山。奥托说，在登山时全身每一块肌肉都能用上。所以，每次从山上下来后，浑身会感觉舒服得无与伦比。肺部就像山谷那样开阔而畅快。他登山已经四十六年，从来不走正路，喜欢挑选野路和陡坡，这样总保持全身的一种新鲜和矫健的感觉。他说，总走老路，对山就没有感觉了。

他还说无论多高大的山也没有危险，只有需要克服的困难。比如登山过程中，忽然遇到了暴风雨与闪电，只要迅速下降五十米就可以了。

他说他已经属于阿尔卑斯山，他认识这山上的一花一草一树一石。只有在山上才感到浑身有力量，有目标，也有情感。

我听了，笑道："甭说在山上，现在说到山，你已经很有力量很有情感了。"

2

五月的山野到处被青翠的草场覆盖。一大块一大块深深浅浅的草地好似不同绿色的毯子。一些体魄健硕的大牛站在草地上，牛吃草时也吃花。记得十年前我拜访一位老版画家弗里德利希·那云戈保尔。他送给我一张版画，画着一头牛，浑身全是草和花。他告诉我："它（指牛）最爱吃的东西都在它自己身上。"所以这期间的牛奶全都微微发黄，带着一些花的芬芳，喝到口中味道有点神奇的感觉，做出的奶酪也特别好吃。

这里没有人放牧。先前，山民们总在牛颈上拴一个铃铛。铃铛的形状接近方形，造型挺特别，声音也特别，虽然有点儿发闷却传得很远。牛主人单凭铃声就知道牛在哪里。如今山民们不再使用铃铛，而在牛耳朵上挂个硬塑的小牌，上边有主人的名字、地址和电话，此外还有牛的年龄、重量以及它"父母"的情况。因此，在这里的市场上买任何一块牛肉，都是可以查到这头牛的来历的。

奥地利人的细致大概只有日本人可以与之相比，尤其在对待他们的家园上。

他们不仅把居室布置得很美，也同样着意地打扮室外的风景。奥地利人种花与日本人也很相近，他们不喜欢像荷兰人那样一个品种的花种一大片，他们爱将许多不同颜色和种类的花精巧地搭配在一起。而且每个人都把自己的家园当作作画的白纸，极力去表达自己的品位与情趣。有的人喜欢灿烂之美，就用各色玫瑰种满墙栏内外；有的人偏爱幽深之美，便使用常春藤把小楼严严实实地包裹起来，只留一些窗洞从中闪着光亮……这样，家家户户都如画一般令人驻足观赏。

此间，正是割草季节。草长得又旺又肥，山民割下青草，储备起来，作为冬日牛儿们的食粮。今天，割草与储草已采用现代技术。割草机像给草场理发一样，"推"下鲜嫩肥壮的一层，然后装进塑料袋，封好袋口抽成真空，这样在冬天打开袋子时，青草依然

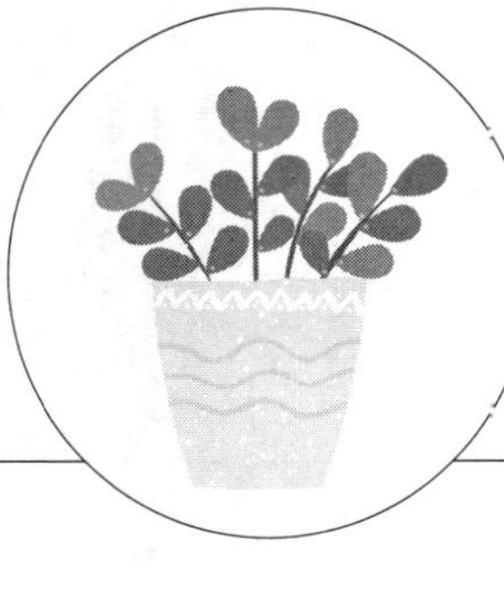

碧绿如新。于是，在这些草场中，常常可以看到一种淡绿色、规格一样的塑料包，整齐地排放在草场上，看上去十分美观。

对阿尔卑斯人来说，保持景观之美是一个传统。这传统一半来自他们唯美，一半是做事一丝不苟，很精心。

山民们堆放木柴时，从来都是用剖面不同的木头拼成各种图案，很好看。至于他们造房盖屋，更注重与周围景色的和谐。他们不会彼此挤在一起，而总是像画家那样，在风光无限的地方，放上自己心爱的小屋。

为此，在整个人类都分外关切环境的当代，他们对环境美的要求便更加自觉。在周游阿尔卑斯山的几天里，我有意用苛刻和挑剔的目光注意观察，竟然没在任何乡镇、牧场和乡路上发现一块垃圾，连一个丢弃的塑料袋也没有。在当今世界，还有哪个地方能把环境保护得如此绝对?

唯有唯美的萨尔茨堡的湖区。

由于他们唯美，才一直深爱和执着地遵循着自己的传统。

他们不崇尚美国式的高楼大厦以及时髦的现代建筑。他们新建房舍时，所选择的仍旧是那种坡顶、大阳台、上上下下种满鲜花的传统的木楼。当然里边的硬件设施都是现代科技的产物。但他们的衣着为什么还是民族服装? 比方我在这里结识的弗莱蒂、奥托、弗里茨这几个男人，为什么都穿那种传统的紧身背带裤，足蹬长筒皮靴，上边一件绣花的粗线毛衣?

奥托笑道:“因为你是贵客。凡是正式和隆重场合，我们就要穿传统的服装。”我知道，这表示对客人的尊重。

传统方式是这里至高的礼仪。

3

这里的风景没有野性。出没于这里的动物很少有猛禽与恶兽。最常见的是小角的鹿、羚羊、野兔和一种黑羽红腮的山鸡。然后是大片大片的草场、森林、篱笆与挂满鲜花的木楼。

大地是静态的，在大地上行走的是一片一片银灰色的云影。

阿尔卑斯山也有人为的东西，但绝不是今天或昨天制造的，而是千百年来一代代山民和乡人与大自然相处的结果。人们从大自然里取得自然的美，同时把自己理想的美融合进去，最终才创造了天人合一的最高境界——和谐。

把大自然与人融为一体的是音乐与歌。所以，每当我听到阿尔卑斯山山民在歌声中那种“哎嘿——哟”的呼叫，我立刻会感到耀眼的雪山和开阔的山谷就在眼前，清新的山风还无限快意地扑在我的脸上。

山民的木楼中，最常见的图案是——心。有时用木头雕刻一个心，镶在门中间，表示这里是他们心爱的家;有时在木板窗上挖一个“心”形的洞，表示要用心去看世界。在圣吉尔根一家乡村风味的小餐馆吃饭时，老板听说我们来自中国，便把每一份菜做成一幅冒着香味的彩色图画，并告诉我们，他们是用心做的。

他们为什么把心看得这么重要?

在路边的花田里，还可以看到一块牌子插在那里，上边写着:“带几枝花给你爱的人吧!”路人看到了，会停车下来，采几枝可意的花带走，并随手放几个硬币在牌子旁边。

他带走的不是花，而是这块土地芳香的爱心。

一次，去往圣吉尔根的路上，我的朋友库尔伯先生忽然指着车窗外很激动地说:“你看，世界上有哪个国家的村庄，会在他们的标志牌上放满了鲜花——只有我们!”

由此我注意到，我途经每一个村口的标志牌下边一定都有一个长长的木头花盆，里边栽满了艳丽和盛开的花。

库尔伯是圣吉尔根人，他说这话的时候很自豪。他为他们的土地，为他们的大自然与人文而骄傲。但为了今天的骄傲，他们一代代的先人付出了多少努力! 而今天他们所做的努力，将会化为后人永远的骄傲!

雪原之上

安宁

在冬日茫茫无边的呼伦贝尔雪原上，看到的动物，总是比人要多。

有时候是一群低头吃草的马，努力地从厚厚的积雪中，寻找着干枯的草茎。它们的身影，从远远的公路上看过去，犹如天地间小小的蚂蚁，沉默无声，又带着一种知天命般的不迫与从容。有时候是一群奶牛，身边跟着时刻蹭过来想要吮吸奶汁的孩子，慢慢地踏雪而行，它们偶尔会看一眼路上驶过的陌生车辆。

在一小片一小片散落定居的牧民的庭院里，还会看到一些大狗，它们有壮硕的身体，尖利的牙齿，眼神机警而忠贞，会在你还未走近的时候，就用穿透整个雪原的浑厚苍凉的声音，告诉房内喝酒的主人，迎接远方来的客人。有时候它们会跑出庭院来到可以看到人来的大路上，就像一个忧伤的诗人，站在可以看得见风景的窗口，那里是心灵以外的世界，除了自己，无人可以懂得。在这片冬日人烟稀少的雪原上，是这些体毛茂盛的大狗，用倔强孤傲的身影，点缀着银白冰冻的世界。不管它们发出狼一样的悲凉的嚎叫，还是固执地一言不发，它们的存在本身，便是这片寂静雪原上，一个野性古老的符号。

也会看到出没于《聊斋》中的娇小的狐狸，它们优雅地穿越被大雪覆盖的铁轨，犹如蒲松龄笔下的女狐，灵巧地越过断壁残垣，去寻那深夜苦读的书生。它们是银白的雪原上跃动着的火红的心脏。

地处偏远的牧民，在汽车无法行驶的雪天里，会骑着骆驼来苏木置办年货。那些骆驼承载着重负，在雪地里慢慢前行的时候，总感觉时日长久，遥遥无期。钟表上的时刻，不过是机械的数字，单调而且乏味，只有声声悠远的驼铃和骆驼脚下嘎吱嘎吱的雪声，以及牧人的歌声，一点点撞击着长空皓月。

麻雀在零下三十多摄氏度的天气里，依然飞出巢穴，在牧民寂静的庭院里寻找食物。冬日的雪地上，连硕大的牛粪都被掩盖起来，但麻雀们依然可以寻到夏日里牧民打草归来时落下的草籽，或者晾晒奶制品时抖落的碎屑，还有奶牛和绵羊们吃剩的残羹冷炙。它们不挑不拣，雀跃其间，自得其乐。很少会见到有牧民来轰赶它们，所以它们亦不惧人，在雪地上踩下一朵朵小花，和炕上的男人们一样酒足饭饱之后，才陆续地飞离庭院，回归高高的鸟巢。

最能在冬日的雪原上顶天立地的动物，是与牧民的生活亲密无间的奶牛们。它们在白日里走出居所，在附近洒满阳光的河岸上，顺着牧民砸开的厚厚的冰洞，探下头去，汲取河中的冰水。有时候它们会在小镇的公路上游走，犹如乡间想要离家出走却又徘徊不定的孩子。小路上总是堆满了牛粪，在严寒里上了冻，犹如坚硬的石头，常有苍老的妇人，挎着篮子，弯腰捡拾牛粪，拿回家烧炕取暖。而奶牛们并不理睬这些被牧民们捡回去堆成小山的粪便，摇着尾巴，照例穿梭游走在雪原和小镇之间，要等到晚间乳房又饱胀着乳汁的时候，它们才慢慢踱回庭院里去，等待女人们亮起灯来，帮它们减掉身体的负担。

一个人行走在苍茫的雪原上的时候，看到这样静默而又自由奔放的生命，内心的孤单常常会瞬间消泯，似乎灵魂有天地包容着，便可以与这些生命一样独立而且放任，哪怕狂风暴雪，都不必再怕。

雨季到来的时候

阎连科

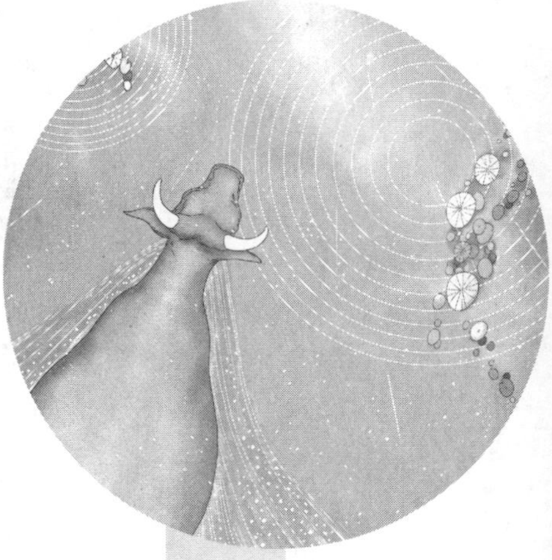

雨季到来的时候，你不要打伞，不要披上被雨水砸得当当响的塑料薄膜的廉价蓑衣，就那么冒着雨水，借故从家里出来办些事情，然后把鞋子脱下来，放在谁家的房后或树下。你光脚钻出竹林间的那条小道，就是身后有了下班回来的汽车喇叭声，也一定不要回头，预防那是你的熟人或邻居，一声召唤，你因无法回答而泄露了你蓄谋已久的秘密。

天空是乌云的灰黑，但在树林中还能看到雨滴在树叶上聚大落下，划过眼前晶莹的闪亮。衣服已经完全湿了，那就索性脱下来，挂在树枝上，单穿着一条短裤站在柏树，或者松树下，去听雨滴落在各种树上不同的声音和音乐。雨滴打在掌状的银杏树叶上，如无数的指骨敲在鼓面上；打在细碎柏叶上，就有如玻璃落在一片石子上的响；而落在松针上，就有松针连续穿透水珠那样的“吱吱吱”的尖叫声。槐树霸占了柳树的天空，这时落下的雨滴，就会无情地击打着因为它们的侵占而被讨伐的喊杀，而在槐树下矮人一头的柳树，猛烈的雨滴落在槐树上时，它躲在槐树下边，也正闪过了第一线的枪林弹雨，从槐树上得到缓冲或被反弹起来减缓了速度才又下落的雨，对于柳树，这正是一场大小适中的淋浴。

原来在树林里飞来爬去的昆虫，也都各自躲到了自己的避风港，偶尔落单留在树林中的小蜜蜂，这时候委屈地落在某棵树的疤节上，等待着阳光的到来，其焦虑和不安，催促着它在一片水湿的木节上爬来爬去，抖动着飞不起来的翅膀。而那生来不惧雨水的螳螂，则在树林间的草地上，沐浴着天然的洗浴，享受着愈加清新的空气和树林中早时似乎躁闷到想要着火，而这时在顷刻之间就变得心神气定的树木气。

整个的树林，成了雨滴和树枝的合唱。就在这最为原始、自然的音乐声中，你不要单单地站在某棵古树下孤单地倾听，还要在那林子里走来走去，乃至跑来跑去，让你的气喘吁吁，成为大自然雨天合唱的音乐之一。然后在你心跳平静下来的时候，把你的耳朵紧紧地贴在银杏树身上，贴在古柏多皱的树皮上，贴在松树身上的某一光滑处。搬几块石头来，垫在脚下站上去，把耳朵贴在某棵杨树永远没有眨眼、日夜都在浏览世界的那只漂亮的眼睛上，那眼睛会以它独特的语言告诉你它看到的一切。那些古树会以自己树种和历史的语言，告诉我们它所经历的世事。

你坚信，在那个雨天里，你听到来自天籁的声音了，知道了大自然和这个社会许多的秘密。

站在除了雨声、树声而绝无人声的寂静中，雨水经过树叶、树枝过滤后，纯净地从你的头上、脸上、肩上、身上流下来，渗进大地里，你就觉得你和自然融为一体了。你和大地站在一起了，你有幸成为大地和大自然的儿子了，大自然的呼吸就是你的呼吸了，草木的生死就是你的命运了。那一刻，透过被雨水洗涤的每一棵树木湿漉漉的身上，望着远处雨帘背后仍然是一棵一棵的树身，你像一个失散多年的孩子回到了母亲的怀抱般，想哭，也想笑。就在哭笑的模糊分割处，泪水夺眶而出，涌流着汇入脸颊和身上的雨水小溪。

回忆往事就像置身鹅毛大雪里

✽王芳芳

从前的月亮总是圆一些，从前的天气没这样冷。从前的雪，却比现在大多了。

小的时候，似乎一下雪就是鹅毛大雪。雪花大团大朵的，打你的脸，打你的眼睛，打得你晕头转向，可是心里好欢喜。鼻孔里咝咝地吸着寒气，嘴里呼呼地往外喷白气，脸颊很快就变得冷冰冰红通通的，耳朵上、手上的冻疮也更鲜亮了……可就是不觉得冷。

小孩儿哪有不喜欢下雪天的？本质上来说，小孩儿就跟小狗似的，哪家的狗不爱在雪地里撒欢儿跑呢？早上睁开眼，窗外亮堂堂的，心里就怦然一喜，知道是雪光。不等衣服穿齐，就把脸贴到窗玻璃上眯着眼往外瞅，瞅见山河变色，大地如盐浇卤煮过，黑狗身上白，白狗身上肿，不禁欢呼数声。大人们立刻板起脸来："不许玩雪！不许打雪仗！"

他们是虚张声势。父母工作忙，小孩儿一到能跑会跳的年纪，就自动拉帮带了。兄弟姐妹协作的，邻里互助的，或两种结构兼而有之，上学时还好，一到放寒暑假，就似打翻了装玻璃弹子的罐子，措手不及，又如就手撒出去一把跳蚤，眨眼工夫一个也找不着了。所以雪后的大地上，总有许多滚滚爬爬的被棉袄棉裤裹成球状的小孩儿。

除此之外，在洁白无瑕的积雪上，踩下第一行脚印，这种喜悦，也是难描难画的。

最静默的一种欢喜在雪降下的前个夜晚。大雪总是在夜里悄悄到来。预兆早就有了，接连几天的田野昏暗，山色苍寒，家里三四点钟便亮了电灯。大人们说是"酿雪"天气。一般从黄昏时开始，有时是白色的烟灰状的东西，东一点，西一点，若无其事地在空中打着旋儿。有时是在雨丝里夹带着亮晶晶的颗粒，打到衣服上会跳动，捞到手上，便想拿舌头舔一舔。也有时候，就直接大朵地飘下来了，像有个耍脾气的孩子在天上撕棉絮玩儿，越撕越生气，越撕越来劲儿，最后睡着了。

越是下雪的晚上越安静，静到只能听见沙沙的声音，是雪的声音。谁说雪是无声的？

家里还可烧火炉，在教室里就只有硬扛。能从容排开六七十套桌椅的方形大教室，木门板上总有很大的缝隙，窗玻璃总有几块碎的。风总能找到机会钻进来，从学生们缩起的脖颈上掠过去，又掠过去。不冷是不可能的，大部分学生都害了冻疮。上一会儿课，老师下令：跺脚。全班学生大喜，发了疯般开始跺脚，楼上也在跺，灯管直晃，地动山摇，欢笑大叫，麻木的脚趾总算松动些了。

取暖还有一招叫挤。下了课，靠墙根站上一大排，手拢在袖管里，两脚叉开站稳了，只许用肩膀，开始互相挤，不挤得怪叫连天鼻歪眼斜不算好汉，被挤出去了也不算完，跑到队伍头尾排上重新来过。

一整个冬天，地上有冰，屋檐垂下长长短短的冰凌，似能敲得响。没有羽绒服，都穿棉衣棉裤，棉裤脱下来，靠裤管能直接站地上。屋里总生着火，火上总烤着湿答答的衣物。有一次我跟同学踩潭上的新冰玩，冰碎人陷，被人七手八脚捞上来。幸亏捞得快，内衣还未湿透。在同学家烘了半天，棉裤却难以得干，只好拖着往家走，湿裤腿很快上了冻，硬邦邦、直挺挺的，打得马路上石子飞溅。我想到不免要挨骂，一进家门就先行哭起来。

有两个冬天雪特别大。早上起来，雪把门封住了。到底有多厚呢？反正曾经被路上的雪埋到过腰。

真的，和现在相比，无论如何从前是冷多了。暖冬的说法我是信的。好多年都没见过结冰了，雪也没见过大的，多是细碎小雪，一挨地面就化了，空留一地烂泥。我也不希望下大雪，大雪天小动物难过，天冷了老弱病残难过，尤其是老年人——我们人过中年后，才觉得他们是古董一样宝贵的长辈们。

但，就是冷，从前那么冷，都不觉得冷，现在一到冬天就抱怨个不停。好几次冻得眼泪都流下来了，有的人是不能饿，我是不能冷，一冷就怒气横生。为什么呢？也许是年纪大了，火力就不够旺了；也许活动量太少了；也许变娇气了；也许还有其他原因。

立春过后还是冬夜，抱着电热毯钻进被子里，睡不着，回忆往事就像置身于鹅毛大雪里。有时候觉得一生已经度过了太多的日子。

点灯会客

✽王太生

客人暗夜来访，主人已上床就寝，弦月挂窗。客在外，轻呼主人名字，或以手指轻叩木门，主人在暗室中应答，“噗”，一盏油灯如花，光束跳跃，将斗室映亮，主人窣窣穿衣下床，点灯会客。

点灯会客，是过去中国人常见的生活场景。有人早睡，朋友不知，踏月色来访，主人已入温柔之乡，被客人从睡梦中拉醒，有事商榷。

不是要紧的事，不会扰人清梦。夜半造访的人，大多数是拜访、辞行、讨教、借钱……或者是离乡多年的人返回故里，刚丢下包袱行囊，就急匆匆赶来看望分别多时的亲友，主人喜出望外。

点灯会客，有着中国式意境。灯是从前的油灯，一灯如豆。或者，一支烛，光团跳跃，光晕飘逸，窗纸墙壁，映出两个人，因角度不同，一大一小，虚虚实实的两个身影。

虽然是贸然造访，而且你拜访的那个人已憩息在床，有客来访，一骨碌起身，拨栓相迎。

按时上床休息的，是一个生活简单，而且极有规律的人，他粗茶淡饭，吹灯熄火，早睡早起，朋友夜半来访，必定有事，于是披衣下床，进屋说话，目光对流，凝神倾听。

点灯之后，都做些什么？泡一壶茶、搬两张椅，谈话、说事，端菜、盛饭。若是两个文人，还会雨夜剪春韭，窗花灯影，对坐畅饮。

好多年前，外祖母在世时，就曾经常于幽静夜晚点灯会客。那时候，外祖母住在离医院不远的街边，冬天夜晚早早入睡，常有熟人夜半敲门。来人是家人生病住院，需要灌一暖瓶开水，或借煤炉子热一热鸡汤。那时医院里没有微波炉，病号饭食需要自己解决，那些住院的人，家离得远，于是便敲门相求。外祖母是个热心人，一概敞门，笑脸相迎。

也有人这时上门是为了借钱，不遇难事不开口。来的人不好意思说，外祖母早已猜出对方的心思，从枕头之下，摸出三五十元，塞给对方。

我家有一亲戚，半夜夫妻吵架，女的愤而出走，夜晚又没地方去，就半夜敲门，外祖母在室内应答，于是点灯会客，好言相劝到子夜。

我对点灯会客有深刻体会。那时候，老屋街边，点的灯，早已不是古代的油灯，而是白炽灯，灯的开关，用一根长长的线拴在床架，窗外如果有谁相呼，外祖母就伸手拉线，“咔”的一声，将灯点亮。

夜，长长短短，浅浅深深，来的都是客，用一束灯光温暖身心。点灯会客，我至今仍然觉得是一种美好的情境。

在其时，灯是两个人的载体，灯亮了，朋友之间才好说话，彼此看清对方的眉宇、神态和表情。《儒林外史》中的儒生住路边旅店，夜晚已上床休息，楼下有人喊他，于是便点灯会客，客人进来作揖坐下，两个人就此相识，谈论天下功名。

可以想象，当年王子猷雪夜访戴，若是到了朋友府上，叩门而访。戴逵睡眼惺忪，颇感意外，必定是点灯会客，秉烛夜谈，屋外枯树、河岸、埠头和船，天地俱白，同样能留下一段佳话。

点灯会客，反映出两个人之间的亲疏距离，点灯是贴近的，不因吹灯睡下，而佯装不知。

苏轼《二月三日点灯会客》诗中说：“蚕市光阴非故国，马行灯火记当年。”老苏在宋朝一个早春的夜晚，窗外柳枝刚刚发芽，朋友来访。此时老苏已睡下，于是点灯会客，回忆从前东京汴梁马行街的繁华夜市，说着云聚云散的故人往事。

点灯会客，文人饮茶酒，谈论天下江湖，感慨光阴易逝；普通人絮絮叨叨，说的都是柴米油盐之事。

在暗夜为朋友点亮一盏灯，有古意和暖意。

长蘑菇的草房子

萧 红

我家除了这一连串的七间房子之外，还有六间破房子，三间破草房，三间碾磨房。

三间碾磨房一起租给那家养猪的了，因为它靠近那家养猪的。

三间破草房是在院子的西南角上，这房子它单独跑得那么远，孤零零的，毛头毛脚的，歪歪斜斜地站在那里。

房顶的草上长着青苔，远看去，一片绿，很是好看。下了雨，房顶上就出蘑菇。这样出蘑菇的房顶实在是很少有，我家的房子共有三十来间，其余的都不会出蘑菇，所以住在那房里的人一提着筐子上房去采蘑菇，全院子的人没有不羡慕的，都说：

“这蘑菇是新鲜的，可不比那干蘑菇，若是杀一个小鸡炒上，那真好吃极了。”

“蘑菇炒豆腐，哎，真鲜！”

“雨后的蘑菇嫩过了仔鸡。”

“蘑菇炒鸡，吃蘑菇而不吃鸡。”

“蘑菇下面，吃汤而忘了面。”

“吃了这蘑菇，不忘了姓才怪。”

“清蒸蘑菇加姜丝，能吃八碗小米干饭。”

“你不要小看了这蘑菇，这是意外之财！”

同院住的那些羡慕的人，都恨自己为什么不住在那草房里。若早知道租了房子连蘑菇都一起租来了，就非租那房子不可。天下哪有这样的好事，租房子还带蘑菇的。于是感慨唏嘘，相叹不已。

再说站在房顶上正在采着的，在多少只眼目之中，真是一种光荣的工作。于是也就慢慢地采，本来一袋烟的工夫就可以采完，但是要延长到半顿饭的工夫。同时故意选了几个大的，从房顶上骄傲地抛下来，说：

“你们看吧，你们见过这样干净的蘑菇吗？除了是这个房顶，哪个房顶能够长出这样的好蘑菇来。”

那在下面的，根本看不清房顶那蘑菇到底多大，以为一律是这样大的，于是更增加了无限的惊异。赶快弯下腰去拾起来，拿到家里，晚饭的时候，卖豆腐的来，破费二百钱捡点豆腐，把蘑菇烧上。

可是那在房顶上的因为骄傲，忘记了那房顶有许多地方是不结实的，已经露了洞了，一不小心就把脚掉下去了，把脚往外一拔，脚上的鞋子不见了。

鞋子从房顶落下去，刚好就落在锅里，锅里正是翻开的滚水，鞋子就在滚水里边煮上了。锅边漏粉的人越看越有意思，越看越觉得好玩，那一只鞋子在开水里滚着，翻着，还从鞋底上滚下一些泥浆来，弄得漏下去的粉条都黄乎乎的了。可是他们还不把鞋子从锅里拿出来，他们说，反正这粉条是卖的，也不是自己吃。

这房顶虽然产蘑菇，但是不能够避雨，一下起雨来，全屋就像小水罐似的。摸摸这个是湿的，摸摸那个是湿的。

好在这里边住的都是些粗人。

有一个歪鼻瞪眼的名叫“铁子”的孩子。他整天手里拿着一柄铁锹，在一个长槽子里边往下切着，切些个什么呢？初到这屋子里来的人是看不清的，因为热气腾腾的这屋里不知都在做些个什么。细一看，才能看出来他切的是马铃薯。槽子里都是马铃薯。

这草房是租给一家开粉房的。漏粉的人都是些粗人，没有好鞋袜，没有好行李，一个一个的和小猪差不多，住在这房子里边是很合适的，好房子让他们一住怕也是住坏了。何况每一下雨还有蘑菇吃。

这粉房里的人吃蘑菇，总是蘑菇和粉配在一道，蘑菇炒粉，蘑菇炖粉，蘑菇煮粉。没有汤的叫作“炒”，有汤的叫作“煮”，汤少一点的叫作“炖”。

他们做好了，常常还端着一大碗来送给祖父。等那歪鼻瞪眼的孩子一走，祖父就说：“这吃不得，若吃到有毒的就吃死了。”

但那粉房里的人，从来没吃死过，天天里边唱着歌，漏着粉。

粉房的门前搭了几丈高的架子，亮晶晶的白粉，好像瀑布似的挂在上边。

他们一边挂着粉，也是一边唱着的。等粉条晒干了，他们一边收着粉，也是一边唱着。那唱不是从工作所得到的愉快，好像含着眼泪在笑似的。

逆来顺受，你说我的生命可惜，我自己却不在乎。你看着很危险，我却自己以为得意。不得意怎么样？人生是苦多乐少。

那粉房里的歌声，就像一朵红花开在了墙头上。越鲜明，就越觉得荒凉。

正月十五正月正，
家家户户挂红灯。
人家的丈夫团圆聚，
孟姜女的丈夫去修长城。

只要是一个晴天，粉丝一挂起来了，这歌音就听得见的。

夏天的一条街道

苏童

街上水果店的柜台是比较特别的，它们做成一个斜面，用木条隔成几个大小相同的框子，一些瘦小的桃子，一些青绿色的酸苹果躺在里面，就像躺在荒凉的山坡上。水果店的女店员是一个和善的长相清秀的年轻姑娘，她总是安静地守着她的岗位，但是谁会因为她人好就跑到水果店去买那些难以入口的水果呢？人们因此习惯性地忽略了水果在夏季里的意义，他们经过寂寞的水果店和寂寞的女店员，去的是桥边的糖果店。糖果店的三个中年妇女一年四季在柜台后面吵吵嚷嚷的，对人的态度也很蛮横，其中一个妇女的眉角上有一个难看的刀疤，孩子走进去时她用沙哑的声音问："买什么？"那个刀疤就也张大了嘴问："买什么？"但即使这样，糖果店在夏天仍然是孩子们热爱的地方。

糖果店的冷饮柜已经使用多年，每到夏季它就发出隆隆的欢叫声。一块黑板放在冷饮柜上，上面写着冷饮品种：赤豆棒冰四分，奶油棒冰五分，冰砖一角，汽水（不连瓶）八分。女店员在夏季一次次怒气冲冲地打开冷饮机的盖子，掀掉一块棉垫子，孩子就伸出脑袋去看棉垫子下面排放得整整齐齐的冷饮。他会看见赤豆棒冰已经寥寥无几，奶油棒冰和冰砖却剩下很多，它们令人艳羡地躲避着炎热，待在冰冷的雾气里。孩子也能理解这种现象，并不是奶油棒冰和冰砖不受欢迎，主要是它们的价格贵了几分钱。孩子小心地揭开棒冰纸的一角，看棒冰的赤豆是否很多，挨了女店员一通训斥，她说："看什么看？都是机器做出来的，谁还存心欺负你？一天到晚就知道吃棒冰，吃棒冰，吃得肚子都结冰！"

孩子嘴里吮着一根棒冰，手里拿着一个饭盒，在炎热的午后的街道上拼命奔跑。饭盒里的棒冰哐哐地撞击着，毒辣的阳光威胁着棒冰脆弱的生命，所以孩子知道要尽快地跑回家，好让家里人享受到一种完整的冰冷的快乐。

最炎热的日子里，整个街道的麻石路面蒸腾着热气。人在街上走，感觉到塑料凉鞋下面的路快要燃烧了，手碰到路边的房屋墙壁，墙也是热的。人在街上走，怀疑世上的人们都被热晕了，灼热的空气中有一种类似喘息的声音，若有若无的，飘荡在耳边。饶舌的、嗓音洪亮的、无事生非的居民们都闭上了嘴巴，他们躺在竹躺椅上与炎热斗争，因为炎热而忘了文明礼貌，一味地追求通风。他们四仰八叉地躺在面向大街的门边，张着大嘴巴打着时断时续的呼噜，手里的扇子掉在地上也不知道，田径裤的裤腿那么肥大，暴露了男人的机密也不知道。有线广播一如既往地开着，说评弹的艺人字正腔圆，又说到了武松醉打蒋门神的精彩部分，可他们仍然呼呼地睡，把人家的好心当了驴肝肺。

下午3点钟，阳光发生了可喜的变化，阳光从全线出击变为区域防守，街上的房屋乘机利用自己的高度制造了一条"三八线"。"三八线"渐渐地游移，线的一侧是热和光明，另一侧是凉快和幽暗，行人都非常势利地走在幽暗的阴凉处。这使人想起正在电影院里上映的朝鲜电影《金姬和银姬的命运》，那些人为银姬在"三八线"那侧的悲惨命运哭得涕泗横流，可在夏天他们却选择没有阳光的路线，情愿躲在银姬的黑暗中。

太阳落山在夏季是那么艰难，但它毕竟是要落山的。放暑假的孩子关注太阳的动静，只是为了不失时机地早早跳到护城河里，享受夏季赐予的最大的快乐。黄昏时分驶过河面的各类船只小心谨慎，因为在这种时候整个城市的码头、房顶、窗户和门洞里，都有可能有个男孩大叫一声，纵身跳进河水中。他们甚至要小心河面上漂浮的那些西瓜皮，因为有的西瓜皮是在河中游泳的孩子的泳帽，那些讨厌的孩子，他们头顶着半个西瓜皮，去抓来往船只的锚链。他们玩水还很爱惜力气，他们要求船家把他们带到河的上游或者下游去。于是站在石埠上洗涮的母亲看到了她们最担心的情景：她们的孩子手抓船锚，跟着驳船在河面上乘风破浪，一会儿就看不见了，母亲们喊破了嗓子，又有什么用？

夜晚来临，人们把街道当成了露天的食堂，许多人家把晚餐的桌子搬到了街边，大人孩子坐在街上，嘴里塞满了食物，看着晚归的人们骑着自行车从自己身边经过。你当街吃饭，必然便宜了一些好管闲事的老妇人，有一些老妇人最喜欢观察别人家今天吃了什么。老妇人手摇一把葵扇，在街上的饭桌间走走停停，她觉得每一张饭桌都生意盎然。"吃点什么啊？"她问。主妇就说"没有什么好吃的，咸鱼，炒萝卜干。"老妇人就说："还没什么好吃的呢，咸鱼不好吃？"

天色渐渐地黑了，街上的居民们几乎都在街上。有的人家切开了西瓜，一家人的脑袋围拢在一只破脸盆上方，大家有秩序地向脸盆里吐出瓜籽。有的人家的饭桌迟迟不撤，因为孩子还没回来；后来孩子就回来了，身上湿漉漉的。恼怒的父亲问儿子："去哪儿了？"孩子不耐烦地说："游泳啊，你不是知道的吗？"父亲就瞪着儿子处在发育中的身体，说："吊船吊到哪儿去了？"儿子说："蠡口。"父亲的眼珠子愤怒得快暴出来了："让你不要吊船你又吊船，你找死啊？"就这样当父亲的在街上赏了儿子一记响亮的耳光，左右邻居自然地围过来了。一些声音很愤怒，一些声音不知所云，一些声音语重心长，一些声音带着哀怨的哭腔，它们不可避免地交织起来，喧嚣起来，即使在很远的地方也能听见这样丰富浑厚的声音。于是有人向这边匆匆跑来，有人手里还端着饭碗，他们这样跑着，炎热的夏季便在夜晚找到了它的生机。

草木虫鱼

莫言

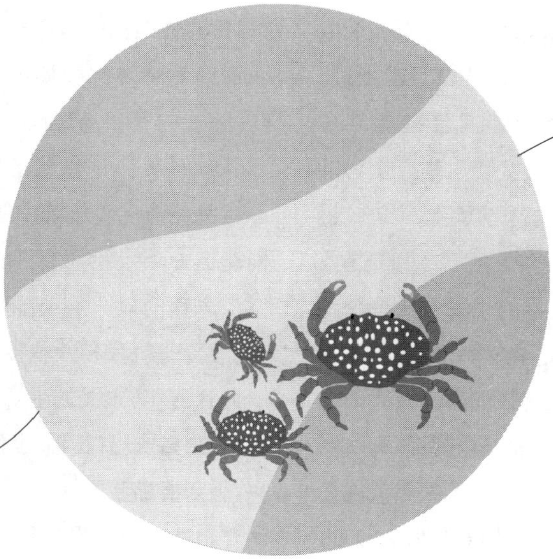

好多文章把三年困难时期写得一团漆黑，毫无乐趣，我认为是不对的。在那个特殊的时期里，也还是有欢乐，当然所有的欢乐大概都与得到食物有关。那时候，我与村中的孩子们一起，四处游荡着觅食，活似一群小精灵。我们像传说中的神农一样，几乎尝遍了田野里的百草百虫，为丰富人类的食谱作出了贡献。那时候的孩子都挺着一个大肚子，小腿细如柴棒，脑袋大得出奇。我当然也不例外。

我们的村子外是一片相当辽阔的草甸子，地势低洼，水汪子很多，荒草没膝。那里既是我们的食库，又是我们的乐园。春天时，我们在那里挖草根剜野菜，边挖边吃，边吃边唱，部分像牛羊，部分像歌手。我们是那个年代的牛羊歌手。我们最喜欢唱的一支歌是我们自己创作的。曲调千变万化，但歌词总是那几句：一九六〇年，真是不平凡；吃着茅草饼，喝着地瓜蔓……歌中的茅草饼，就是把茅草的白色的甜根，洗净，切成寸长的段，放到鏊子上烘干，然后放到石磨里磨成粉，再用水和成面状，做成饼，放到鏊子上烘熟。茅草饼是高级食品，并不是天天人人都能吃上。我歌唱过一千遍茅草饼，但到头来只吃过一次茅草饼，还是三十年之后，在大宴上饱餐了鸡鸭鱼肉之后，作为一种具有地方特色的小点心吃到的。地瓜蔓就是红薯的藤蔓，那时也是稀罕物，不是人人天天都能喝上。我们歌唱这两种食物，正说明我们想吃又捞不到吃，就像一个青年男子爱慕一个姑娘但是得不到，只好千遍万遍地歌唱那姑娘的名字。我们只能大口吃着随手揪来的野菜，嘴角上流着绿色的汁液。我们头大身子小，活像那种还没生出翅膀的山蚂蚱。荒年蚂蚱多，这大概也是天不绝人的表现。我什么都忘了，也忘不了那种火红色的、周身发亮的油蚂蚱。这种蚂蚱含油量忒高，放到锅里一炒滋啦滋啦响，颜色火红，香气扑鼻，撒上几粒盐，味道实在是好极了。我记得那几年的蚂蚱季节里，大人和小孩子都提着葫芦头，到草地里捉蚂蚱。开始时，蚂蚱傻乎乎的，很好捉，但很快就被捉精了。开始时大家都能满葫芦头而归，到后来连半葫芦也捉不了了。只有我保持着天天满葫芦的辉煌纪录。我有一个诀窍：开始捉蚂蚱前，先用草汁把手染绿。就是这么简单。油蚂蚱被捉精了，人一伸手它就蹦。它们有两条极其发达的后腿，还有双层的翅膀，一蹦一飞，人难近它的身了。我暗中想，它们大概能嗅到人手上的气味，用草汁一涂，就把人味给遮住了。我的诀窍连爷爷也不告诉，因为我奶奶搞按劳分配，谁捉到的蚂蚱多，谁分到的吃食也就多。

吃罢蚂蚱，很快就把夏天迎来了。夏天食物丰富，是我们的好时光。那三年雨水特大，一进六月，天就像漏了似的，大一阵小一阵，没完没了的淅沥。

庄稼全涝死了。洼地里处处积水，成了一片汪洋。有水就有鱼。各种各样的鱼好像从天上掉下来似的，品种很多，有一些鱼连百岁的老人都没看到过。我捕到过一条奇怪又妖冶的鱼，它周身翠绿，翅羽鲜红，能贴着水面滑翔。它的脊上生着一些好像羽毛的东西，肚皮上生着鱼鳞。所以它究竟是一条鱼还是一只鸟，至今我也说不清。前面之所以说它是条鱼，不过是为了方便。这个奇异的生物也许是个新物种，也许是一个杂种，反正是够怪的，如果能养活到现在，很可能成为宝贝，但在那个时代，只能杀了吃。可是它好看不好吃，又腥又臭，连猫都不闻。其实最好吃的鱼是最不好看的土泥鳅。这些年我在北京市场上看到的那些泥鳅，瘦得像铅笔杆似的，那也叫泥鳅？我想起60年代我家乡的泥鳅，一根根，金黄色，像棒槌似的。传说有好多种吃泥鳅的奇巧方法。我听说过两种：一是把活泥鳅放到净水中养数日，让其吐尽腹中泥，然后打几个鸡蛋放到水中，饿极了的泥鳅自然是鲨吃鲸吞。待它们吃完了鸡蛋，就把它们提起来扔到油锅里，炸酥后，蘸着椒盐什么的，据说其味鲜美。二是把一块豆腐和十几条泥鳅放到一个盆里，然后把这个盆放到锅里蒸，泥鳅怕热，钻到冷豆腐里去，钻到豆腐里也难免一死。这道菜据说也有独特风味，可惜我也没吃过。泥鳅在鱼类中最谦虚、最谨慎，钻在烂泥里，轻易不敢抛头露面，人们却喜欢欺负老实鱼，不肯一刀宰了它，偏偏要让它受尽酷刑。

秋天是收获的季节。茫茫大地鱼虾尽，又有螃蟹横行来。俗话说“豆叶黄，秋风凉，蟹脚痒”。在秋风飒飒的夜晚，成群结队的螃蟹沿河下行，爷爷说它们是到东海去产卵，我认为它们更像是要去参加什么盛大的会议。螃蟹形态笨拙，但在水中运动起来，如风如影，神鬼莫测，要想擒它，绝非易事。想捉螃蟹，最好夜里。身披蓑衣，头戴斗笠，耐心等待，最忌咋呼。我曾跟随本家六叔去捉过一次螃蟹，可谓新奇神秘，趣味无穷。白天，六叔就看好了地形，悄悄地不出声。傍晚，人散光了就用高粱秆在河沟里扎上一道栅栏，留上一个口子，口子上支一道网。前半夜人脚不静，螃蟹们不动。耐心等候到后半夜，夜气浓重，细雨蒙蒙，河面上升腾着一团团如烟的雾气，把身体缩在大蓑衣里，说冷不是冷，说热不是热，听着噼噼哧哧的神秘声响，嗅着水的气味，草的气味，泥土的气味，借着昏黄的马灯光芒，看到它们来了。它们来了，时候到了，它们终于来了。它们沿着高粱秆扎成的障子哧哧溜溜往上爬，极个别的英雄能爬上去，绝大多数爬不上去，爬不上去的就只好从水流急速的口子里走，那它们就成了我和六叔的俘虏。那一夜，我和六叔捉了一麻袋螃蟹。那时已是一九六三年，人民的生活正在好转。我们把大部分螃蟹五分钱一只卖掉，换回十几斤麸皮，奶奶非常高兴，为了奖励我们，她老人家把剩下的螃蟹用刀劈成两半，沾上麸皮，在热锅里滴上十几滴油，煎给我们吃。满壳的蟹黄和麸皮，那味道和感觉无法用语言形容。

秋天，除了螃蟹之外，好吃的虫儿也很多。蚂蚱、豆虫 、蝈蝈、蟋蟀……深秋的蟋蟀颜色黑得发红，膀大腰圆，肚子里全是子儿，炒熟了吃，有一种独特的香气，无法类比。还有一种虫儿，现在我才知道它的学名叫金龟子，是蛴螬的成虫，杏核般大，颜色黑亮，趋光，往灯上扑，俗名“瞎眼闯”。这虫儿好聚群，落在树枝或是草棵上，一串一串的像成熟的葡萄。晚上，我们摸着黑去撸“瞎眼闯”，一晚能撸一面口袋。此虫炒熟后，滋味又与蚂蚱和蟋蟀大大的不同。还有豆虫 ，中秋节后下蛰。此虫下蛰后，肚子里全是白色的脂油，一粒屎也没有，全是高蛋白。

进入冬季就有点惨了。冬天草木凋零，冰冻三尺，地里有虫挖不出来，水里有鱼捞不上来，但人的智慧是无穷的，尤其是在吃的方面。我们很快便发现，上过水的洼地面上，有一层干结的青苔，像揭饼一样一张张揭下来，放到水里泡一泡，再放到锅里烘干，酥如锅巴，味若鱼片。吃光了青苔，便剥树皮。剥来树皮，刀砍斧剁，再放到石头上砸，然后放到缸里泡，泡烂了就用棍子搅，一直搅成糨糊状，捞出来，一勺一勺，摊在鏊子上，像摊煎饼一样。从吃的角度来看榆树皮是上品，柳树皮次之，槐树皮更次之。我们吃树皮的过程跟毕昇造纸的过程很相似，但我们不是毕昇，我们造出来的不是纸。

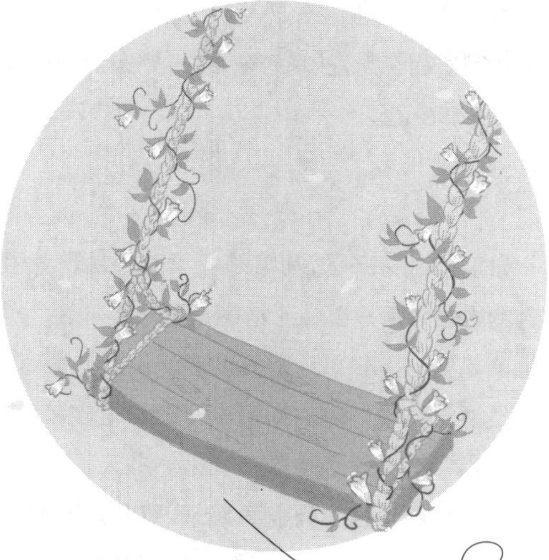

花 园

✽汪曾祺

祖父年轻时建造的几进园子，是灰青色与褐色的。我自小养育于这种安定与寂寞里。报春花开放在这种背景前是好的。它不致被晒得那么多粉。固然报春花在我们那儿很少见，也许没有，不像昆明。

曾祖留下的则几乎是黑色的，一种类似眼圈上的黑色（不要说它是青的），里面充满了影子。这些影子足以使供在神龛前的花消失。晚间点上灯，我们常觉那些布灰布漆的大柱子一直伸拔到无穷高处。神堂屋里总挂一只鸟笼。那只青裆子永远眯着眼假寐（我想它做个哲学家，似乎身子太小了）。只有巳时将尽，它唱一会儿，洗个澡，抖下一团小雾在伸展到廊内片刻的夕阳光影里。

一下雨，什么颜色都郁起来，屋顶，墙，壁上花纸的图案，甚至鸽子：铁青子，瓦灰，点子，霞白。宝石眼的好处这时才显出来。于是我们，等斑鸠叫单声，在我们那个园里叫。等着一棵榆梅稍经一触，落下碎碎的瓣子，等着重新着色后的草。

我的脸上若有从童年带来的红色，它的来源是那座花园。

1

蟋蟀已经变成大人玩意了。但是大人的兴趣在斗，而我们对捉蟋蟀的兴趣恐怕要更大些。我看过一本秋虫谱，上面除了苏东坡、米南宫，还有许多济公和尚说的话，都神乎其神的，不大好懂。捉到一个蟋蟀，我不能看出它颈子上的细毛是瓦青还是朱砂，它的牙是米牙还是菜牙，但我仍然是那么欢喜。听，哪里？这儿，是的，这儿了！用草掏，手扒，水灌，嚯，蹦出来了。顾不得螺螺藤拉了手，扑，追着扑。有时正在外面玩得很好，忽然想起我的蟋蟀还没喂，于是赶紧回家。我每吃一个梨，一段藕，吃石榴吃菱，都要分给它一点。正吃着晚饭，我的蟋蟀叫了。我会举着筷子听半天，听完了对父亲笑笑，得意极了。一捉蟋蟀，那就整个园子都得翻个身。

蜻蜓一个个选定地方息下，天就快晚了。有一种通身铁色的蜻蜓，翅膀较窄，称“鬼蜻蜓”。看它款款地飞在墙角花荫，不知什么道理，心里有一种说不出来的难过。

好些年看不到土蜂了。这种蠢头蠢脑的家伙，我觉得它在花朵上把屁股撅来撅去的，有点不配，因此常常愚弄它。土蜂是在泥地上掘洞当作窠的。看它从洞里把有绒毛的小脑袋钻出来（那神气像个东张西望的近视眼），嗡，飞出去了，我便用一点点湿泥把那个洞封好，在原来的旁边给它重掘一个，等着。一会儿，它拖着肚子回来了，找呀找，找到我掘的那个洞，钻进去，看看，不对，于是在四近大找一气。我会看着它那副急样笑个半天。或者，干脆看它进了洞，用一根树枝塞起来，看它从别处开了洞再出来。

好容易，可重见天日了，它老先生于是坐在新大门旁边休息，吹吹风。神情中似乎是生了一点气，因为到这时已一声不响了。

2

故乡的鸟啊。

我每天醒在鸟声里。我在梦里就听到鸟叫，直到我醒来。我听得出几种极熟悉的叫声，那是每天都叫的，似乎每天都在那个固定的枝头。

有时一只鸟冒冒失失飞进那个花厅里，于是大家赶紧关门，关窗子，吆喝，拍手，用书扔，竹竿打，甚至把自己帽子向空中扔去。可怜的东西这一来完全没了主意，只是横冲直撞地乱飞，碰在玻璃上，弄得一身蜘蛛网，最后大概都是从两椽之间的空隙脱走。

园子里时时晒米粉，晒灶饭，晒碗儿糕。怕鸟来吃，都放一片红纸。因为这个警告，鸟儿照例就不来。我有时把红纸拿掉让它们大吃一阵，到觉得它们太不知足时，便大喝一声赶去。

我为一只鸟哭过一次。那是一只麻雀或是癞花。也不知从什么人处得来的，欢喜得了不得，把父亲不用的细篾笼子挑出一个最好的来给它住，配一个最好的雀碗，在插架上放了一个荸荠，安了两根风藤跳棍，整整忙了半天。第二天起得格外早，把它挂在紫藤架下。正是花开的时候，我想那是全园最好的地方了。一切弄得妥妥当当后，独自还欣赏了好半天，我上学去了。一放学，急急回来，带着书便去看我的鸟。笼子掉在地下，碎了，雀碗里还有半碗水。"我的鸟，我的鸟！"父亲正在给碧桃花接枝，听见我的声音，忙走过来，把笼子拿起来看看，说："你挂得太低了，鸟在大伯的玳瑁猫肚子里了。"哇的一声，我哭了。父亲推着我的头回去，一面说："不害羞，这么大人了。"

有一年，园里忽然来了许多夜哇子。这是一种鹭鸶属的鸟，灰白色，据说它们头上那根毛能破天风。所以有那么一种名，大概是因为它的叫声如此吧。故乡古话说这种鸟常带来幸运。我见它们叽叽喳喳做窠了，我去告诉祖母，祖母去看了看，没有说什么话。我想起它们来了，也有一天会像来了一样又去了的。我尽想，从来处来，到去处去，一路走，一路望着祖母的脸。

3

园里什么花开了，常常是我第一个发现。祖母的佛堂里那个铜瓶里的花常常是我换新。这个孝心的报酬是需掐花供奉时总让我去。父亲一醒来，一股香气透进帐子，知道桂花开了，他常是坐起来，抽支烟，看着花，很深远地想着什么。冬天，下雪的冬天，一早上，家里谁也还没有起来，我常去园里摘一些冰心蜡梅的朵子，再掺着鲜红的天竺果，用花丝穿成几柄，清水养在白瓷碟子里放在妈（我的第一个继母）和二伯母妆台上，再去上学。我穿花时，服侍我的女用人小莲子，常拿着掸子在旁边看，她头上也常戴着我的花。

我们那里有这么个风俗，谁拿着掐来的花在街上走，是可以抢的，表姐姐们每带了花回去，必是坐车。她们一来，都得上园里看看，有什么花开得正好，有时竟是特地为花来的。掐花的自然又是我。我乐于干这项差事。爬在海棠树上，梅树上，碧桃树上，丁香树上，听她们在下面说："这枝，唉，这枝这枝，再过来一点，弯过去的，喏，唉，对了对了！"冒一点险，用一点力，总给办到。有时我也贡献一点意见，以为某枝已经盛开，不两天就全落在台布上了；某枝花虽不多，样子却好。有时我陪花跟她们一道回去，路上看见有人看这些花一眼，心里非常高兴。碰到熟人同学，路上也会分一点给他们。

想起绣球花，必连带想起一双白缎子绣花的小拖鞋，这是一个小姑姑房中的东西。那时候我们在一处玩，从来只叫名字，不叫姑姑。只有时写字条时如此称呼，而且写到这两个字时心里颇有种近于滑稽的感觉。我轻轻揭开门帘，她自己若是不在，我便看到这两样东西了。太阳照进来，令人明白感觉到花在吸着水，仿佛自己真分享到吸水的快乐。我可以坐在她常坐的椅子上，随便找一本书看看，找一张纸写点什么，或有心无意地画一个枕头花样，把一切再恢复原来样子，不留什么痕迹，又自去了。但她大都能发觉谁来过了。到第二天碰到，必指着手说："还当我不知道呢。你在我绷子上戳了两针，我要拆下重来了！"那自然是吓人的话。那些绣球花，我差不多看见它们一点一点地开，在我看书做事时，它会无声地落两片在花梨木桌上。绣球花可由人工着色。在瓶里加一点颜色，它便会吸到花瓣里。除了大红的之外，别种颜色看上去都极自然。我们常骗人说是新得的异种。这只是一种游戏，姑姑房里常供的仍是白的。为什么我把花跟拖鞋画在一起呢？真不可解。姑姑已经嫁了，听说日子极不如意。绣球快开花了，昆明渐渐暖起来。

花园里旧有一间花房，由一个花匠管理。那个花匠仿佛姓夏。花匠离去后，花房也跟着改造，园内房屋拆掉了。那时我认识的花极少，只记得黄昏时，夹竹桃特别红，我忽然又害怕起来，急急走回去。

我爱逗弄含羞草。触遍所有叶子，看都合起来了，我自低头看我的书，偷眼瞧它一片片地张开了，再猝然又来一下。他们都说这是不好的，有什么不好呢。

荷花像是清明栽种。我们吃吃螺蛳，抹抹柳球，便可看佃户把马粪倒在几口大缸里盘上藕秧，再盖上河泥。我们在泥里找蚬子、小虾，觉得这些东西搬了这么一次家，是非常奇怪有趣的事。缸里泥晒干了，便加点水，一次又一次。有一天，紫红色的小觜子冒出了水面，夏天就来了。赞美第一朵花。荷叶上哗啦哗啦响了，母亲便把雨伞寻出来，小莲子会给我送去。

大雨忽然来了。一个青色的闪电照在槐树上，我赶紧跑到柴草房里去。那是距我所在处最近的房屋。我爬上堆近屋顶的芦柴上，听水从高处流下来，响极了，"訇——"空心的老桑树倒了，葡萄架塌了，我的四近越来越黑了，雨点在我头上乱跳。忽然一转身，墙角两个碧绿的东西在发光！哦，那是我常看见的老猫。老猫又生了一群小猫了。原来它每次生养都在这里。我看它们攒动着吃奶，听着雨，雨慢慢小了。

4

那棵龙爪槐是我一个人的。我熟悉它的一切好处，知道哪个枝子适合哪种姿势。云从树叶间过去。壁虎在葡萄上爬。杏子熟了。何首乌的藤爬上石笋了，石笋那么黑。蜘蛛网上一只苍蝇。蜘蛛呢？花天牛半天吃了一片叶子，这叶子有点甜么，那么嫩。金雀花那儿好热闹，多少蜜蜂！金鱼吐出一个泡，破了，下午我们去捞金鱼虫。香橼花蒂的黄色仿佛有点忧郁，别的花是飘下，香橼花是掉下的，花落在草叶上，草稍微低头又弹起。大伯母掐了枝珠兰戴上，回去了。大伯母的女儿，堂姐姐看金鱼，看见了自己。石榴花开，玉兰花开，祖母来了，"莫掐了，回去看看，瓶里是什么？""我下来了，下来扶您。"槐树种在土山上，坐在树上可看见隔壁佛院。看不见房子，看到的是关着的那两扇门，关在门外的一片田园。门里是什么岁月呢？钟鼓整日敲，那么悠徐，那么单调。门开时，小尼姑来抱一捆草，打两桶水，随即又关上了。水咚咚地滴回井里。那边有人看我，我忙把书放在眼前。

5

家里宴客，晚上小方厅和花厅有人吃酒打牌（我记得有个人笛子吹得极好）。灯光照到花上，树上，令人极欢喜也十分忧郁。点一个纱灯，从家里到园里，又从园里到家里，我一晚上总不知走了多少趟。有亲戚来去，多是我照路，说哪里高，哪里低，哪里上阶，哪里下坎。若是姑妈舅母，则多是扶着我肩膀走。人影人声都如在梦中。但这样的时候并不多。平日夜晚园子是锁上的。

小时候胆小害怕，黑的，树影风声，令人却步。而且相信园里有个"白胡子老头子"，一个土地花神，晚上会出来，在那个土山后面，花树下，冉冉地转圈子，见人也不避让。

有一年夏天，我已经像个大人了，天气郁闷，心上另外又有一点小事使我睡不着，半夜到园里去。一进门，我就停住了。我看见一个火星。咳嗽一声，招我前去，原来是我的父亲。他也正因为睡不着觉在园中徘徊。他让我抽一支烟（我刚会抽烟），我搬了一张藤椅坐下，我们一直没有说话。那一次，我感觉我跟父亲靠得近极了。

季节十二帖

林清玄

一月 · 大寒

冷也到了顶点了。

高也高到极限了。

日光下的寒林没有一丝杂质,空气里的冰冷仿佛来自遥远的故乡,带着一些相思,还有细微得难以辨别的骆驼的铃声。

“再给我一点绿色吧。”阳光对山说。

“再给我一点温暖吧。”山对太阳说。

“再给我一朵云,再给我一把相思吧。”空气对山风说。

我们互相依偎取暖,毕竟,冷也冷到顶点,高也高到极限了。

二月 · 立春

春气始至,立春是在四日的七时一分。

“日光开始温柔照耀的时候,请告诉我。”地上的青虫对荷叶上的绿蛙说。

“我忙得很呢!我还要告诉茄子、白芋、西瓜、蕹菜、肉豆、荇菜,它们发芽的时间到了。”蛙说。“那么谁来告诉我春天到来了呢?”青虫说。

“你可以静听远方的雷声或者仕女们踏青的脚步声呀!”蛙说。

青虫遂伏耳静听,先听见的竟是抽芽的青草血液流动的声音。

三月 · 惊蛰

“雷鸣动,蛰虫皆震起而出,故名惊蛰。”

我们可以等待春天的第一声雷,到草原去,那以为是地震的蛰虫都沙沙地奔跑,互相走告:“雷在春天,不知道为什么这一次打到地下来了。”蚱蜢都笑起来,其实年年雷都震动地底,只是蛰虫生命短暂,不知道去年的事吧!

在童年的记忆中,我们喜欢春天到草原去钓蛰虫,一株草伸入洞里,蛰虫就紧紧咬住,有如咬住春天。

童年老树下的回忆,在三月里想起来,有春阳一般的温馨。

四月 · 清明

“时万物皆洁齐而清明,盖时当气清景明,万物皆显,因此得名。”

这一次让我们去看四月里碧绿的草与洁白的云吧!因为如果错过了四月的草之绿与云之白,今年就再也没有什么景色可以领略了。

但是,别忘了出发前让心沉静下来,用一种清明的心情去观照天空与花树的对话。

我走出去,感觉被和风包围,我对着一朵含苞的小黄花说:“亲爱的,四月的时候不要睡着了。”

五月 · 小满

天空突然下起雨来,对于天上的雨我们没有拒绝的权利,只能默默地接受。

站在屋檐下避雨,我想:为什么初夏的雨总没来由地下着,这时,竟有一些愉快的心情,好像心也被雨湿润了。痴痴地想起,某一年,也是这样的五月,也是这样突然的初夏之雨,与一个心爱的人奔过落雨的大街。

冲进屋檐下的骑楼,抬头正与一个厢壁的石雕相遇,那石雕今日仍在,一起走过雨路的人,却远了。

五月的雨,总是突然就停了。

阳光笑着,从天上跌落下来。

六月 · 芒种

“时可种有芒之谷,过此即失效,故曰芒种。”

坐火车飞过田野,偶尔会见到农夫正在田中插秧,点点的嫩绿在风中显得特别温柔,甚至让人忘记了那每一株都有一串汗水。

芒种，是多么美的名字，稻子的背负是芒种，麦穗的承担是芒种，高粱的波浪是芒种，天人菊在野风中盛放是芒种……有时候感觉到那一丝丝落下的阳光，也是芒种。

六月的明亮里，我们能感受到四处流动的光芒。

芒种，是为光芒植根。在某些特别的时候，我呼唤着你的名字，就仿佛把光芒种植。

七月·小暑

院里的玫瑰花，从去年落了以后就没有再开，叶子倒仍然一分青翠，枝干也非常刚强。只是在落雨的黄昏，窗子结满雾气，从雾里看出去，就见到了去年那个孤寂的自己。

这一次从海岸回来，意外看到玫瑰花结成的苞，惊喜地感觉自己又寻回了年轻时那温婉的心情，这小小的花，小小的暑气，使我感觉到真实的自我。

泡一杯碧螺春，看玫瑰花在暑气里挣扎开放，突然听见从遥远海边传过来的涛声，一波又一波清洗着我心灵的岬角。

八月·立秋

“秋训：禾谷熟也。”

梦里醒来的时候，推窗，发现天上还洒着月光。

仿佛刚刚睡去，怎么忽然就从梦里醒来了呢？

刚刚确实是做了梦的。我努力回想梦境，所有的情节竟然都隐没了，只剩下一个古老、优雅、安静的回廊，回廊里有轻浅的脚步声，好像一声一声地从我的心头踩过。

让我再继续这个梦吧！躺下时我这样许着愿。

我果然又走进那个回廊，脚步声是我自己的，千回百转才走到出口，原来出口的地方满天红叶，阳光落了一地。

原来是秋天了，我在回廊里轻轻叹口气。

九月·白露

“阴气渐重，凝而为露，故名白露。”

几棵苍郁的树，被云雾和时间洗过，流露出一种沧桑的神色。我站在这山最高的地方向下望，云一波波地从脚下流过，鸟声从背后传来，我好像也懂了站在这里的树的心情——站在最高的地方可以望远，但也要承担高的冷，还有那第一波来的白露。

候鸟大概很快就要从这里飞过，到南方的海边去了吧？

这时站在云雾封弥的山上，我闭上眼睛，就像看见南方那明媚的海岸。

十月·霜降

这一次我离开你，大概就不容易再见到你了。

暮色过后，我会真正离开，就让天上温柔的晚霞作最后见证，有一天再看见同样美丽的晚霞，不管在何时何地，我都会想起你来。

霜已经开始降了，风徐徐地，泪轻轻地，为了走出黑暗的悲剧，我只好悄悄离去。我走的时候，感到夜色好冷，一股凉意自我的心头掠过。

十一月·立冬

“冬者，终也。立冬之时，万物终成，故名立冬。”

如果要认识青春，就要先知道青春有终结的时候。

为花的开放而欢喜，为花的凋落而感伤。这样，我们永远不能认识流过的时间是一种自然的呈现。

在园子里紫丁香花开的时候，让我们喝春天的乌龙吧！

在群花散尽，木棉独自开放的冬日，让我们烘着暖炉，听维瓦尔第，喝咖啡吧！

冬天多么美，那枝头最后落下的一朵木棉，是绝美的！

十二月·冬至

“吃过这碗汤圆，就长一岁了。”冬至的时候，母亲总是这样说。母亲亲手做的汤圆格外好吃，尤其是在寒冷的冬夜，又和着成长的传说。

吃完汤圆，我们就全家围在一起喝热茶，看腾腾热气在冷空气中久久不散。茶是父亲泡的，他每天都喝茶。但那一天，他环视我们说：“果然又长大一些。”

那是很多年前冬至的记忆。父亲逝世后，在冬至这天，我常想起他泡的茶，香味至今仍在齿边。

可可仙灵的访客

✽李 娟

我们鲜红色房架的依特罕（“人”字形的小棚）停在碧绿青翠的可可仙灵，像是沉睡的山野睁开了一只眼睛。它看着那些远行人说：“来这里吧，来这里。”

奇怪的是，走了这一路，一个人也没看到。一旦驻停下来，刚把两扇房架子搭好，山下的小路上就开始有骑马人经过了。而且没有一个不顺便上来喝茶吃饭的。我只好不停地烧茶，不停地给他们准备食物。

妈妈在草地上一大堆乱七八糟的家什中翻啊找啊，半天才把米找了出来，让我焖“巴劳”（手抓饭）。大家都辛苦了，一定要吃些好吃的。

我好不容易才找到装羊油的小锅，化开一大块雪白的羊油煎了小半个洋葱和乒乓球大的一个土豆。然后倒进半锅水，加上盐，再把米铺在土豆粒上面，盖上锅盖焖煮。

地道的手抓饭是用羊肋骨和胡萝卜做的，而我们则有什么放什么，曾经还用芹菜焖过，还用过青椒和白菜。老实说，都蛮好吃的。

大家围着这只小小的锅子，边烤火边期待开饭，快乐得不得了。我们小小的依特罕给寒冷的远行人带来了多么巨大深沉的安慰啊。饿了一天的我们迫切需要热腾腾的食物，他们也同样一整天都又冷又饿。

第一个上来打招呼的客人是一个热心诚恳的小伙子，一直帮我们把所有小羊完全入圈了，才坐到餐桌边和我们一同享用食物。

本来并不特别注意他的，只是觉得这个年轻人长得秀气又漂亮，脸黑黑的，目光文雅有礼，而且还会说不少的汉话。我们用汉语交流时，我问他家毡房子在哪一块，离我们将要停留一个月的冬库儿远吗？他告诉我很远，并伸手在群山间指了一下。我又向他打听冬库儿的情况，问他有没有去过那里。他说去过，然后又静静地说：“那个地方，是美丽的。”

突然，我为这人使用“美丽”这个词而愣了一下。

我曾见过这样一幕动人的情景：一只红色彩漆摇篮里躺卧着一个婴儿和一只羊羔，揭开摇篮上盖着的毯子，两个脑袋并排着一起好奇地探了出来。

真是很久很久都没有听到过这样一个丰满湿润的词了啊！在卡西家里，若提到某人很美，某地很好，某件衣服很漂亮时，大家会用的汉语只有："很好，好得很……"但单单薄薄的一个"好"字，哪能说清情感中那些倾慕的内容，那些浪漫醉人的心意呢？

于是我就一下子对这个年轻人喜欢得不得了了，话也多了起来，不停地问这问那。

后来他离开时竟有一丝怅然，真希望以后还能再见一面。

斯马胡力说这个小伙子是他的同学，两人一样大的。我就说："你的同学这么厉害，会说这么多汉话，你为什么不会？一定不好好学习。"

他大笑着辩解："老师喜欢他嘛！"

妈妈不动声色地插了一句："人家每天读书到十二点，斯马胡力每天喝酒到十二点。"

对了，这个年轻人的羊羔也是访客之一。他家的一只母羊在迁徙途中产羔，新生的羊羔不能长途跋涉，便用毛毯包起来放在马鞍后带回新家。大家吃饭的时候，小羊羔咩叫个没完没了。那时我们的羊羔已经完全入圈，大羊全在羊羔圈外焦虑不安地守候着。听到我们这边有小羊在叫，也跟着集体附和。

这边"咩"地甩出一截娇滴滴的颤音。

那边千羊齐鸣："咩咩！！！"争先恐后地答应着。

就这样一唱一和，没完没了地折腾。整座山头满是此起彼伏的呼唤声。那只小羊羔根本不像是刚出生的嘛，劲头真大，叫了老半天嗓子都没叫破掉。其他的羊也全是笨蛋，认不认识都跟着起哄。

我忍不住跑到马旁边去看那只小羊。它被紧紧裹在毯子里，只露出一颗小小的脑袋。一看到我，就警惕地闭了嘴。但水灵灵的咩叫声还在继续。我再转到马的另一面，乐了，那边还有一颗小脑袋，原来有两只小羊啊，原来那个羊妈妈产了双羔。

转场的时候，过于弱小的羊羔都放在马背上前进的。我曾见过这样一幕动人的情景：一只红色彩漆摇篮里躺卧着一个婴儿和一只羊羔，揭开摇篮上盖着的毯子，两个脑袋并排着一起好奇地探了出来。

除了那个捎羊羔的客人，席间还有一个扎着白头巾的白胡子老头儿，他和自己红黑面孔、大大眼睛的沉默孙女坐在一起。另外一个客人也是个小伙子，他似乎和大家都不太熟，从始至终一声不吭。但面对食物，所有人温暖舒适的心情应该都是一样的。大家边吃边认真而愉快地谈论着什么，我一边听一边扭头四下张望，这个停着我们红色依特罕的小山顶多么孤独啊。雾气四面动荡、弥漫、起伏不定。白色的羊群在碧野中三三两两地徘徊，骆驼们站在不远处的灌木丛中一动不动。西斜的太阳不时地深深地陷落在一团团阴云之中，又不时地猛然晃出几束灿烂的阳光，那时，万事万物顿时身形一定，被自己身后突然出现的清晰深刻的阴影支撑得稳稳当当。而没有阳光的时候，万事万物似乎都是脚不着地地飘浮在这水汽蒸腾的山野中的。

米饭像往常一样只做了我们四人的，但客人还有四个，那么匀下来每个人就只能吃半份了……再加上还要由着斯马胡力这个肠胃深不见底的家伙尽情吃，于是我和卡西只舀了两三勺尝了尝，就开始掰碎干馕块泡茶喝。

刚才赶羊入圈的时候，大家都相当卖力地帮忙，前前后后、上跑下跑，好半天才把大小羊分开入圈，还帮着数了两遍大羊。我那时感激地想到，真是民风淳朴啊，无论路过什么样的劳动，都会下马帮一把，真让人感动。结果，根本是为了更心安理得地……啊，有这样的想法真罪过……

少吃一口饭而已，哪里来这么大的怨念呢？

卡西帕真辛苦啊，一个人赶回了羊群，脸都冻成铁青色的了。这家伙臭美，帽子也没戴，头发湿得直滴水。她到家后，一看有客人来了，卸了马鞍后就赶紧提水拾柴，一直忙到吃饭时，湿衣服还没换下来。

此时，她沉默着不停地喝茶，头发仍是湿的，靠着火炉，浑身蒸气腾腾。她独自赶羊这么长时间才到达，一路上肯定经历了许多困难艰险，但她什么也没有说，什么也不抱怨。只是珍惜地享受着眼下这短暂的温暖和平静。

突然下起了急雨，接着一阵冰雹噼里啪啦砸了下来，大家赶紧揭起餐布兜起食物往依特罕里躲。简单脆弱的依特罕竟成了这个世界里最安全的所在。虽然只挤进去六个人，还有两个只好坐在架子外，但他俩淋着雨继续喝茶，很无所谓地笑着。唉，无论如何一切都过去了……我想起在哈拉苏山路上经过一条沟口的一家毡房，当时多么嫉妒他们啊！他们有挡风遮雨的地方，他们不需要在下雨的日子里搬家，他家有暖暖的火炉和热乎乎的茶……他家的一个女人站在路边，手捧一个大碗等待着。妈妈也曾像她那样等待过路过自己家门口的驼队。

不过当时真的是心里一喜，但愿她端的是热乎乎的奶茶。但那怎么可能！打马奔过去一看，雪白的一大碗，又但愿它是纯牛奶了。但那也不大可能……无论如何，我心怀希望，眼巴巴看着妈妈先接过来喝，然后递给斯马胡力，然后是海拉提……排半天才轮到我，立刻接过来就狠狠一大口……顿时暗暗叫苦，除了酸奶还会是什么！而且是那种不加糖的，完全脱过脂的，清汤清水的酸奶……本来就已经冷进骨头了，现在更是冷到了心窝。真是一辈子也没喝过这么酸的酸奶啊，这发酵发得也太过了吧，简直都有度数了，简直就是低度酒了。咽下去后，好不容易缓过劲儿来，我把碗送回去大声说道："跟酒一个样嘛！"

妈妈说："去！去！别胡说。"但是她笑了，其他人也都笑了。

这时，妈妈似乎也想起了那件事，给大家说起了刚才"李娟喝酒"的事，大家都宽和地笑了起来。

昨晚只睡了两三个钟头，加上今天辛苦而寒冷的跋涉，我又累又困，站着也能睡着。但眼下到哪里睡去？今天的工作远远没有完成，客人还没有告辞，牛奶还要挤，被子和毡子还没有干，四下的寒冷和潮湿提醒我一定要扛下去。黑夜快要降临，该做的事总会一一结束，那时一切都会好起来的。

宋朝的村庄

✽西 窗

重翻《水浒传》，不重情节，专注细节。

史进所在的史家庄，“一周遭青缕如烟，四下里绿阴似染。转屋角牛羊满地，打麦场鹅鸭成群……”如果这还有些文学虚描，那这一句量化后的就有了视觉震撼：“一周遭都是土墙，墙外却有二三百株大柳树。”

二三百株大柳树合围的村庄只是宋朝一个普通的村庄。

你如何向现在的孩子们描绘茅檐、牧童、炊烟、雁叫、鸟啼，还有那些被树林环抱的村庄？

晁盖的东溪村、阮氏三兄

弟的石碣村，都是流水绿树绕孤村。

柴大官人的东庄，竟然可以"数千株槐柳疏林"。

最奇的是祝家庄，村中尽是盘陀路径，进得去出不来，但有白杨树的转弯便是活路，否则是死路。

难怪景阳冈养得了大老虎，景阳冈不是远离人烟的深山老林，山下有酒家，行四五里地，就到老虎出没的冈子下。

景阳冈的林子不是一般的密。

宋朝的树林也不是一般的密，藏兽藏人，还藏村庄，江湖好汉在惩恶扬善。

真是山明水秀的宋朝，连糙莽汉子鲁智深一路行来，都要贪恋山水。书里随着他的行脚尽是这样描写：远远的杏花深处……一家挑出个草帚儿来……却是个傍村小酒店。

每家酒肆，都是"杨柳岸晓垂锦旆，杏花村风拂青帘"。

每个村庄都是"茅檐傍涧，古木成林"。

地名也是望得见林木森然的样子：野猪林、桃花村、快活林、飞云浦、赤松林……十字坡前也有一株四五个人抱不交的大树。

仿佛觉得，有了这些气势磅礴的树，就天人合一，符合心跳舒缓入定，进入一种同草木共呼吸的状态，做什么事都是适宜的，连杀人也该当。

"树木是神物。谁能同它们交谈，谁能倾听它们的语言，谁就能获悉真理。"黑塞在《树木》里说。

原来我们的古人早已意会。

《诗经》不必说，完全是草木葱茏的年代。

《古诗十九首》，郁郁园中柳，青青陵上柏。

汉乐府，东西植松柏，左右种梧桐。枝枝相覆盖，叶叶相交通。

魏晋狂人在柳树下打铁，竹林里弹琴饮酒复长啸。

孟浩然的这首《过故人庄》："绿树村边合，青山郭外斜"，以及杜甫的"黄四娘家花满蹊，千朵万朵压枝低"简直成了古人村庄的模板，正是这些古诗里的自然意境，为我们不自觉地启蒙了美学趣味。

《聊斋》里的王子服去访婴宁，"约三十余里，乱山合沓，空翠爽肌，寂无人行，止有鸟道。遥望谷底，丛花乱树中，隐隐有小里落。下山入村，见舍宇无多，皆茅屋，而意甚修雅。北向一家，门前皆丝柳，墙内桃杏尤繁，间以修竹，野鸟格磔其中"。

这就是婴宁所生活的世外桃源般的环境，脱俗得不食人间烟火，难怪婴宁一直在笑。

桃源，若没有桃林，只是一处贫民窟啊，成不了人心所向的理想国。

曾经的村庄，未见村舍，先见树。树是村庄的标志，衣裳，脸面。树比老房子更能代表村庄的精气神。无论是村边河沿，路旁道边，还是房前屋后，都有树。

我老家村中央有几十株百千年参天古木，它们收藏风雨、鸟鸣、村庄的呼吸、兴衰，完整地保存了我的童年。村子正在衰老，但这些树仍然好好地活着。每次回家，我都不忘去探望这些树，就像看一位亲人。

树比人老，见证着，迎来送往着，也护佑着。

海子对故乡说：我要扶住你，大地。我醉了，我是醉了。我称山为兄弟，水为姐妹，树林是情人。

从生态的角度说，最适合人类生活的好时代已过去。

那些正在不断消失的乡村，要么变得丑陋，要么被整容而毁容，村庄一步步走向尴尬的境地，唐诗宋词像一则则谎言——你如何向现在的孩子们描绘茅檐、牧童、炊烟、雁叫、乌啼，还有那些被树林环抱的村庄？

村庄还在，树不见了。树还在，树上的鸟鸣不见了。鸟还在，风不见了。风不见了，鸟不见了，再也没有衔来草木的种子。树就不见了。村庄也消失了。

故事序章

我的心略大于宇宙

都怪水牛啦

✽甘耀明

我们坐在庙口榕树下的冰店，等待冰块从制冰厂运来。除了村民，还出现一头牛。据主人阿旺伯的说法，牛中暑了，想给它吃碎冰。可是冰块一直没来，趁着空档，我们拿出了成绩单比较。

说实话，乡下小孩儿很少把成绩单挂在嘴上。我们常比的，不过是谁的眼睛锐利，找到被树藤淹没的百香果，或谁爬得高，能掏到树顶的鸟蛋。视力二点零，爬树三十米，潜水四米深，被乌秋或虎头蜂攻击时，在零点五秒内"落跑"，这些数字才是"成绩单"。不过，无聊时，我们也会对彼此的成绩单好奇。

"太夸张了，我天天爬围墙进学校，操行也能拿'甲等'！"张大胖说。他说这句话时，语带炫耀，意思是他这胖子还挺能爬墙的。

张大胖的这种开场白，接下来，谁还比正规的？我们比的是"歪门邪道"。

"我这学期跌断腿，体育还拿甲，见鬼了！"说话的是光头蛋。可想而知，他说话时一边搔着光头，一边自豪地拍自己的右小腿。

该我炫耀了，但拿什么呢？好像没什么值得说嘴的。我微笑着，手按着椅子边的书包。

光头蛋靠过来，把我的成绩单从书包抽出，趁我抢回来时大喊："哇，你的数学最低分，'乙等'，乙只有一笔画，最好改。"

"改什么？"我惊讶问。

"反正要毕业了，也就不是什么秘密，我大方分享。"光头蛋大笑几声，凑过头来，"其实，我改过自己的成绩单，方法很简单。"

光头蛋的言辞令人惊讶。我不大相信，原因是成绩单"改良"了，各科学期分数用"优、甲、乙、丙、丁"替代，90分以上为优，80到89分为甲，其余类推，如果拿到丁，表示这科不及格。据老师的说法，教育部这样做是避免学生过于倚重具体分数，达到概念成绩。

可是，我们私下的解释更有公信力——这是防止涂改成绩。比如75分，把7的脚底勾一笔，立即变成85分。至于65分，6上头拉出个圈，马上变85分。反正分数越低，改得越凶。改以"优、甲、乙、丙、丁"，学生没辙，就难以涂改了。

所以，我不大相信光头蛋的话，至少，改成绩这档事，要造假很困难。

张大胖也不相信，皱着五官做鬼脸，哼了一声："唬烂也要打草稿吧！"

光头蛋被激怒了，他最讨厌张大胖做出一张恐怖的"猪头脸"，于是从书包搜出了美工刀，推出刀片，发出恐怖的"嗒嗒嗒"声响。

"干吗？我随便说，你就当真要杀了我？"张大胖吓坏了，身子往后缩，腰部的油脂抽动，发抖到整个人的线条都模糊了。

"穷紧张，这样就吓到了？"光头蛋说完，也不理人，把成绩单拿过去，闷着头，很仔细地用美工刀在成绩单上刮来刮去。不久，成绩单数学的"乙"，很快就糊掉了。

成绩单像奖状厚，刮掉一层，还不致影响外观。还好导师的笔迹不是“力透纸背”，不然刮破纸也没用。而且，光头蛋说，成绩中“乙”的笔画最少，最好刮了，刮干净后，填上“甲”就行了。

光头蛋一边刮，一边用不屑的口气说：“数学考乙等，算很正常。你没去老潘那里补习，拿不到好成绩的。”

老潘是我们老师。那时，不少老师私设“加强班”，白天在学校没教的，晚上在家里开班教学。老潘就是。而且，他出的考题有几题是中学数学题型，不到他家上课，还真解不出来。我的玩心重，不想到老潘家补习，数学当然拿不到高分。

天气太热了，光头蛋认真干活，额头冒出豆大的汗水。我有股冲动想揩去他的汗水。他像外科医生，执刀帮我医治成绩单，我应该如护士般在一旁用手帕帮他擦汗。可是，我感到这样帮他擦汗，男生帮男生，有种怪怪的感觉。

在我犹豫的瞬间，噩梦发生了。光头蛋的汗水汇到下巴，滴了下来，恰巧落在成绩单上他动刀的位置。刀子一动，纸破了，透出个伤口。我看了，心抽动了一下。

“手术很成功，只是伤口有些感染。”光头蛋对我尴尬微笑。

“你不是说很有经验，怎么会搞砸了？”我急着喊。

“谁说我很有经验？”光头蛋停顿一会儿，才继续说，“其实，每次帮我改分数的，是我阿公啦。”

这说法太令人惊愕，就在张大胖都数落他“唬烂也要打草稿”时，光头蛋眼眶一红，说：“前一阵子，我阿婆生病，后来，我阿公想到妙招，改我和哥哥的成绩，用好的成绩单让阿婆看，要是她心情好些，病也会好。”

光头蛋的阿婆重病，最后离世了。这件事我和张大胖都知道，却不晓得改成绩单的内幕。看到光头蛋的愁苦，我也不忍苛责。

谁知道，光头蛋不改顽皮特性，悲伤不过三秒，立即抬头说：“其实用美工刀刮成绩单是错误的，我阿公都用镰刀刮，厉害吧！他说他割稻子割了一辈子，绝对不用这种杀蚂蚁的小刀。”我们听了大笑起来。

这时候，冰块运来了，三十厘米见方的冰砖放在机器上，刨下一堆白花花的冰屑。把碎冰覆盖在红豆、仙草蜜、芋圆上，淋上红糖水，绝对是碗镇暑的清凉刨冰，令人忘却烦恼。

可是，我的烦恼绝对不是冰块能浇熄的。一张破烂的成绩单，说明我除了成绩不好之外，还是改成绩单的坏学生，回家我如何说明呢？我苦恼不已，决定不管这一切了，先吃冰重要。

不料，一站起身，撞上拿碗冰回来的光头蛋。冰与配料掉落桌子，把桌上的成绩单弄湿了。我大叫，光头蛋叫得更惨，因为阿旺伯的那头水牛走过来了。它伸出舌头，舔着桌上的冰块，连配料也吃了。牛赶也赶不走，而且体积庞大，很快把我、张大胖与光头蛋三人挤开，惹得我们一身臭味。

牛吃完冰，连成绩单也一起吃掉，最后摇摇摆摆走了。张大胖与光头蛋蹲在地上笑歪了，口水夸张地流下来。我气呼呼跟在牛后头，想跟阿旺伯理论，把今天的不满发泄在他身上。

可是，当我看到阿旺伯蹲在榕树下苍老的身影时，一时间，什么委屈与无奈都忘了，泪水落下，说：“你的牛吃了我的成绩单。”

“那是什么东西？”他说。

即使我说破了嘴，也很难对一个七十几岁的老人解释，一张写满符号的纸如何控制你的情绪。我两手一摊，对他说：“反正你的牛吃了我的东西，你看怎么办？”

他两手按着大腿，从地上缓缓站起来，走到牛的后头，猛力拍牛屁股。牛吓坏了，拉出一坨屎。阿旺伯从口袋里拿出塑料袋，套在手里，把地上那坨牛屎捞起来。塑料袋一拉，牛屎装在袋里，手也干净。

“拿回去吧！你说的成绩单都嚼碎了，剩下一堆屎。”阿旺伯说完，牵着牛离开榕树下的冰店，往乡间小径走去，身影很快消失了。

冬天的萝卜

✽李　娟

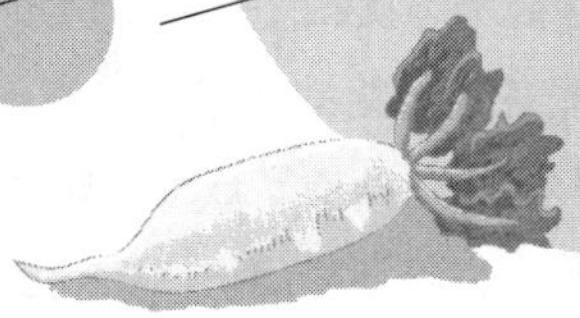

前两天和朋友谈到窖冬菜的事，不由得想起了前年冬天的萝卜。

前年入冬前，我继父突然来到我家里（他和我妈一个在县里一个在乡下，平时分开生活的），扛着一大袋子萝卜。他说：“娟哪，得把它埋了，不然坏得快。”

我家没地窖。要窖冬菜，得在后院菜园里挖坑埋了。地底的温度不高不低，较适合保存蔬菜之类的食物。

我说行啊。他就扛去埋了。全程我都没有参与。

他回来告诉我，埋到了茄子地边上靠近黄瓜地的地方。

接下来，他就中风了。

偏瘫，不能说话，不能自理，只能微微活动左手，只能不停地哭泣。

我逗他：“那你总得告诉我萝卜埋哪儿了呀？”

他啊啊哦哦半天。

我说：“你好歹指一下呀？”

他往东指，又往北指，又往下指。

我给他纸笔：“你好歹画个示意图哇？”

他左手颤巍巍捏笔，先画个圈，又画个圈。我笑了，他也笑了。

那时无论茄子还是黄瓜都无影无踪了，连枯败的株秆也被隔壁的两只无恶不作的小山羊细致啃净。没剩一点儿线索。加之很快又下了几场雪，后院平整光溜，连个微微凸起的包都没有。

我一有空就扛着铁锨去后院刨萝卜。然而谈何容易！地面已经上冻，硬邦邦。每挖开一块冻土，就得躲回屋休息两到三遍。太冷了。

我估计着茄子黄瓜的位置，以一个圆点为中心，向四面拓展了足足两米。萝卜们绝对地遁了。

渐渐地进入隆冬，实在没菜吃了。咸菜也吃完了，连我妈的纺锤也吃了。

我妈的纺锤是一根长筷子插在一个土豆上。羊毛纺完以后，纺锤一直扔在床下面。四个月之后，瘪得跟核桃似的。非但没死，还开始发芽了。一个寂静寒冷的深夜里，我想起了它，找到了它，为它的精神所感动，并残忍地吃掉了它。

据说发芽的土豆有毒。可我一直好好地活到现在。大约因为毒的剂量太小了吧。一颗瘪土豆切丝炒出来的菜，盛出来一小撮，刚盖住碗底。

家里还有一些芡粉，我搅成糊，用平底锅摊成水晶片，凉透后切成条，再当作粉条回锅炒。

粉条也很快吃完了。

好在还有四颗蒜！我揉了面团。在水里洗出面筋。面汤沉淀了用铁盘子蒸成凉皮。切成条浇上酱油、醋、辣椒酱，再把珍贵的蒜——这个冬天唯一的植物气息——剁碎了拌进去……四颗蒜共有六十瓣蒜粒，于是吃了六十份凉皮，慰藉了我整整两个月呀！

这样，只吃凉皮，就吃掉了十几千克面粉。

蒜也没有的时候，还有辣椒酱。这是最最富裕的库存！那年秋天我妈做了二十千克辣椒酱！

但天天吃辣椒酱也不是个事啊，吃得脸上都长出“辣椒”两个字了。

最惨的是，鸡也不下蛋了。虽然鸭子还在下蛋。但鸭蛋是赛虎和两只花猫的口粮，我不好意思和它们争嘴。

于是继续刨萝卜。

雪越下越大，后院积了一两米厚，后门堵得结结实实，我好容易才掏了一条仅容侧身而过的一线天小道通向厕所。那样的小道，我妈那种体型绝对过不去。

我试着再挖一条一线天通向菜地。但……谈何容易！

最可恨的是赛虎，从来不肯帮忙。按说，这会儿报答我的时候也到了。亏它夏天搞空名堂挖耗子洞挖得废寝忘食，怎么喊都不回家。这会儿，挖个萝卜都不好商量。

那个冬天只有我一个人在家。我妈带着继父四处奔波、治疗。中间她只回来过一次，帮我把煤从雪堆里刨出来并全部挪进了室内。然后又走了。

我妈过得自然比我辛苦。但她千不该万不该，不该在离开之前砸了电视机。没有吃的已经悲摧，没有娱乐则更……

偏那个冬天又奇长，整整五个月！

开始织毛衣。我家毛线特别多。

开始染衣服。我家染料几大箱。

开始……再没啥可开始的了。织毛衣，染衣服，铲雪，做饭，喂鸡喂鸭喂兔子喂猫喂狗，生炉子，砸煤，睡觉，写字。一共九项内容，填充了那个冬天全部生活。五个月呀……

其他还好说，没有吃的这个现实实在难挨。家里所有能入口的东西如下：面粉、大米、葵花油、辣椒酱以及最初的鸡蛋、咸菜、大蒜和纺锤。对了，还有瓜子，我家就是种葵花的。那个冬天我嗑瓜子嗑到嘴角都皴了。

好在虽不丰富，面粉大米等基本口粮还算充足。至少没断粮。那段时间雪大，路总是不通，万一断了粮，我就只好以嗑瓜子为生了！那时，恐怕不只嘴角，扁桃体都会皴的！

这么一想，又觉得幸好没电视！否则一旦出现盛宴画面，那对人的摧残哪……

无论如何，冬天还是过去了。只是化雪的时候比较忙乱。最热的那几天，门前波涛滚滚，似乎整个阿克哈拉的融雪全流过来了。我每天围追堵截，投入激烈的战斗，那时我最大的梦想是能有一双雨靴。

显然，光凭围追堵截是远远不行的。我开始大修水利工程，挖了一条沟，指望能够把院子里的积水引到院外。结果失算了。反而把院子外的水全引到了院内……

为此大狗豆豆对我恨之入骨。我把它的狗窝淹了。于是，它每天抓门，硬挤到房子里过夜。真是佩服李冰父子，没有水平仪，怎么修的都江堰？

化雪时也是清理积雪的最好时候。我觉得当务之急，应该是先挖出我妈的摩托车。要不然雪水一浸，车非废了不可。于是在雪堆里掏了大半天。挖出来的摩托车倒是锃光瓦亮，一点儿也没锈。但我妈回来后也没表扬我。因为车的倒车镜、仪表盘和车轮旁边的护板全被我的铁锨砸碎了。

那时路也通了，阿克哈拉也有一些蔬菜卖了。

总之冬天还是过去了。只是继父的病一直没有好转（直到现在仍没有好转），妈妈把他带回了阿克哈拉，天气好的时候，他就软软地坐在门口晒太阳。

对了，一开始说的是萝卜的事。萝卜消失了一个冬天。似乎它们也冷得不行了时，就纷纷往更深处钻。等暖和了，又开始往回钻。五月，雪全化完了，我开始平整土地，翻撒种子，挖至一处时——我发誓正是我整个冬天上下求索的地方——锨铲断一根萝卜，再一锨，又断了一根……已经融得跟糨糊一样了。我只好搅一搅，拍一拍，将萝卜酱和泥土充分混合，让它成为最好的肥料。

我回到房子，再问继父：“萝卜呢？”

他依旧啊啊啊地说了许多。

我又问：“你是不是说发芽了？”

这回，他发音标准地说了个：“莫有！”

汽车等待的时候

✽欧·亨利

薄暮时分，那身穿灰衣的姑娘又来到了小公园的一处安静角落。她在一个长凳上坐下来，开始看书。在一个半小时内，她还可以看清书上的字。

重申一遍：她的衣服是灰色的。挺单调，式样却十分优雅，而且合身。一张大孔面纱罩住了她的帽子和脸。她有着恬静的面容，一种自然美在不经意间流露出来。她在昨天的同一时间就来过这里，前天也来过，而有个人知道这些。

他是个年轻人，正在附近等候。他的耐心得到了回报，姑娘正要翻过一页，那书从她的指尖滑落，掉到了离长凳足有一码的地方。

年轻人鼓足勇气把书捡起来，还给了它的主人，脸上满是殷勤和期待。他冒险用愉快的语气说了句简单的关于天气的话——这带有开场白性质的话题导致了世上诸多不幸——然后站在一边，等待着他的命运。

姑娘随意地看看他，他衣着普通，但很整洁，脸上已经没了什么特别的表情。

"如果你愿意，请坐吧。"她说，那是个饱满、平缓的女低音，"我很高兴你这样做了。这光线不太适合阅读。我倒更乐意说说话。"

他彬彬有礼地在她身边坐下。

"你可知道，"他说，这是公园里那些长凳绅士们在见面时所惯用的套路，"你是我长久以来所见过的最美的姑娘。我昨天就注意到你了。有人被你那双漂亮的眼睛给迷住了，你可知道，杜鹃花儿？"

"不管你是谁，"姑娘冷冰冰地说，"都不该忘了我是位女士。我可以原谅你刚才的那番言辞，毫无疑问，在你这一阶层里，它并不是个罕见的错误。我请你坐下，但如果我的邀请让我成了你的小杜鹃花儿，那么我收回我的邀请。"

"我真诚地请你原谅，"年轻人恳求说，"这是我的错，你知道——我是说，公园里有些女孩，你知道——我是说，当然，你不会明白，但是——"

"好啦，请别提啦。我当然明白。现在，跟我说说这些人，他们在一条条道路上来来往往、聚聚散散。他们要去哪儿？为什么都如此匆忙？他们快乐吗？"

年轻人无法猜测他应当扮演的角色。"看着他们很有趣。"他答道，"这就是妙不可言的人生戏剧。有些人正奔向晚餐，也有些人要去——呃——别的地方。谁都想弄清他们的过去。"

"我可不想，"姑娘说，"我没那么好奇。只有来到这儿，坐在这儿，我才能感受到伟大而平凡的人类的心跳。而在生活中，我永远也无法感知这样的跳动。你知道为什么我会和你聊天吗，先生？"

"我叫帕肯斯泰克。"年轻人说，他看上去显得急切而充满期望。

"不，别问我的名字。"姑娘说，举起纤细的手指，微微一笑，"你立刻就会认出它来的。想让自己的名字不在报纸上登出来，根本不可能，就连照片也一样。这面纱和我女仆的帽子掩饰了我的身份。你真该瞧瞧司机瞪着你时的表情，他还以为我没看到呢。说实话，有那么五六个是属于声名显赫的家族的，而真不巧，我就出身在其中一个里。我之所以和你聊天，斯泰克波特先生——”

“是帕肯斯泰克。”年轻人纠正道，一脸谦逊。

“帕肯斯泰克先生，因为我想，就一次，和一个平凡的人——一个未被金钱、装腔作势的社会优越感所腐蚀的人——说说话。哦，你不知道，我是多么厌倦——金钱、金钱、金钱！我真觉得那些人，都是一个模子里做出来的跳舞娃娃。我彻底厌倦了，玩乐、珠宝、社交，一切奢华的东西。”

“我倒是常想，”年轻人犹犹豫豫地低声说，“金钱一定是样不错的东西。”

“能满足舒适生活的金钱是不错。但当你拥有几百万时——”打着绝望的手势，她结束了这句话，“那可就乏味透顶了。”她接着说：“实在是无趣。兜风、午宴、看戏、舞会、晚宴，到处透着一股奢靡味儿。有时候听着冰块在我的香槟酒里叮当作响，我都觉得我要疯了。”

帕肯斯泰克先生看上去十分感兴趣。

“我一直喜欢，”他说，“去读，或者去听人说，那些时髦的有钱人是怎样生活的。我想我有些势利眼，但我喜欢总能掌握准确牢靠的信息。我总以为香槟酒是被冰冻在瓶子里的，而不是往酒杯里加冰块。”

姑娘乐了。她的笑声如音乐一般动听。

“你该知道，”她耐心地解释说，“在我们这一无用的阶层里，总巴望着一些更新奇的乐趣。往香槟里放冰块也是最近才兴起来的。首创者是位鞑靼王子，那时他正在沃尔多夫饭店用餐。不过它很快就得给其他新法子让道。就在这礼拜麦迪逊大街的宴席上，每只盘子边都多了一只绿手套，是让客人们吃橄榄时戴的。”

“我明白，”年轻人谦逊地承认道，“这些圈子里独特的娱乐方式是不会让公众知道的。”

“有时候，”姑娘微微欠身，算是对他谦恭态度的回应，并继续说，“我总觉得，自己也许会爱上一个地位并不高的男人，他热爱劳作，而非整日无所事事。但毫无疑问，对等级和财富的要求会比我的理想更为强烈。我为什么要跟你说这些呢，帕……帕肯斯泰克先生？”

“帕肯斯泰克。”年轻人舒了口气，说，“我万分感激你的信任。真的，这你知道。”

姑娘看着他，神情平静而漠然，这正好符合了他们地位上的悬殊。

“你是做什么的，帕肯斯泰克先生？”她问道。

“我的工作很卑微。但我希望在社会上出人头地。你刚刚说你会爱上一个地位卑微的人，是认真的吗？”

“我是说过，但我说的是‘也许’。有个大公爵，还有个侯爵，都在追求我。不过，是的，只要我愿意，地位再低也无所谓。”

“我，”帕肯斯泰克郑重地说，“在饭馆里干活。”

姑娘微微退缩了一下。

“是侍者吗？”她说，几乎是用恳求的语气，“劳动是光荣的，但，服侍别人，你知道，侍从和——”

“我不是侍者，是会计，在——”他们正面对的那条街，就在公园对面，有一块闪闪发光很是耀眼的牌子，写着“餐厅”。“——我就在你能看到的那家饭馆里做会计。”

姑娘瞥了眼左腕手链上嵌着的小表，急忙站了起来。她把书往一个亮闪闪的手袋里塞，不过那书对于手袋来说太大了。

“你现在怎么不在工作？”她问。

“我值夜班。”年轻人说，“离我去换班还有一个小时。我们还能再见面吗？”

“我不知道。也许吧——但我应该不再会有这种奇怪的主意了。我得赶紧走了。有场晚宴要赴，还要去包厢看戏——然后，唉！还不是老一套。你来公园的时候也许注意到了那辆车了吧，在拐弯口那儿，白色的。”

“车轮是红的吗？”年轻人若有所思地皱着眉，问道。

“没错，我总是乘那个来。彼埃尔正等着我呢。他以为我去广场那头的商场买东西了。想想这种生活吧，连自己的司机都要欺骗。晚安。”

“可现在天已经黑了，”帕肯斯泰克说，“公园里有很多粗鲁的家伙。我可不可以——”

“如果你能够对我的愿望保有丝毫的尊重，”姑娘坚决地说，“请你在我离开后十分钟再走。我不是想指责你，但你也许知道，车上一般都有主人姓名的缩写。我再次祝你晚安。”

她庄重地站起来，迅速地离开，步入了夜色之中。年轻人看着她优雅的身影走到公园外的人行道上，转身向停着汽车的角落走去。然后他站起身，偷偷摸摸，却是毫不犹豫地沿着树和灌木丛走着一条与她平行的路线，一边牢牢将她锁定在视线之内。

当她走到角落那边，她回头看了眼那辆汽车，然后走过它，一直穿过小街。年轻人躲在一辆停靠着的计程车后，紧紧盯住她的行踪。沿着公园对面那条街的人行道，她走进了那家有着闪烁招牌的饭馆。这是这些最显眼的建筑中的一座，是白色的，有玻璃做装饰，在这儿可以吃得很便宜。姑娘走进饭馆，跑到里面的某个地方，很快又出来了，这回没戴帽子和面纱。

会计的桌子正好在店的前边。一个红头发的女孩从凳子上爬下来，还特有所指地看了眼钟。穿灰衣服的姑娘爬上了那位子。

年轻人两手插进口袋里，慢悠悠地回到了人行道上。在拐角处，他的脚碰上了一本小巧的平装书。那漂亮的封面让他认出来这正是那姑娘所读的书。他随意地将它捡起，瞅瞅书名，《新天方夜谭》，作者是史蒂文森。他把它扔在草地上，站着犹豫了一会儿，然后走进车里，往垫子上一靠，对司机吐了两个词：

“俱乐部，亨利。”

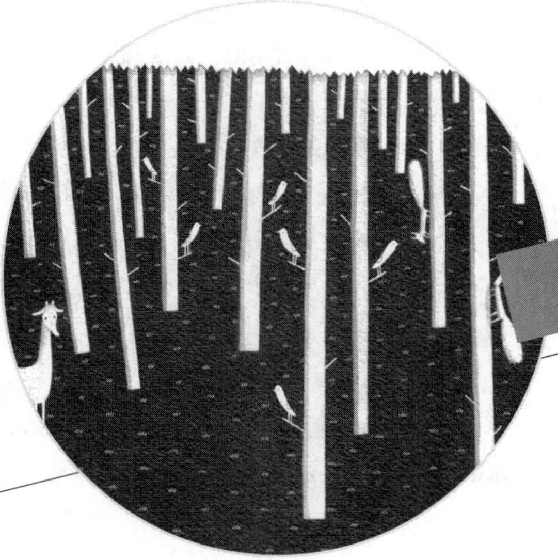

昨日公园

✽朱川湊人

1

从球拍正中位置快速反弹后，羽毛球划过九月的晴空，朝远处飞去。

“啊，爸爸，对不起……”说话的是今年读三年级的翔一。

羽毛球从父亲远藤的头顶掠过，飞进身后的樱花树。

“球没了，算了，今天就到这儿吧。”

“再买个新球吧，公园旁边有卖。”

翔一还想再打一会儿，远藤拗不过他，从钱包里掏出十元：“去吧，慢点儿！”

“OK！”翔一边喊边朝公园门口跑去，突然又跑了回来。

“爸爸……告诉你一件事，这座公园，据说有幽灵哟……”

“啊？爸爸从没听过呀。好了，快去买吧。”远藤摸了摸儿子的头。

翔一跑出公园。远藤迫不及待地掏出口袋里的烟，坐在长椅上点了一根。

“抽烟会折寿哟！”

每次抽烟，翔一都会这么说，妻子也会给他脸色看，老烟枪的日子不好过呀。远藤深吸一口烟，猛地吐出，然后环视四周。

秋日午后，阳光普照。遥想当年发生在这座公园里的事，他确信，那种不可思议的现象，现在仍在发生。

忽然，三十多年前玩投球游戏的感觉又回来了。

站在对面的，是远藤的死党阿町，公园里就剩他俩了。他像往常一样等远藤把球丢过去。

那个秋日，天边是一片色彩鲜艳的火烧云。

“阿狸，你知道熊猫怎么叫吗？”

远藤小时候的外号是“阿狸”。

“不知道……对了，听说中岛会和家人去动物园看新来的大熊猫。”

远藤一提起同桌中岛典子，阿町就胡乱投了。力道还挺大，球飞也似的冲出了公园。

“喂！阿町！”

“不好意思……”

远藤边发牢骚边去追球，回到公园，只见阿町正背对着他，在企鹅饮水台弯腰喝水。

“糟了！快五点了！”夕阳已经西下，阿町赶紧站起身，跳上停在一旁的自行车。

“球给你！”阿町对远藤说，“今天你拿回去吧！”

这个球是他们俩用零花钱一起买的，平时都放在阿町那儿。但不知为何，那天阿町让远藤把球带回去。

“记得明天带来哟！”

换言之，明天也要来玩球。

说着，阿町便离开了公园。远藤也转身往家走。

晚饭后，远藤正目不转睛地看电视，当时正热播《假面超人》。可那天远藤的精神不是很集中。因为他一时贪心，晚餐吃了两块猪排，搞得他胃里很不舒服。

突然，房间的电话响了。

边抽烟边看晚报的父亲不耐烦地站起来。

“警察？阳介……你今天有没有跟一个叫町田隆男的孩子一起玩哪？”父亲问。

远藤有不祥的预感：“有哇，怎么了？”

“刚才警察来确认……说那孩子傍晚被出租车撞死了。”

“骗人！”

十岁的远藤实在无法接受，阿町居然死了，三个小时前他们还在一起玩哪！

2

远藤号啕大哭，晚上躺下怎么也睡不着。

阿町好可怜……

远藤凝视着漆黑一片的天花板，越想越难过，浑身都在发烫，大脑愈发清醒。

第二天临近中午时，远藤出门去了。他其实想待在家里，可同学们不断打电话给他，回应电话让远藤非常痛苦，于是他跳上公交车，来到了隔壁小镇的图书馆。

至今他已经看了二十多本福尔摩斯的作品了。每次看完，远藤都会佩服得五体投地。可今天，他偏偏读到了不怎么帅气的福尔摩斯。

这部作品叫《杀人的五个橘核》。他仿佛听见福尔摩斯在说：“这里没有能救你的东西……”远藤将书放回书架，烦躁地离开了图书馆。

临近傍晚，开始下雨了。远藤走着走着，来到了和阿町常来的公园门口。

突然，黄色的铁柱之间，蹿出一个灰色的小东西。

“不会吧！”他惊愕地喊道。那是他们的球。球的表面有记号，绝不会错。昨天他分明把球带回家了，为什么会出现在这里？

远藤盯着公园，看了好久。他犹豫片刻后，终于鼓起勇气，走了进去。

突然间，周围的空气变了。接着，干燥的微风包裹了他的全身。所有的东西都没有淋过雨的痕迹。一切的一切，都在火烧云的映射下被染红了。

远处站着一个背对着他的少年。他正弯着腰，对着饮水台喝水。那个背影，是忘都忘不掉的。

“阿町！”远藤不禁喊出声。

少年用手擦着嘴，回头说道：“对不起呀，我一时手滑……”

这是在做梦吗？

“你发什么呆呀！”

脚步声、呼吸声，一切都如此真实。

“阿町……你怎么会在这里？”

阿町一脸惊讶：“你去捡球撞到头了吗？”

远藤这才发现，自己身上的衣服也不一样了。他刚才还穿着黄色的衬衫和牛仔服，可现在竟变成了红色字母的运动衫。这分明是昨天穿的呀。

“阿町……今天几号？”

“今天？七号哇。”

十月七号？那天应该已经过去了，阿町就是在那天死的。

“阿狸，你没事儿吧？”阿町皱起眉头问。

“没事儿。”远藤不禁想起了一部科幻片，大致情节是一个女高中生回到了过去。

莫非自己也穿越回过去了？

没多久，阿町察觉到天色已晚，便说：“糟了，该回去了！”

他赶紧跑向停在公园的自行车，跟上一个十月七日一样，让远藤把球带回去。

“记得明天带来哟！”

远藤再次与阿町告别。之后，阿町就会在回家路上遇难。

不，不对！

远藤忽然想通了。要是时间真的往回走了，阿町就不会死。只要不去那个路口就行了。多简单哪！

"阿町，今天我送你回去！"

"咦？为啥呀？"

阿町就住公园旁的小区。

"不为什么。"

"两个大男人……恶心死了！明天肯定要下雨！"

在远藤的再三劝说下，阿町总算答应了。

晚饭又是猪排，和上一个七日一样。远藤又吃了两块，快被撑死了。

感觉到时间在倒流的只有他一个，阿町也好，父母也好，都跟上一个七日一模一样。

当远藤坐在书桌前发呆时，电视里传来了熟悉的旋律，是《假面超人》的主题曲。不会再有噩耗传来，可以专心看节目了。

谁知，突如其来的电话铃声赶走了他的从容。

父亲不耐烦地站起身，拿起听筒。

是警察叔叔打来的吗？不！不可能。远藤心跳加速，竖起耳朵听着父亲说话。

他没说"警察"这两个字，好像是一通普通的电话。远藤松了口气，可正当他安心的时候，父亲竟说："什么？去世了？太可怜了，叫町田隆男是吗？"

如同遭遇晴天霹雳一般，漫漫长夜再次降临。远藤身体发烫，辗转难眠。

电话是班上其他家长打来的，说是阿町回家后，帮妈妈出去买东西，却在穿过十字路口时，被一辆翻斗车碾死了……

神哪……让我再回去一次吧！我想救阿町！远藤一遍又一遍地祈祷。

3

第二天，远藤依然过了十点多才起床。他跳上公交车，来到隔壁小镇的图书馆。

跟上次一样，远藤拿起那本写福尔摩斯的书。他还记得《杀人的五个橘核》讲的是有一群坏人，在杀人前会给对方送五个橘核作为预告。收到橘核的人，没过多久就死了……而委托人却毫无办法。

远藤下定决心，这次一定要救活阿町。光是送他回家还不够，要更加慎重一点儿。

他从图书馆出发，按照上次的路径前行，冒雨走到了那座公园门口。不一会儿，那个小球飞了出来。远藤迅速捡起球，深吸一口气走进公园。

空气变了，与上一次如出一辙。原本阴沉的天空，迅速化为鲜艳的火烧云。时光再一次倒转。

他甚至不知道身上的衣服是什么时候变的。

夕阳下的公园里，依然有一个背对着他喝水的少年。

"阿町！"远藤大喊。

"不好意思，我手滑了。"

"天快黑了，我送你回家吧！"

"哇，恶心死了！明天肯定会下雨！"阿町的反应跟那两个周六一模一样。

"嗯，傍晚会下小雨。"话音刚落，远藤便悲从中来。阿町能预测明天的天气，却无法掌握自己的命运。

远藤把阿町送回家后，便在稍远的地方等着，"我要跟着他去买东西。"

"阿狸君？"一个女孩走过来，那是他的同桌中岛典子，"你怎么会在这儿呀？"

就在这时，他瞥见骑着车的阿町出现了。

完了！

大意了！中岛典子分散了自己的注意力，阿町出门他却没看见。这不是白盯梢了吗？

"回头见！"

远藤撂下一句话，全速追了上去。无奈为时已晚。

"阿町！"

远藤大声呼喊，可阿町完全没反应。那家伙一定又在听歌了！

"停下！阿町！"

远藤边跑边喊，可阿町就是没反应。

那家伙会在出门买东西的路上遭遇车祸，眼看两人的距离越来越远，远藤心急如焚。

"混账，阿町！你给我停下！"

远藤赶紧掏出口袋里的橡胶球，用力一扔。砰！击中了阿町的后脑勺。

阿町停下车的瞬间，一辆右转的翻斗车急速通过了人行横道线。

总算没出事！远藤急忙躲进角落，长长地松了一口气。

那天晚上一直到《假面超人》播出，电话都没响。到了第三次，远藤总算度过了一个普通的周六。

但是，第二天傍晚，远藤还是来到了公园门口，等候那个小球出现。因为早上母亲告诉他："刚才一位家长打电话来，说昨晚阿町家着火了，町田跟他妹妹去世了……"

小雨淅淅沥沥。远藤捡起球，步履沉重地走进公园。在空气与光线发生变化后，和先前一样，他再次见到了弯腰喝水的背影。

阿町转过头来，瞪大眼睛："你怎么啦……不就是去捡个球吗，怎么会哭呢？"

自己来到这个周六已经好几次了，阿町不会想到，出去的那个自己，并不是进来的那个自己。

"休息一会儿吧。"阿町与远藤坐在附近的长椅上。

远藤不得不承认，越是想救阿町，之后所引发的悲剧就越难收拾——出租车、翻斗车、火灾，甚至还殃及其他人。自己既不知道人活着到底有什么意义，也不清楚人生究竟是什么。但有一点他知道：死亡，就是现实版的五个橘核。一旦收到死亡的预告，就只能乖乖听命。所以，他决定告诉他心爱的朋友。

"阿町啊……"

远藤没有看阿町的脸，而是望着逐渐被黑暗吞噬的火烧云。

"我很喜欢你！你一直是我的好兄弟。"

"怎么突然说这个？"

"……我们会一直是好朋友吧！"

"这不是废话嘛！我也……喜欢你呀。"

阿町一反常态的话语，让远藤感到心如刀割。

"怎么啦阿狸，怎么哭了？"

"你不会懂的……不懂也没关系……"

4

远藤又点了根烟。

长大成人后的自己，竟会回到这座公园，不可思议呀。与阿町度过的最后一个周六，按照第一次周六的样子过去了。

第二天傍晚，他在公园门口，看到小球飞出，一想起死党的笑脸，他便产生了再次捡球的冲动。然而，远藤咬紧牙关，拼命克制住。

自己已经让阿町死了好几回，不能再让他受苦。

这时，脚边的小球慢慢变透明，最后像融入雨中一样消失了。就好像之前发生的一切都只是错觉似的。

现在也可能在发生同样的事吧……远藤想起了翔一的话。

这时，翔一出现在了公园门口。要是被他看见自己在抽烟，他一定又要生气了。这么想着，远藤准备把香烟掐灭。

"等等，爸爸……不要熄掉哇！"翔一竟如此喊道。不知为何，远藤感觉儿子的脚步异常沉重。

"想抽就抽吧。"

"怎么啦？"远藤边掐灭香烟边问道。

"没有。爸爸很喜欢抽烟，那就抽吧。"

他怎么会同意我抽烟呢……

"你怎么了……是不是发烧了？"远藤伸手摸翔一的额头。翔一忽然用双手按住了父亲的手。他的眼皮好烫。

"就这样放着吧……"

自己的手掌下面，渗出一行泪水。

"喂！喂！你怎么啦？"

"爸爸，你不会懂的……不懂也没关系啦……"

翔一的声音越来越小声，多么似曾相识的话呀。

远藤花了好久才意识到翔一是从哪里回来的，那一瞬间只感到晴天霹雳。要不是感受着儿子的体温，他早就撑不住了。

橘核好像跑进自己口袋里了。他本想问自己会什么时候如何死，可他问不出口。

好不容易才挤出一句话来："翔一，爸爸懂的，知道你为了救爸爸想尽了办法……爸爸懂的。"

翔一一下子放声大哭起来。

花园里的独角兽

詹姆斯·瑟伯

从前，在一个阳光灿烂的早晨，有一个男人坐在厨房角落的小饭桌旁，刚从他的炒鸡蛋上抬起眼来，就看见花园里有只洁白的头顶长着金色角的独角兽，在安详地咀嚼着玫瑰花。这个男人上楼到卧室去，见妻子还在酣睡，他叫醒了她。“花园里有只独角兽在吃玫瑰花呢。”他说。她睁开了一只眼睛，不高兴地看了看他：“独角兽可是神兽。”她说完就又转过身去。

男人慢慢下了楼，走出屋子来到花园。独角兽还在那儿，正在郁金香花丛中慢腾腾地嚼着。“来这儿，独角兽。”男人说，他拔起一枝百合花给它，独角兽悠然自得地把它吃了。由于花园里有只独角兽，这个男人喜出望外，又跑到楼上叫醒妻子。“那只独角兽吃了一枝百合花。”他说。他妻子从床上坐了起来，冷冷地看着他。“你真是个神经病，”她说，“我要把你关进疯人院里去。”这个男人从来都不喜欢“神经病”和“疯人院”这种字眼，在这阳光灿烂的早晨，花园里还来了只独角兽的当儿，听来就更不入耳了。他想了想说道：“等着瞧吧。”他走到门口时又对她说：“它前额当中还有一只金色的角。”说罢，又回到花园去看那只独角兽了。但是，这时独角兽已经走开，这个男人就坐在玫瑰花丛中入睡了。

妻子等她丈夫一离开屋子，就飞快地起了床，穿好衣服。她兴奋激动，眼里闪出幸灾乐祸的亮光。她打了个电话给警察队，又给一位精神病医生打了个电话。她叫他们马上来她家，再捎上一件给疯子穿的紧身衣。

警察和精神病医生来到她家，坐在椅子上，颇感兴趣地看着她。“我的丈夫，”她说，“今天早晨看见了一只独角兽。”警察瞧瞧精神病医生，精神病医生瞧瞧警察。“他对我说，它吃了一枝百合花。”她说。精神病医生瞅瞅警察，警察瞅瞅精神病医生。“他对我说，它的前额当中还有一只金色的角。”她说。这时警察见精神病医生发出的一个正式暗号，便一跃而起抓住了那个妻子。他们费了好大的劲才制服了她，因为她拼命挣扎，但是最后还是把她镇住了。就在给她穿上紧身衣的时候，她的丈夫走进了屋子。

“你对你妻子说过你看见一只独角兽了吗？”警察问道。“当然没有啦，”那丈夫说，“独角兽可是神兽。”“这就是我要知道的一切，”精神病医生说道，“把她带走吧。很对不起你，先生，可是你的妻子疯得跟一只鲣鸟一样。”于是，她骂着，喊着，就被他们带走了。他们把她关进了疯人院。从此以后，这个丈夫过得很快活。

被两块钱结束的童年

✿ 闫红

小学六年级那年，我因一点儿小毛病休了一年学。正当我在家中闲得长草时，我姥姥从乡下来看我，我大喜过望地缠住她，要跟她到乡下去。我姥姥答应了。

我们先是乘坐长途客车，到县城下了车，我姥姥没有直接换乘返乡的机动三轮车，而是先去拜访住在颍河闸附近的一位唐姓女友。见面之后，她们交流了一些工作上的信息，我姥姥发现，她需要留在县城处理一些事情。至于我，可以让一个正好也在县城办事的亲戚，她的侄女儿青姨先捎回去。

那是一个乍暖还寒的早晨，我们一群人站在颍河闸边，迎着青灰色的风，望着闸桥的那边，当一辆被称为“小蹦蹦”的机动三轮车终于出现，唐姥姥迅雷不及掩耳地掏出两张十元钞票，塞进我的口袋里。

在吾乡，经常有亲朋好友这么干，“给小孩儿买糖吃”，他们总是这么说。然而，只要给钱的人一转身，父母就会用各种理由软硬兼施地收走。这一次，在唐姥姥眼皮子底下，我姥姥没有机会没收，我有理由认为，这个钱，唐姥姥就是打算给我花的，否则她可以昨天晚上给我。

不管实情如何，我姥姥照例跟她推让了一会儿，我也像一个很有规矩的小孩那样，摆出拒绝的姿态，但唐姥姥比我们更坚决，当“小蹦蹦”的司机扭过头来，表达出老大的不耐烦，车上人也啧有烦言，我姥姥无奈地笑着，停止拉扯，那两张钞票得以进入我的口袋，离我姥姥的势力范围越来越远。

三轮车只到集镇，剩下的五六千米需要步行，青姨擅自改变了路线，先去拜访她住在集市上的一个女友。女友正在看守一个摊子，看见她来，非常高兴，两人先就各自对象谑笑了一番，女友带着青姨，走到旁边的一个卖内衣的摊子上，翻看起来。

许久之后，青姨终于择定了一件，是最便宜的那件，但她翻翻口袋，发现里面只有五毛钱。那件内衣要两块钱。青姨想了一下，看着我说：“你先帮我垫一下，我到家就给你。”

说实话，我非常不愿意，不只是对青姨的信用一无所知，更因为我喜欢拥有两张十元钞票的感觉，一路上，我常悄悄地把手插进口袋里，感觉它挺括到能割手的边棱，不断回味那种所有者的感觉，幸福得微微眩晕起来。

可是，青姨都已经开口了，当着她的女友的面开口了，我要是拒绝，岂不是太不给她面子？我装作不在意地掏出钱来，递给她一张，她再交给老板，眼睁睁地，我看到那挺括的十块钱，变成一叠脏兮兮软塌塌的零钞。

我心中别提有多郁闷了，同时感到新的可能。在这张钞票没有被破开之前，它固若金汤凛然不可侵犯，当它变成八块五，它同时变得涣散、缺失、可以染指，我觉得我也可以尝试着买点什么了。

我没有花钱的经验，再说也不确定这笔钱最终的所有权，我试水性地花了一块钱买了一支笔、一瓶墨水和一叠信纸。虽然我并不喜欢这些东西，但毕竟是学习用品，将来被秋后算账时有个说头，况且唐姥姥塞钱的时候也一再强调：“这是给闫红买学习用品的。”

我和青姨离开集镇，朝村庄走去，拿着各自的战利品。青姨看上去镇定自若，而我心情沉重，购物没能使我确定那笔钱的所有权，一阵阵涌上来的担忧，却让我清楚地感觉到，我此前的确纯属自欺欺人。我姥姥不会忘了这笔钱，我把它弄出了个小缺口，后来又再次扩大，我不知道怎么对我姥姥交代，却根据多年经验深知，此事很难了结。

在我姥姥回来之前，我一直住在青姨家，青姨没有还我钱，还好也没有继续向我借钱，那笔钱放在我的枕头套里，我每天枕着它，就像枕着一个即将爆发的灾难，听它的指针滴滴答答地走。

半个月之后，我姥姥终于回来了，她坐在床沿上喝茶，目光从我身上一掠而过，长久地停留在青姨身上，在青姨不断洇开的惶恐里，她用冷酷的声音问：“你穿的是我上次给你的那件褂子吗？”

青姨身上，是一件绿军褂，在20世纪80年代晚期，军装有个回潮，街上时髦小青年分两种，一种是穿“太子裤”的，一种是穿绿军裤的。这两种裤子都有着肥大得能装两只老母鸡的裤腿，不同之处在于，“太子裤”大多是蓝色的，穿太子裤的青年，通常家境不错，脚步也常常故作潇洒，有一种“美而自知”的优裕感；穿绿军裤的人，更草根，那衣服可能是从爸妈衣柜里偷出来的，但那草根也正是他们的魅力，他们故意晃得更痞气，倒显得“太子裤”一群有点儿娘了。

穿军裤的女孩子会令人侧目，是那个时代里的“非主流”，不想被这么看的女孩审慎地选择了绿军褂，久而久之满大街晃动的都是草绿色。我姥姥对潮流不可能敏感，也许是青姨跟她要的，总之，上次在县城，我姥姥给了她一件绿军褂，是我妈以前穿过的。

我姥姥这个人，向来乐善好施，但同一切

对施舍有着过分的热情的人一样，她不可能不计回报，这回报包括，对方对她的施舍的重视。现在，她看见青姨非但没有穿她送的绿军褂，还像示威似的穿了另外一件，她忍不住发问了。

青姨回答这是她姨给她的，我姥姥给的那件她给她妹妹了。这回答简直能让我姥姥疯掉，她勃然大怒，青姨也并不逆来顺受，我姥姥作势要打青姨，青姨顺势躺在地上，闻声而来的邻居也没能及时熄灭这对姑侄之间的战火。晚上，我准备睡觉时，发现床沿的被单上，有许多被蹭上的新鲜泥巴。那应该是青姨躺在地上时弄的，从泥巴渗入床单纤维的程度，可以感知青姨愤怒的力度。

而我感到幸运的是，这件事在好几天里都牢牢地占据着我姥姥的注意力，大概有三四天后，她才回过神来，查询我这些天来的情况，跟谁玩，有没有写字，等等。终于，她问到了那个致命的问题："你唐姥姥给你的钱呢？拿给我！"我翻出那十七块五毛钱，嗫嚅着说："其他的被青姨借走了。"我姥姥瞬间就怒了，新仇旧怨俱上心头："连个小孩儿的钱都哄！"她勒令我，立即去青姨家把钱要回来。

从我姥姥近乎狰狞的脸上，我认出了风暴即将抵达的迹象，不敢再说更多，只有离开这是非之地，朝青姨家走去。

青姨家住在圩子外面靠大路的地方，我翻过一条干涸的沟渠，又走了一小段路，来到大路边，居高临下地看着那个地势较低处的院落。几天前，我还每天在这里出出进进，现在单是跨过那院门，就成了一个老大的难关。我不敢进去，讨钱让我很为难，何况它并不能解决问题，还会成为一个新的问题的开始。我站在那里，无意识地朝里面望着，堂屋里人影绰绰，他们可能刚刚吃过早饭。

青姨她妈从锅屋里走出来，端着一大盆刷锅水，大概是要去拌猪食，她发现了我，远远地招呼着，我飞快地跑掉了。

回到姥姥家，她问我："钱呢？"我说："青姨没在家。""没在家？"她的眼睛从老花镜下面翻上来，狐疑地看着我，哼了一声，说："那你明天再去。"

从那天起，去青姨家成为我每天必须完成的功课，我一次次翻过那条干涸的小河，有时到青姨家院门口稍稍站上一会儿——我不敢站太久，怕里面有人出来，或是有人要进来时正好碰上我。

更多的时候我走到附近的田野上，躺下来，毛茸茸的草尖扎着我的背，上面是天，天上有云，我希望那些云朵落下来，把我整个儿覆盖住。远处是树丛，在平原上勾勒出紫色的雾霭般的线条。我抱住自己，觉得自己像个悲剧的女主角，却没有认识一个能够救赎我的神仙。

有一次，隔壁的三姥姥挎着割草的篮子从路边经过，见我躺在那里，先是大吃一惊，问我："你这是咋了？"我说："我看看天空。"她不由得瞪大了一双老眼，然后嘎嘎嘎地笑起来，很快，村子里有很多人，都知道"城里小孩儿"没事就躺着看天空的事了。

我姥姥应该不知道，否则她就无法接受我每次黯然归来时上缴的那些借口，比如青姨不在家，又或者我碰上谁谁谁了，她要我跟他一块儿干什么。我还曾试着把膝盖朝一棵大树磕去，想告诉我姥姥，我走路时跌了一跤，走不动了，可惜尽管膝盖磕得生疼，却没有什么痕迹。我蹲下来，捂着磕到的地方，心里疼出了几点泪。我第一次感到做人不易，人生无趣，我害怕以后还会有更多这样无休无止的磨难。

诡异的是，不管我编的理由多么离谱，我姥姥从来没有质疑过，始终是从老花镜下面翻出不相信的眼神，鼻子里哼上一声，我这一天的磨难算是结束了。好多年后我跟我妈说起这些，我妈说：“你姥姥就喜欢干这种事。”她小时候也经常这样被逼迫着，找已经和我姥姥离婚的姥爷要钱，我们母女在这里，有了相似的记忆。

这样日复一日地装作讨钱，虽然很头疼，但毕竟都烦烦恼恼地挨过去了，我心里有个更大的隐忧，担心我姥姥和青姨狭路相逢，和真相狭路相逢。每次我姥姥带我出门我都提心吊胆，老远看到一个和青姨相似的背影，都能吓得心脏骤停一秒钟。

这时刻终于到来，有一天，我姥姥赶集回来，说：“我今天碰到小青了，我问她，你咋不还闫红钱？这个炮冲的，竟然说，她没见着你。我让她明天送过来。”我心里恐惧到无以复加，我害怕青姨送钱来，我姥姥发现数目对不上，我也害怕青姨不送钱来，让我姥姥抓住这个理由到她家大闹一场。

我夜不能寐，想回自己家，也想离家出走，可是我没有钱，最现实的方案也许是走到县城向唐姥姥求助，她一定会帮我，但对于一个十来岁的小孩儿，县城也太远。我想到了死，想起曾看过的一篇小说《五个女子和一根绳子》，但也只是想想而已，我惊恐万分地渐渐睡着了。

第二天上午很平静，平地起风云是在中午，我姥姥的一个邻居去了一趟代销点，带回来一个令人震惊的消息，原本五分钱一盒的火柴，卖到两毛了！肥皂、食盐全部涨了价，据说还要涨，城里已经掀起了抢购潮，接下来还不知道怎么样呢！

太平年代里，涨价就是一场大灾难，对于个人命运来说，灾难有时也是一场成全。香港沦陷成全了白流苏，1988年初夏的这场突如其来的通货膨胀，成全了像鸟雀一样战战兢兢的我。我姥姥直奔代销点，证实了邻居的说法，但她并没有像其他人那样开始疯狂抢购，我姥姥坐下来，决定寻找一条自救之路。

家里的盐还有不少，火柴也囤了一些，唯有肥皂不多了，但这样东西，有土办法可以制造替代品。我姥姥走进锅屋，舀了一簸箕锅灰倒进洗衣服的大瓦盆里，再把井水倒进去。“瞧吧，”我姥姥得意地说，“明天这水就会变得比肥皂还下灰。”

接下来的时间，我姥姥一直在观察这锅灰水的变化，不时撩一点用指头搓一下，她像个酿酒师傅一样，不断地露出满意的笑容，她如此专注，我可以确定她已经把青姨呀、还钱哪什么的全丢到了脑后。

第二天，她宣布她的实验成功了，她把用锅灰沥出来的水洗过的衣服尽可能地抻开，给身边的人看：“瞧，多干净！比肥皂强！”邻居们都跑过来参观，上了年纪的人仔细询问每一个细节，年轻一点儿的，不赞成地微笑着，摇着头，说：“大姑你真会过！”

我姥姥并不是一个勤快人，但那些天，她废寝忘食地用锅灰沥水洗衣服，还好天气也很给力，总是瓦蓝瓦蓝的天空，那些衣服在蓝天下翩翩舞动。我坐在院子里，用我买的那些笔和信纸画小人，或是默写一首古诗，想起我躺在田野上看到的那片天空，心情已完全不同。虽然这件事还没有结束，但经过一场声势浩大的通货膨胀之后，我觉得我姥姥对于追究那已经贬值了的两块五毛钱，不会有多少兴致了。

我的生活重新回到正常轨道，但已经无法像从前那么轻松，我仿佛看到磨难躲在未来的许多个屋檐下、墙角里，看见它们藏头露尾鬼鬼祟祟，等待和我相遇。想到这些，我常常会忍不住叹口气，但也不想把它们都抓出来。后来我在书上看到一个词叫“沧桑”，顿时感到相见恨晚，我没想到会用这样一种方式结束无忧无虑的童年，在开始一场懵懂的暗恋之前。后来姥姥再没问过那两块五的事儿，只是有时帮她引火时，若是不小心多划了一根火柴，她都会哼一声，锐利地瞪我一眼。

如愿以偿

✽吉尔博特·莱特

坐在联合火车站的检票室内，我能看清走上台阶的每一个人。

我左侧杂志亭的主人托尼研究概率学，因为他喜欢赌赛马。他说根据他的理论可以算出，如果我在这儿再工作120年，我就会看见世界上所有的人。

于是我得出这样的结论：如果你在像联合火车站这样的大站停留足够长的时间，你将看到旅行的每一个人。

我将我的理论告诉许多人，可除哈里外没有人为之所动。他3年前来此，接9:05的火车。

我还记得第一次见到哈里的那个晚上。当时他很瘦，很焦急。他穿戴整齐，我知道他在接他的恋人，而且见面马上就结婚。

如果你像我一样在观察人们等在台阶尽头中度过18年，你也会很容易地得出上述结论。

瞧，旅客们上来了，我得忙一阵儿。直到9:18的车快到时，我才得闲看一眼台阶尽头，令我吃惊的是那年轻人还在那儿。

9:18的车过去了，她没来。9:40的车也过去了。乘10:02的车的旅客来了，又纷纷离去了，哈里绝望了。他来到我的窗前，我问他，她长得是什么样。

"她小个儿，有点黑，19岁，走路很端庄。她的脸，" 他想了一下说，"看起来很精神，我的意思是她会发疯，但从不持续很久。她的眉毛中间皱起一个小疙瘩。她有一件棕色皮装，不过也许她不穿那件。"

我不记得见过那样的人。

他给我看他收到的电报：星期四到，车站接我。爱你爱你爱你爱你。梅。

"那么，" 我最后说，"为什么不给你家打电话？也许她先到了。"

他不自然地看了我一眼。

"我到这儿才两天。我们打算见面后去南部，在那儿我有一份工作。她，她没有我的地址。" 他指着电报，"我收的是普通邮件。"

说完他走向台阶的尽头，察看乘11:22的火车到来的旅客。

我第二天上班时，他又在那儿，他一看见我就走了过来。

"她有工作吗？" 我问。

他点点头："她是个打字员。我给她以前的老板发过电报，他们只知道她辞了工作去结婚了。"

这就是我们相识的开始。以后的三四天，哈里

接每一列火车。当然，沿线做了查找，警察也参与了此事，但是没能帮上忙。我看得出，他们都认为梅显然是愚弄了他。但不管怎样，我从不相信。

大约两星期后的一天，哈里和我闲聊。

“如果你等得足够久，”我说，“总有一天你会看见她走上这个台阶的。”

他转过身看着台阶，就像我们从未见过面似的，但我仍继续解释着托尼由概率学得出的结论。

第二天我来上班，哈里就站在托尼的杂志亭柜台后面。他难为情地看着我说：“你瞧，我总得有份工作，是不是？”于是，他成了托尼的伙计。我们再也没有说起梅，也没有提到我的理论。但我注意到，哈里总是看着走上台阶的每一个人。

年底，托尼在一次赌博的争吵中被杀了，托尼的遗孀将杂志亭交给哈里经营。

过了一段时间，她又结婚了，哈里便买下了杂志亭。他借钱安装了苏打水机，不久他的生意便初具规模。

昨天，我听到一声惊叫，接着是很多东西纷纷掉落的声音。惊叫的是哈里，哈里越过柜台时碰掉了许多布娃娃和其他东西。他冲过去，一把抓住一个离我的窗口不足10米处的姑娘。她小个儿，有点黑，眉毛中间皱出一个小疙瘩。

好一阵子，他们相互拥抱着，笑着，叫着，语无伦次。她似乎说：“我原本指的是汽车站……”他吻得她说不出话，告诉她为了找她，他做了许多事。显然，3年前梅是乘汽车而不是乘火车，她电报中指的是汽车站而不是火车站。她在汽车站等了很多天，为找哈里花掉了所有的钱，最后她找了一份打字的工作。

“什么？”哈里说，“你就在镇上工作？一直都是？”她点了点头。

“噢，天哪，你为什么不到火车站来？”他指着他的杂志亭，“我一直在那儿，那是我的，我能看见走上台阶的每一个人……”她的脸色有些苍白。好长时间她都看着台阶，并用微弱的声音说：“我，我以前从未走上这个台阶。你知道，我昨天才为了业务上的事走出这个镇子……噢，哈里！”她用双臂搂着他的脖子，真的哭了起来。

过了一会儿，她退一步指着火车站的北端说：“哈里，3年了，整整3年哪，我就在那儿，就在这个车站工作，打字，就在站长办公室。”

对我来说，惊奇的是概率学对这对有情人如此苛刻，最终使梅走上台阶竟需要如此长的时间。

两所客店

✽都 德

在七月中某一天的午后我从纳剑归来。酷热低低地压罩着大地,白热的大道向前延伸,直伸至目力不及的地处,那是一条尘埃满布的道路,卧在橄榄林和槲树林的园地间,卧在金辉四射的太阳下,没有一块树荫,没有一丝风息。只觉得燥热的空气在振荡着,远处扬起草虫尖锐的鸣声,一种急迫的、疯狂的音乐,好像就是那无际的振荡的回响。我已经在这沙漠中走了两个小时了;突然有一片白色的房子在我面前浮现出来,和道尘土的颜色相衬而更显。这就是所谓圣维桑的换马处;五六家农舍,红屋脊的长仓房,和一条干了的水槽;在枯憔的无花果的矮林中,那小村落的边界上有两所大客店,静立在街的两旁彼此对望着。

这两所客店极贴近,但其中却有一种奇怪的反衬。大道的那一边,是一所高大的新建筑,尽是热闹、生动的气象,门都敞着,门前停着驿车,汗气蒸腾的马已卸下了辔头,远客们在短狭的墙荫覆着的大道旁酣饮。庭院里挤满了骡马和车辆;车夫在棚下躺着,候那夜间的凉气;屋里溢出狂暴的呼号,诅咒。酒杯在叮地相碰,拳头在乱击着桌子,瓶塞不息地砰发,台球在滚着。还有一种愉快的、清脆的歌声超出一切杂喧之上,唱得窗户都颤动:美丽的小玛葛汀和明媚的清晨同醒了,手提灿烂的银瓶轻盈地走向井边去了。

对面的客店呢,静悄悄地好像是没有人住。大门前乱草丛生,百叶窗扇都已破碎,一株脱皮的冬青树横悬在门上,犹如一束用旧了的帽羽,门阶上铺着大道旁挪来的石块。它已是这样的衰残,这样的可怜了,如还有人在此停留,索饮一杯,只是一种慈善的举动罢了。

进门来一看,是一间狭长的房子,荒凉而惨淡,从三个没有帘子的窗口中透入些微光,使得屋子越显得荒凉难堪,几张颠簸的桌子,上面放着积满灰尘的破玻璃杯,一张荒废的球台,四只小袋张着口像是想乞求一点儿恩施。一张黄色小榻和一张书桌,似乎都在那里打瞌睡,带着难堪的有病的神气。啊,苍蝇!好多的苍蝇,无处不是,我从没有见过这么多,一团团地集在天花板上,爬在窗户上,藏在杯子里。我推开门时,只听见一阵嘤嘤嗡嗡的翅子声,好像是进了一个蜂房。

在这房子尽头,窗户的凹处,有一个妇人紧靠窗子站着,眼睛茫然地向外边张望,我叫了她两声:"喂!女店主哇!"她才慢慢地转过身来,于是我眼前现出一个衰老的农妇,皱痕满面,容色灰暗,她戴着破的花边缝的长帽缘,和我们邻家的妇人所戴的一个样子。虽然她并不是一个老妇,但重重的悲哀使她完全萎败下来了。"你要什么?"她擦了一擦眼睛说道。"想在这里休息,还想喝一杯酒。"她惊愕地注视着我,还是立着不动,像是没有听懂我的意思。"这不是一所客店吗?"妇人长叹了一声。"如果你以为不错,就算是一所店客吧。但是为什么你不和大家一样到对面去呢?那里才热闹哇。""我受不了这样的热闹,我愿意到这边来静憩一回。"也不等她的答复,我就在一张桌子旁边坐下。

看出了我说的是实话,于是这女店主才显出忙碌的样子。她来回走动,打开门,搬过酒瓶,擦净杯子,一面竭力想驱散那成群的苍蝇。今天来了一位客人,显然是一件郑重的事情。这忧伤的老女人不时停步,手摸着头,像是为难于供应周全,而觉得很失望的样子。

她走进后面的屋里去,我听到她的大钥匙在摇动作响,听到她在摸索锁孔,在开面包箱,在洗拭盘子,时时传来沉痛的悲叹和掩抑的抽咽。这样经过了一刻钟,我面前有了一盘葡萄干,一块坡喀尔的干面包,和石块一般硬,还有一瓶新制出来的酸酒。

"替你预备好了。"这古怪的老妇说,她立刻又回到窗口去了。我一面喝酒,一面就想些话来和她攀谈。

"可怜的女店主哇,不常有人到你这里来吧?"

"啊,不,从没有一个客人,先生,现在只有你我两个人在此相对,比起从前真差得远了。我们这里本是换马的处所,野鸭季里还要替打猎的人们预备晚餐,终年有牛马在这里停留往来。但是,自从我们邻人的铺子开张以后,就什么都完了。客人都跑到对面去,觉得这里太无趣味。实在呢,这屋子里确乎没有一点儿快乐处。我既长得不好看,一向又害着热病,我的两个小女孩也都死了。对面店里可大不同,他们终日地欢笑。有一个从阿莱那里来的女人——一个美貌的女人,衣上镶着好看的花边,三串金珠环挂在项上——在看管店房。驿车上的车夫就是她的情人;所以把车子赶到那边去。她又雇了几个轻贱的女孩做使女,怎能不得顾客的欢心?她把从彼酥斯、莱特桑和约葛勒等处来的少年都勾引了去。车夫们不惜绕着远道在她的门前经过,但是我呢,终日看不见一个灵魂,只凄凉地在此在守着,心儿一片片地破碎。"

她迷惘地、冷冷地把这番情形述说,她的前额还紧紧地压着玻璃,显然是由于对面店里的事情能引她的注意。

突然间,大道的那边起了一阵骚动,驿马车轧着尘灰向前移动了。我听得鞭声在空中爆裂,御者的角声呜呜,跑到门外的女孩们都喊道:"再会呀!再会!"那里又发出一种洪亮的歌声,压下了别的声音,就是我刚才所听见过的——她手提灿烂的银瓶,轻盈地来向井边,远处有三个兵士走近,这时她还没有看见。这歌声飘来,使女店主听了浑身颤抖。她回过身来对我说道:"你听见没有?那就是我的丈夫,唱得好吗?"我茫然望着她。"什么?你的丈夫?你说他也上那边去了吗?"

她脸上现出伤心的神情,但又柔声答道:"你怎能猜得着呢?男人都是这样的,他们不愿看人对他悲苦;我自从两个女孩死后朝夕只是悲泣。这所屋里充满了忧郁和苦痛,自然更没有人肯来了。他受不了这样的烦闷,我可怜的约瑟就跑过大道去喝酒了。为他有一口好嗓子,那阿莱的女人就教他唱歌,听啊!他又在那边唱了。"

她僵直地站着,神魂恍惚,抖着,两手伸张,泪珠颗颗地从颊上滚下,她越显得难看了。她在静听她的丈夫和阿莱的女人合唱:"第一个人问她说道:'好哇,我美貌的客人?'"

别惹绵羊

✽梅花牛

小时候见识比较少，不会去争论张飞和关羽谁的武力值高，但小伙伴们会对周边的动物做品评。

比如鸡和鸭谁更能打，这个问题就能争论一小时。因为鸡的嘴尖，鸭的嘴扁，看似鸡胜过鸭。但鸭子体形大，力量强，未必打不过鸡。再考虑到鸭子善水战这一因素，谁胜谁负真的很难预料。

我们曾把一只公鸡和一只公鸭关到一起，想让它们打一架，但它们俩各说鸟语，鸡同鸭讲，就是不打架，遂作罢。

其实争论得最激烈的是山羊和绵羊谁更能打。我认为山羊更能打，因为山羊的角比较直，冲突起来，可以直插对手要害。绵羊的角却弯得像个大耳环，除了装饰，没什么用处。

老八则正好相反。他认为绵羊粗壮，力量强大，且毛发卷曲厚密，防御力高，胜算较大。

我们常因此事争论不休。

那年我们都只六七岁。一日我俩和一群老头儿在村头蹲在墙脚聊天，恰逢书昌的女儿赶着她家那十几只绵羊经过。那时正逢盛夏，空气闷燥，气味氤氲。绵羊们一边欢叫一边拉屎，惹恼了老八。

老八顺手捡起一个干土块儿向头羊丢去。

绵羊温顺，虽被打中脑门，却只是惨叫一声，继续赶路。

书昌的女儿生了气，冲老八骂了一句："贱种！"

需要解释一下。在我们那儿，"贱种"相当于普通话里的"手真欠"，算不上恶毒，只是表达厌恶。

但老八继续当贱种，站起来追了几步，又扔出土块打中了另一只羊的屁股。

头羊都不计较，这只羊更是没吭声。

老八两击得手，心情兴奋，就地捡起一块石头，又丢向羊群。

这下打中了一只小羊羔。那只小羊羔出生不久，跟在妈妈屁股后面亦步亦趋，东张西望。哪知飞来横祸，正中后背。虽未受伤，却吓得不轻，惨叫着躲到妈妈肚子下面。母羊正在赶路，冷不防孩子钻来，又把自己绊了一个趔趄。

老八看羊群被他搞乱，高兴得哈哈大笑。

结果隐忍不发的头羊突然转身，向老八冲来。老八见势不妙，转身要跑，但一步都还没迈出，便"啊"的一声，被撞翻在地。

头羊撞翻了老八，却未收手，用头抵着老八，一路向路边的水沟冲去。

老八被顶得连滚带爬，胳膊和腿都蹭得鲜血淋漓。

所幸，头羊给了面子，在水沟旁边止住脚步。只是老八的短裤被弯弯的羊角挂出一条长长的口子，屁股蛋看得清清楚楚——可知，绵羊角虽然弯，却并非毫无用处。

老八躺在水沟边号啕大哭，上气不接下气。

从那天起，我再也不敢小觑绵羊。

阿雅的故事

✽张 炜

①

外祖母给我讲过的故事数也数不清。但最令我难忘的是那个叫阿雅的小兽的故事。外祖母很神秘地告诉了我一个朴素的、然而在当时足以令我大惊失色的道理：所有的大户人家，要想获得长久的幸福，一辈又一辈过得富裕、衣食无忧，那就必须暗暗结交一个有特异本领的野物。有些野物总是具备我们人类所没有的神奇本事，比如说，它们能够暗中护佑这户人家无灾无难，辈辈平安；个别本领超群的，还会在这户人家毫不注意的时刻搬来一些东西。

这种叫阿雅的小兽，长着黄色的皮毛，光亮得像缎子一样；它的尾巴粗粗的，毛儿蓬松；它的鼻梁从脑瓜那儿往下拉成一道直线，很尖很尖；小小的鼻孔，尖尖的牙齿，灵活到极点的身躯……它的聪明是世上所有动物都比不过的。

有一户人家就养了这样的一只小兽，世世辈辈都养，他们称呼它的时候就像发出了一声悄悄的叹息：“阿——呀（雅）——。”

阿雅成了这户人家的一个成员。他们把院门木槛下边锯出一个洞，正好能容那个小兽进出。这户人家在过年过节的时候从来没有忘记在屋角多摆上一份饭菜，那就是给从不轻易露面的那个特殊家庭成员准备的。当宴席散了时，再到屋角去看看，那份饭菜真的被动过了。不过只动过一点点。“阿雅”并不需要吃这样的盛宴，它不过是为了满足这户人家的一片心意，就随便吃了几口。

②

外祖母讲过这其中的奥秘，她说：“那些小动物们固执地认为，只有找到一户人家才有最好的报应，

它们到来世的时候也才有可能转生为人。”

有一个大户人家就交往了一只阿雅，当这家的老祖宗知道自己将不久于人世的时候，就特意到阿雅的洞穴边祷告了半天。为了不让家道衰落，他求阿雅千万帮衬他的儿孙们，他们每一代都忘不了它的恩情。老祖宗走了，这个大户人家的另一个时代开始了。

他的儿孙们，就像他们的老祖宗做过的那样，每天晚上在窗台放一个瓷碗，里面盛了半碗清水。他们都习惯了，也都知道，在半夜时分，将有一个小兽从很远很远的地方噙来一颗金粒，将其吐在碗里。那时候所有人都要装作什么也不知道……

阿雅具有一种超凡的本领，它能够一口气跑到南山，在大山里找到常人辨认不出的金粒，然后再在天亮之前赶回来，把它吐到那个水碗里。

它有时沿着河畔往大海的方向跑——那里没有黄色的金粒；可是它惊喜地发现，那里有被河水冲刷出的白色金粒。在它眼里白金粒比黄金粒更为宝贵。于是它就噙着回来了。

可惜这户人家的后代只认识黄金。他们认为如今落进水中的只是一些银白的沙石罢了。第一天早上，当主人洗了脸到窗前去端水碗时，发现了这颗白金粒就大失所望，一气之下把它泼到了地上。这一次他有点儿隐隐的惧怕，预感到有什么不祥的事情要发生。接连两天，水碗里都只是一颗白金粒，他同样愤愤地把它泼掉了。

最后这户人家终于骂起来。他们认为阿雅变心了，或许是被另一户人家收买了去，这会儿在存心嘲笑他们，糟蹋他们。

开始的时候，主人在阿雅的洞穴那儿祷告，再到后来就是威吓。他说：“我们供养了你一辈子，想不到你这么坏，这么没有廉耻，如果再这样下去，我们就废了你的洞穴。”

隔了一天，他再去看水碗。发现清水里又一次有了那个银白闪亮的东西。他骂着，狠狠地把它泼到地上。这一天，这户人家的主人把全家老少都叫到一个角落里，互相使个眼色，然后提着铁锹，拿着木棒，悄悄地向屋子西面的草垛子围过去。他们想把它从洞穴里捉住——根据大户人家自己的原则，如果那个野物一旦变了心，就必须想办法把它铲除，不然的话会留下后患。洞穴全部挖开了，那是一个长长的曲折的洞穴，最里面是圆圆的一个大窝，铺了细细的茸草。

阿雅跑了，这个狡猾的东西早就听到了风声，它跑了。

阿雅一夜一夜不能安睡，它哭哇哭哇，整个林子都被笼罩在它的哭声里。这户人家只是恨着它，他们怎么能知道，当它失去了自己的主人时，灾难就降临到它的身上了。它有巨大的委屈不能吐露。因为它没有一种语言可以和人沟通，简直是悲痛欲绝，恨不得把自己身上的毛发全部揪光。

它想起了与这户人家久远的友谊，想起了与他们相处的欢愉和幸福的时光，想起它对老祖宗曾经发过的誓言：永远也不背叛他们。可是从今以后它能再做些什么呢？最悲伤的莫过于这个时刻了。往日劳碌中它过得多么快活，简直什么都可以忘掉；它享受了整个林子的尊敬，它的愉快和甜蜜连星星也会嫉妒……它痛苦，犹豫，最后发现只有从事往日的劳动，才能免除一切不幸和懊恼。于是它重新奔向了高山大河，重新噙起了白金。

刚开始，它还想找到那种令主人痴迷的黄色金粒，可它寻了一生，早已把遍地黄金寻了个干净，真的再也找不到一粒了。它只得小心翼翼地噙着那颗白金粒，踏上了熟悉的归路。

它又要迈进那户人家的门槛了，可是刚刚走近，就发现留给它的那个通路已经罩上了一张险恶的网。它身上像被烙铁烙了一样剧烈一抖，赶紧退回来。多么冒失啊，如果一不小心进去，就会被网上的暗扣给死死缚住。怎么办呢？它蹿上院墙，又小心地滑下来，然后跃上窗户——那个水碗还在。这一回它聪明了几分，先仔细观察：它发现水碗的下面、离水碗不远处，隐下了什么可疑的东西。那个东西它从来也没有看到过。它借着月光端量了许久，后来终于看懂了，那是一个弹力十足的铁夹子。也就是说，当它走近那个水碗的时候。铁夹子就要打下来，它就会被活活夹住。多么可怕呀，阿雅在窗台四周急急奔走，许久才战胜心中的恐惧。它有好几次想小心地绕开这些危险，把白色金粒吐到碗中的清水里，但还是忍住了。最后它只好噙着它的收获重新跑回了森林……

3

又待了一天，它实在忍受不住这煎熬，终于下了决心。一定要把口中的白金粒吐到那个水碗里，它不能违背自己的誓言。就这样，它重新来到了那个大户人家的院落。一切如旧，水碗还在那儿，不过那仍然是一个诱饵。陷阱也在。它小心地、凭着无比的敏捷跳到一边，然后又一点点地往前挪动。它想用小小的前爪踏着铁夹的缝隙往前挪动。眼看就要成功了，它尖尖的鼻子马上就要沾上水碗了。可就在这时，砰的一声，夹子的机关被触动了，冰凉的铁夹牢牢地扣住了它的前爪。

在那最后的一刻，它差不多听见了骨头折断的咔嚓声。

夹子声很快引来了一群人。他们举着火把跑来，连连说："逮住了，可恶的东西。"他们提着夹子，连它一块儿提起来。

可怜的阿雅不省人事，小小的鼻梁抽动着。就在一家人七嘴八舌议论怎么处置它的时候，它慢慢睁开了眼睛。它的智慧在最后一刻帮了它的忙：它故意没有把眼睛睁大，而且用力屏住了呼吸。这户人家里最小的那个小人儿伸手抱住了它，说："我要玩，我要玩，我要它。"

年龄最大的那个老太太劝说着，他们就扳开了夹子，把它取下来。可是他们还紧紧地握着它的前爪。那个小家伙把它抱在了怀里，对着它的嘴吹气，想让它转活过来。它心里多么感激呀，可是折断的前爪钻心地疼，它用力忍着才没有呼喊出来。

小家伙摆弄了一会儿，见它没有转活，就把它抛到了一边。这会儿那个年老的人取来一根绳索，说趁着它还没有转活过来把它绑了吧，免得再跑掉。另两个人在一边议论说不如干脆点，于是去找刀子。就在那一刻，阿雅奋力站了起来，在他们还没有来得及发出惊呼的当口，就用剩下的完好的一对后爪使劲蹬了一下，腾地蹿了起来。他们连连惊呼，它就在这呼叫声里一口气蹿上院墙，一拐一拐地洒着血滴跑开了。

它一口气跑进了森林，永远告别了为人类服务的历史。

这就是阿雅的故事。

锦袍

亦舒

林舜芳在十六岁那年跟外婆去算命。

能知过去未来的是位外表寻常的中年妇女，问清楚了出生年月日时辰，那位女士取出一只小算盘，清脆地上上下下拨弄了一会儿，女士得到了一个数字。她取出一本线装书，“嗯，第一四七条。”翻到其中一页，又唔了一声，把那页书摊开来给她们看。

舜芳年纪小，好奇心强，立刻伸长了脖子看。

外婆问：“这是我外孙女的命运？”

那女士答：“是。”

图画像烙印似的刻入舜芳脑袋——只见一个古装女子身披一件异常华丽的锦袍，站在一条河边，凝视对岸，神情寂寥。

外婆有三分喜悦：“这表示我外孙女命好吗？你看图中袍子何等华贵。”

那位女士笑笑。

外婆问：“不是吗？”

“可是，你看，袍子上有破洞。”

外婆看仔细了，哎呀一声。果然，图中锦袍前前后后穿了三个大洞。外婆明白了，“她父母丢下她不理，的确是生命中一大遗憾。”

舜芳反而笑了，“有外婆这样疼我，还有什么关系？”

那位女士一听此言，颔首道：“小妹妹如此乐观，生活中没有难题，所以有锦袍可穿。”

舜芳哪里相信此等村言野语，一笑置之。

外婆却忧心忡忡问下去：“其余的破洞，又代表什么？”

“天机不可泄露。”

少女舜芳紧紧搂住外婆双肩，在她心中，外婆给她的爱，便是她一生中那件锦袍。

考大学那年，外婆急得团团转，“写信

给你母亲，叫她支持你。"

舜芳笑，"外婆，我拿奖学金如囊中探物，唾手可得。"

舜芳一点儿也不夸张，她的成绩优秀，入学注册时校方人员笑逐颜开道："原来你就是新科状元。"更不知多少家长追着请她替子女补习，收入不菲。

所以，人人都应当争取上大学。一张文凭，进可攻，退可守，也算是锦袍加身了。

舜芳刚找到工作，外婆去世。

一直在病榻旁保持镇定的她在办完大事后险些垮下来，素服静默，楚楚可怜，上司爱默生对她分外照顾，不避人言。

爱默生已有家室，他俩的感情不可能公开。他提拔栽培她不遗余力，一直到今日，林舜芳都承认没有爱默生的话，她起码要多挨十年。

爱默生在退休之际说："舜芳，你的地位已十分稳固，我明年要告老还乡，你还有什么要求，现在可以提出来了。"

舜芳慨叹："这几年过得好快。"

"岁月一向宛如流水。"

"你好似十分向往退休生活。"

"是，多年商场打滚，已经看够。"

舜芳黯然握着他的手。

爱默生说："舜芳，这几年来，委屈了你。"

"人人都说林舜芳利用了外国人。"

"那洋人却得到一段温馨的感情。"

"原本我们可以结婚。"

"我将退休，收入不多，你何必跟着一个那样的人。"

"答应我，你将终身做我师父。"

"我已把全套功夫传授给你。"

舜芳饮泣。

爱默生温和地说："记住，喜怒莫形于色。"

舜芳想起锦袍上的破洞来。多么贴切，多么逼真，多么传神。

她还记得那个地址，于是找上门去。

奇就奇在那位中年女士的外形一成不变，岁月对她没有影响。

记下了舜芳的出生年月日时辰，叫她随意布施。

舜芳放下钞票。

她打过了算盘，说道："第一四七条。"

翻开线装书，仍是那幅图画，此时看来，却不是好兆头。

舜芳问："这是什么意思？"

那位女士模棱两可地答："锦袍总比破衣好得多。"

"她在看什么？"

"人生总有盼望。"

"她会得到渴望的一切吗？"

那位女士看着她微笑，"你得到的已经不少。"

舜芳心一惊，问不下去。

那位女士说："今天到此为止。"

舜芳静静离去。

她不知道那位女士记不记得她，画仍是那幅图画，锦袍上三个破洞十分醒目，她的命运并未因努力而改变。

林舜芳在事业上堪称一帆风顺，她又乐意照顾同学，尽可能揽在身边做亲信，其中当然也有无信之人，她却不介意，"好人总比坏人多"是她的口头禅。

然后，谣言道："听说林舜芳要结婚了。"

那人叫沈培生，美籍，相貌端正，相当讨人喜欢。女性到了某个年龄会渴望结婚生子，舜芳正是那个年纪。尽管朋友希望她看仔细一点儿，她却说："逢人总得结一两次婚，不妨。"

大家见她心意已决，也都不说什么。

舜芳翌年就结了婚。

她从头到尾没有太多时间给沈培生以及家庭。遇事沉默单独思考，把伴侣关在门外，天地万物，只有工作最可靠。

沈培生沉默了一年，终于告诉她："舜芳，我们不如分手。"

舜芳完全意外，她一直还以为自己是个负责任的好妻子。

"你不满意现状？"

"这根本不是婚姻生活。"

舜芳的态度似与下属开会："依你说，应做出何种改革？"

"舜芳，放弃你目前的工作态度。"

舜芳一愣，接着笑了，像是听到世上最不可思议的事一样。

"不行。"

沈培生颓然，取过外套，出门去。

"男人没有事业是不行的吧？"

"女人也是。"

舜芳着手处理离婚手续。

沈培生轻轻说："舜芳，各人退一步……"

舜芳十分冷静地抬起头来，"我从不退步，我若动辄后退，便没有今天。"

同年，舜芳在公司拿到的奖金，达七位数字。但是，她不知与谁分享这个好消息。

碰巧，沈培生约她出来，她便欣然赴约。

"培生，我要告诉你一件事。"

"我也有事同你商量。"沈培生说，"舜芳，我打算再婚。"

什么？舜芳反应过来，说："恭喜恭喜。"

那一个黄昏，她站在可以看到海景的露台上凝视对岸灯光。其实所有人都似一件千疮百孔的锦袍，而此刻她呆滞的神情，一定像极了图画中那个女子。

电话铃响了。

由美国总公司打来，要求在电话中开一个短暂会议，舜芳立刻忙起来。等到她觉得累，又是好几年之后的事了。

沈培生已经有三个孩子，全是男孩，异常顽皮。"你比从前成熟多了，与你相处，真是愉快。离开你，我有时也会后悔。"

舜芳立刻警惕，他这样说，就得疏远他，过去一切，必须随风而逝。

"听说，你与梁超明过往甚密。他这个人，据说是个混混。"

舜芳笑说："某一个程度上，我们都是江湖上的混混。"

梁超明要创业，想利用林舜芳的人际关系。她若不肯帮他，哪里还留得住这个英俊狡黠的年轻人。

这一点，舜芳自然很明白。

梁超明有意无意叫她投资，舜芳考虑很久，答应参股百分之三十。

梁超明仿佛有点儿失望。

她的得力助手看不惯，劝道："干吗花这种冤枉钱？"

"当帮一个朋友。"

"世上多的是朋友。"

"他能使我笑。"

助手叹道："那就无话可说了。"

生活中最要紧的是欢乐。可是，舜芳这时也已有灵感知道，梁超明不是她锦袍上的花，而是第三个破洞。

她再一次回到那个旧房子去找那位仙姑。

有人打开门来，是一个年轻男子。

舜芳说："我从前来过，住持是位中年女士。"

"啊，"那年轻人不经意地说，"她退休了，生意顶给了我做，一样灵。"

这时，电话铃响了。那继承人跑到另一间房去听电话，站起时把一本书碰到地上。舜芳的目光落到那本书上，咦，那不是她翻过两次的线装书吗？

风吹过，书一页一页掀动，舜芳看到内容，怔住了，一页一页内容完全相同，全是女子身披穿孔锦袍向江边凝望，无论是第一四七条或第二〇五条，全部一样。

舜芳忽然哧一声笑出来，江湖伎俩？她吁出长长一口气，黯然放下一张钞票，开门离去。看样子谁也不能为她指点迷津，而生活总得靠自己，不然的话，袍子上绝对不止三个大洞。

回到公司，她站在落地长窗之前，凝望对岸。半晌，她请助手进来，"请取消梁超明投资个案。"

助手听了，松一口气。

"你一直不赞成吧。"

"从来没有同意过。"

舜芳笑笑，"原来，袍子上的洞，可以弥补。"

助手莫名其妙，"你说什么？"

舜芳说："开会时间到了。"

再遇

石川乔司

终于见到您了！

昭子满怀眷恋地看着眼前那人。这一找就是50多年哪。

当时才20岁出头的小伙子，现在已成为年近80岁的垂垂老者。

那也没什么奇怪的，当年才5岁的我，现在不也是个年逾60岁的老太婆了吗？

为参加亡母13周年忌辰祭拜，昭子坐上了开往东京的中央直达特快列车。从上车的那一刻起，她就有一种异样的感觉，没想到邻座竟然是她苦苦寻找了多年的那个人。这肯定是天上的母亲在牵线搭桥。

先搭话的是老人。

“那个，请问你到哪儿？”

“您好。我坐到终点，您呢？”

“我也是……唉，是我糊涂了，这车本来就是直达终点，半途不停的。”

二人你一句我一句地说些不着边际的话，都在自嘲落伍于时代了。这时候，对方眉宇间的黑痣引起了昭子的注意，她的心脏剧烈地跳动起来。

老人一边讷讷地说着话，一边凑近昭子：“我是有生以来第一次坐这车，请多多关照。”

“啊，我也是第一次呢，该是我请您多关照才对呀！”

二人彼此低头致礼的时候，老人头顶上两个并排的发旋映入了昭子的眼帘。

老人理成平头的白发中，两个样子奇特的发旋特别惹眼。昭子觉得自己的心脏快要跳出嗓子眼儿了，记忆的闸门顿时被打开……

兵荒马乱之际，昭子和母亲挤上了一列超员的夜行列车。车厢里拥挤不堪，连过道上都站满了人。唯有昭子不受影响，还觉得很好玩，因为有一个身体结实的高个子兵哥哥驮着她。她朝下一看,发现兵哥哥的发际渗满汗水,头顶中央并列着两个奇特的发旋。昭子突然产生冲动:“将来我一定要做这个兵哥哥的新娘。”列车在黑暗中不停地前进,前进……

后来,昭子从母亲口中知道了当时的艰难处境。那是1945年秋天的事,他们乘坐的是东海道线的列车。当时交通十分不便,特别是长途旅行,尤为艰难。母亲接到娘家发来的“父亲病危”的电报后,攥着好不容易搞到手的火车票,带着才5岁的昭子,离开九州的婆家赶往远在枥木的娘家。

那时候母亲肚子里还怀着弟弟,车厢里拥挤不堪,连生性要强的母亲也快撑不住了。就在这时,一个像是复员兵的年轻人向她伸出了援手。年轻人让昭子骑在自己的脖子上腾出空间,自始至终保护着母亲不被周围乘客挤倒,一直到东京终点站……

受到如此体贴的照顾,母亲感激不尽,但东京车站人流汹涌,秩序混乱,母亲还来不及道一声谢,就同年轻人走散了。这成了母亲一生的遗憾。从那以后,她就凭着当时年轻人说过的一句“我叫中村”这唯一的线索四处打听他的下落。但直到最后,母亲还是带着遗憾离开了人世。

“如果找到他,你一定要代我谢谢他……”昭子牢牢记住了母亲临终时说的话。

现在昭子终于同恩人不期而遇了。望着老人的脸,昭子的视线渐渐模糊起来。

“你是有什么担心的事?”老人微笑着问,同时若无其事地将手搭在了昭子肩上。

“没……好久不见,中村先生。”最后几个字她是带着哭腔说出来的。

“哎?”老人脸上掠过一道惊异之色。

“您大概已经忘了,毕竟是50多年前的事了……”昭子下意识地触摸老人的手。

随着真相渐明,老人的手开始颤抖起来。

昭子的话一说完,老人就重重叹了一口气。

“这真是奇遇呀!我也一直记着呢。从硝烟弥漫的战场一回国便遇到你们这对幸福的母女。”

说完,老人便不再言语,似乎在沉思什么。过了一会儿,他又嘻嘻地笑起来。

“之所以忘不了,还因为当时你骑在我脖子上撒了泡尿呢。”

“啊,是吗?”昭子被这意外的话羞得满脸通红。

“一闭上眼睛,那时的情景就浮现出来。你稚嫩的小脸,还有你母亲的模样……你母亲长得真漂亮。”

“要是母亲在世的时候能听到这样的话该有多好。”

时间在慢慢流逝。说不定眼下这趟特快列车疾驶的线路,正是56年前载着20岁中村和5岁昭子的破旧火车开过的线路。车窗外,似乎可以看见那时黑暗笼罩下的凋敝景色。

“56年哪!记得母亲常常说,中村的头文字是N,咱关姓的头文字是S(N和S分别是日汉字‘中’和‘关’的发音声母),这也是磁石的北极和南极,互相吸引,照理我们的命运是连在一起的,可为什么总是找不到呢?在这里见到您,大概真是磁力的作用吧!这么一说,我还真觉得自己的身体悬浮着,离开地面有10厘米……”

昭子说出这番像是酒后的醉话,连她自己都觉得奇怪,而老人则一直沉默不语。他在苦苦思索着,56年前与眼前这个女人擦肩而过,半个世纪后竟又重逢,各自却有着完全不同的人生轨迹。

在复员回乡的列车上,邂逅一对幸福和睦的母女成了他走向沉沦的起点。他千里迢迢回家后发现,在战败导致的穷困中,挣扎的父亲、母亲、姐姐彼此反目。不久,灾难又频频降临这个破败的家:父亲因甲醇中毒失明,母亲跟着别的男人私奔,姐姐被占领军污辱,最后,他自己也离开了家。

他在想:“你们怎么找得到我呢?我人生的大部分时间是在高墙里度过的……”

老人自嘲般地歪着嘴,他现在面临的难题是,如何将刚才摸到手的钱包重新放回去而不被对方发觉。

不管是从前还是现在,列车都是载着不同的人生在疾驶。

如果是现在，我愿意推着自行车，在明月高悬的秋夜，走在杨柳风里，一步一步地走回故乡，是的，我愿意。推着车，与自己谈谈，与堤下的野鬼们谈谈，与星空谈谈，与这个世界谈谈。

骑自行车翻山越河

舒飞廉

第一辆自行车的出现，三十年前，对我们家来讲，算是现象级的大事件。我父母不到三十岁，已经生育了四个孩子。乡里伢，只愁生，哪愁长，转眼都蹿得白杨树苗似的。砍柳树做几把椅子坐，锯枫杨拼张床，吃饭是多加几双筷子，穿衣服是妹妹接姐姐，弟弟接我，去小学校读书，搬个炕桌去。只有学杂费，虽是几块钱，但集中到一起，父亲也会有“供给侧”的压力吧！责任田是三亩七分，不增亦不减，两季水稻，一季小麦，一季棉花，一季油菜，温饱衣食所系，马虎不得，却并不太能生钱。想额外致富，除了靠母鸡轮番下蛋，其唯种菜乎？父母开辟出半亩菜园，以灌以溉，茄子长黄瓜短，豆角苦瓜挂成串。傍晚，母亲去菜园将长成的蔬菜摘回家，由我们兄妹条分缕析放到筐子里，第二天大清早，父亲在煮粥般的鸡鸣里起来，披星戴月挑去附近金神庙、朋兴店、涂家河等集市上卖。

手提肩挑，劳神费力，我父母用开菜园换来的钱，买了一辆永久牌黑色二八式自行车。父亲很快就学会了骑车，堪堪挂两只菜篮子在后座两边迤逦去赶集。母亲却遇到麻烦，在西边的稻场上折腾了两三个月，我们一松手，她蹬着踏板滑行出去，依然是腾云驾雾，好像骑的是一头野猪。稻场那时候就是我们村的自行车“驾校”，夏天里，夕阳下，落日熔金，一团团的蚊子引来蜻蜓、家燕与“盐鼠佬”在空中翻飞，卷妥棉花箔子，收完晒谷，我们在空场上学车。唉！我十二三岁，身量又小，也就是比车座高出一篾片，这上海来的钢铁侠牛魔王，别扭笨重，与它做到“人车合一”，何其难哉。先是端着车龙头小心翼翼地推，接下来将左脚立在左踏板上蜻蜓点水滑，能够稳稳地溜出几丈远后，才可以将右脚由三角形车杠里伸过去，踏住右边的踏板，一耸一耸鸡啄米似的踩出半个圈，驱动自行车前进，接下来骑横杠，直到勉强将屁股欠欠安到车座上。

终于能骑出稻场了，顺着大路去陶庙的供销社，去匡埠，何砦，蔡家河，殷家湾！我们这种河畈地，田野中间的大路用沙土夯成，两边向路中央爬出绊根草，夏天的暴雨，会在路边上咬出大小坑，但在坑与坑之间，会有一条曲折如蛇的“路中路”，打足气的轮胎啃啮路面，沙沙响，像小牛吮奶，蚕吃叶，蛇蜕皮。更妙的，是在田野间猪小肠一般的小路上骑行，小路油光水滑，没有水凼，可以顺风骑得飞快，路两边是灌浆期的小麦，南风吹在麦巷里，吹在湿汗淋淋的脊背与头发上，青蛙蚱蜢固然是吓得慌不择路，之前狗总是不很耐烦地跑在我们前头，现在它看着自行车上的小主人，望尘莫及自愧不如。至于在麦垄里出没的野兔与黄鼠狼，看到骑行的“天敌”们，心里也是直打鼓。魏家河算命的魏瞎子听我们啸聚绿林，拄着竹竿站在路边发抖，身体如风中落叶，嘴巴问候我们各家的祖宗十八代……就这么大路不走走小路，骑着骑着，钢铁侠渐渐变成小飞侠，牛魔王亦归化为家里温和的老水牛，与我们的身心与四肢混同在一起。这样的技进乎道，由渐悟累积出来的顿悟，对于当事人，除了一点千里快哉风，其实多半是疼痛与血泪。摔了多少跤，跌了多少跟头？要是须菩提师父将咒语告诉我们，筋斗云我们也学会了吧？好在青蛙蚱蜢黄狗野兔无法变身成交警，不看驾照也不罚分，就是宝贵的自行车，被摔到鼻青脸肿，也用不着送去4S店，悄悄地将父亲的小木箱提出来，扳手起子小铁锤，取弯就直，补个螺丝什么的，容易。到后来，补胎、修刹车片、接链条这样的技术活，也不必去看父亲的脸色，自己埋下头，一脸油汗鼓捣一番，渐渐也觉得修个车，并不比杀一只鸡，剖一条鱼更难。

可是父母愿意交出自行车给我们骑行，绝非是为我们荡路游赏、冯虚御风，一如聚斯金德《夏先生的故事》里的那个毛头少年。与我儿子现在骑的那辆黑色的公爵自行车比较，二八式永久最大的不同，就是有一个结实的后座，牛牯长大了要套上轭头学犁田，尔长高了，学会了骑自行车，其实是为了带人载货，去赶集不是？我接受的第一个任务，是带学车失败的母亲去肖港镇看戏。那时候会有楚剧团与黄梅戏团到肖港镇演出，母亲迷上了他们的悲迓腔与苦情戏，秦香莲翠花女一开口，她就泪下如雨。步行到镇上，得两三个小时，要是骑车，半个小时就够了。我不爱看戏，却喜欢骑车啊，由梅家河上小澴河堤，堤边杉树成林，再由汪家竹园下堤，经过小澴河窄窄的磨出深槽的石桥，再爬上对面的河堤，这样过山车般一上一下，就到了肖港镇，我对这一段U形长坡的喜欢，彼时绝不亚于二环十三郎们对午夜北京二环线的爱。起初还会在母亲的提醒下带一点车闸，到后来就净顾着羽化登仙，哪管它前路多舛，终于有一回，将母亲由后座上颠下来，落到坡前灰尘堆里。好在当年母亲还年轻，身体灵巧，小半天挣扎起来，将我这个小短阳寿的骂半天，一瘸一拐走去镇上看戏。以后她叫姐姐骑车送她，再不征召她这大儿子反贼薛刚我了。

摔疼了亲娘，不算啥，最窘的一次，是摔到一位女同学。初二的下学期，教语文的章老师准备带三个同学去镇上参加作文竞赛，两个女生，一个男生，男生是我。老师计划骑自行车，也是经过那个U形好汉坡，老师带一个女生，我带另一个，老师问我行不行，我说没问题，心里万马奔腾地激动——那个将要坐在我车后座上的女生，单衫杏子红，双鬓鸦雏色，借《少年文艺》，翘兰花指与我一起办黑板报，我暗恋她，已经快一年了。为了迎接那个周末，我每天练车到天擦黑。万全准备之下，那天我带着女孩子，不紧不慢跟在老师车后，但在绕过堤上的水洼时，还是车龙头一晃，连人带车扣倒在堤面，我趴在车架上，女孩子趴在我身上……我赤红着脸由堤林间的小路下到河边去洗手，河水如镜，掬尽西江水，难洗今日羞！我一边洗手一边想，是不是晚上要拿一个手电筒来这里，将看到我摔跟头的麻雀与阳雀都捉到袋子里烤吃了。

那一回其实也只是面子上不好过，爬起来，正一正龙头，女生乖乖坐好，骑上继续走。我骑车史上最麻烦的一次，发生在初二的暑假。父亲冷眼旁观，觉得我可以上路与他一起去卖菜了，那一年我们在菜园里种了很多土豆，如果不及时卖掉，它们就会毫不客气地长出紫芽——我十三岁了，虽然作文写得不错，但彼时成为作家的可能性，比成为一个菜农的概率，大概只有后者的万分之一吧。我和父亲闻鸡起床，将两袋土豆挂在车后座上，父亲用借来的邻居大伯的飞鸽自行车。两袋土豆加起来一百多斤，并不比人轻，但它们不怕摔啊。土豆两角钱一斤，驮到涂家河集卖完，可赚二十元钱，并不是小数字，所以我带着它们骑行在小澴河堤的杉树林里的时候，觉得一颗一颗土豆，比天上的星辰还要金贵。星光照夜路，并不够用，打手电筒骑车，也不可能。父亲熟门熟路，他知道十里八乡的每一道沟，每一道坎，我可是一个骑车卖菜的素人啊！终于有一次，骑车冲出堤面，一头栽到了漆黑的杉树林里。如果不是一棵好心的杉树果断将我拦住，我会飞跌进星光下的小澴河，趁势将两袋土豆洗得干干净净吧。电光石火间，车卡在树干丛中，我的身体由龙头前面翻滚下来，落在地面。杉树的针叶将脸面与手臂刮得生疼，但最疼的地方，还是来自我的两腿之间。父亲将车往地上一撴，反身跑下堤，将我由地上拉起来，手由短裤的松紧带往下伸。令人蛋碎的往事，不是吗？还好，只是疼。奇怪的是，后来父亲讲起这件事，他记得的，是我蜷在杉林间，抱着脑袋，以为是我撞到头了，他说："得亏没将你的头撞坏，不然你哪里考得上什么大学啊，这是祖坟里的先人在保佑你！"记忆果然是在默默地向我们愿意的方向修正。

第二年我考上了孝感一中，做菜农的事情变得渺茫。父亲给我买了一件新衬衣，还将自行车送给我，他自己买了一辆新的，不是舍不得新车，他是觉得旧车没人偷。我十四岁，初来乍到，满城桂花香皂气味里，特别想家，星期六的晚上，下了课，常常一个人骑自行车，沿着澴河大堤回家。笔直的河堤，堤下是垂柳、水杉与白杨，黄昏渐阑，澴河清碧如带，世界开阔明净。所谓悄过市堤人不识，一星如月看多时。二十里路，一个多小时，汗流浃背回到家，吃母亲留好的夜饭，在破旧的木床上小睡几个钟头，天不亮，又起床骑车回去赶周日早上的功课。十四五岁少年的精力，大闹天宫都够用，不是吗？有一次，我骑出孝感城，柳枝上圆月如同金盆。归心如箭，自然也是车行似箭，听任蚊蚋阵阵扑打在脸上。离城已远，脚下失力，咯噔一响，我心说不好，果然是链条断掉了。

如果是现在，我愿意推着自行车，在明月高悬的秋夜，走在杨柳风里，一步一步地走回故乡，是的，我愿意。推着车，与自己谈谈，与堤下的野鬼们谈谈，与星空谈谈，与这个世界谈谈。可是三十年前，恨不得长出翅膀的我……我沮丧地推着车，失魂落魄，汗水流入眼里，稻芒一般刺疼，丧家之犬莫过于此。堤外各个枫杨掩映的村庄，晚炊的烟气已经消散，油灯一盏盏灭掉。我鼓足勇气将车推下堤坡，推进一个陌生的村落，在激动的狗吠里，敲开了一户还留着灯的人家。我印象中，那个取来钉锤、老虎钳与扳手，蹲在堂屋一角帮我接链条的大叔，有一点像后来我妹夫的父亲，长脸膛，短头发，脖子里有一个疣子。我举着他家的柴油灯，照着他敲敲打打，其实我自己会，他坚持要帮我接。接好链条后我道谢，风驰电掣往家赶，还是晚了，母亲已经打着手电筒等在村口。

我到武汉读书工作后，乘公车，坐地铁，自己开车，周末也会骑着儿子的那辆公爵去沙湖公园逛逛。有时候想起那一辆自行车，人生中的第一辆车，它现在在哪里？就像我养过的牛、猪、鸡，都已经先我进入了下一个轮回吧。我曾凭借着它们生活在家乡。

翻山越河的少年时代，我特别不能忘记澴河堤下的那盏油灯。海子诗里讲："陌生人我也为你祝福，愿你有一个灿烂的前程。"我就是被油灯祝福过的那个陌生人？妻子是我高中同学，孝感人，婚后我曾随她回她老家看，那天我惊讶地发现，澴河堤下一个枫杨掩映的村庄，赫然就是许多年前的惶惶秋夜，我决心下堤修车的那个村子……

黄 昏

\>>>>

✽萨 基

诺尔曼·葛尔特茨比坐在海德公园的长凳上，背向着公园栏杆围起来的长方形草坪。这是三月初的一个傍晚。暮色苍茫，笼罩着大地，只有那微弱的月光和星星的亮光冲淡着昏暗的夜幕。马路和人行道都空落落的。然而，就在这若明若暗的夜色中仍有不少被人们遗忘的小人物在活动着。他们有的荡来荡去，无声无息；有的把自己点缀在长凳和木椅上，一点儿也不显眼，在昏暗中，他们的身影已经无法辨认清楚。

葛尔特茨比此时心事重重，眼前的景色与他此刻的心情完全和谐。黄昏，在他看来，是失败者的时刻。经过奋斗仍不免遭到惨败的男男女女，在这日薄西山的时候纷纷出来活动。他们把失掉的好运、破灭的希望深深地掩藏起来，躲避着好奇者的寻根问底。他们寒酸的衣衫，压弯的双肩，忧郁的目光，在暮色中不会引起人们的注意，起码，他们不会被人们认出来。

长凳另一端，就在他身旁，坐着一位老先生。从他的神态里，可以看出他正在和社会抗衡，但是他的气概已趋衰退。坐了一会儿，老人起身离去。远去的背影慢慢消失在黑暗中。

空出来的位子几乎立刻就被一个年轻人占据了。年轻人衣着虽然比较考究，但是他面部的神情并不比那位老人开朗。新来的人一屁股坐在长凳上，同时嘴里还狠狠地骂了一声，吐字之清楚就好像是要强调：在这个世界上，没有一件事能使他称心如意。

“看来您心情不大好啊。”葛尔特茨比说道，心里揣摩着年轻人的这番表演准是为着引起他适当的注意。

年轻人转过身来，脸上的神情坦然得令人不能产生一点怀疑。但是葛尔特茨比反而因此一下子警觉了起来。

“要是陷入我的困境，您的心情也好不了，”他回答说，“我干了一件有生以来最傻的事。”

“是吗？”葛尔特茨比不动声色地问道。

“我今天下午到的伦敦，本打算在伯克夏广场的伯塔刚尼安饭店落脚，”年轻人接着说道，“可是到了那儿我才发现，饭店在几个星期前被拆掉了。旧址上盖起了一家影剧院。出租车司机给我介绍了另一家旅店，远一点儿，可我只好去了。我刚给家里人写完了一封信，告诉他们我的住处，就出去买香皂了——我讨厌旅店里的香皂，可自己又忘记准备了。我在街上溜达一会儿，在酒吧喝了杯酒，又逛了逛商店，然后转身回旅馆。就在这时候，忽然意识到，我根本没记住旅馆叫什么，更不知道它坐落在哪条街上。这多么尴尬！我在伦敦又举目无亲。当然了，我可以发电报给家里人，叫他们把地址告诉我，可是这封电报明天才能收到，而眼下我身上一分钱也没有了，我出来的时候，身上只带了一先令。买了块香皂，喝了杯酒，也就花得差不多了，我只怕要落得个流浪街头，无处栖身了。”

年轻人讲完这段故事后，出现了片刻沉寂。这种沉寂意味深长。“您大概想，我讲的这段遭遇荒诞无稽吧。”年轻人随后接着说道，语调里多少带着点委屈的口气。

“这事也并非不可能，”葛尔特茨比像法官审理案件似的说，“记得有一次我也经历过这么一件事。那是一个外国的首都。不过那次我们一行两人。事情显得更离奇了。幸好我们还记得旅店紧靠条什么运河。一找到运河，我们就顺着它找到了旅店。”

听完这段往事，年轻人的精神为之一振，“在国外，我还不会这么发愁，”他说道，“总可以找到领事馆，得到必要的帮助。可是在自己国家里，一旦陷入困境，真是束手无策。我大概得到河堤上过夜了，除非能找到个够朋友的人，他能相信这是确有其事。不管怎么说，我很高兴，因为您并没有认为我这段遭遇过于荒唐。”

年轻人往这最后一句话里倾注了不少热情，就好像他有意向葛尔特茨比表示，葛尔特茨比基本上已经具备了够朋友的人的必要条件。

“然而，”葛尔特茨比慢吞吞地说，“这段故事里的破绽就在于您拿不出那块香皂来。”

年轻人连忙向前探身，在大衣口袋里忙乱地摸了起来。他一下子跳了起来。

“准把它丢了。”他怒气冲冲地嘟囔了一声。

“一个下午就丢了家旅馆，又丢了块香皂，这只能说明您存心粗枝大叶。”葛尔特茨比接着说道，可是年轻人没等他话音落地就走了。他顺着小路溜掉了，头昂得高高的。不过，在他那高傲的表情中，总有几分疲倦的样子。

“说来怪可惜，”葛尔特茨比想道，“整个故事中只有出去买香皂这一点有说服力，然而在这细节上露了马脚。他要有一点先见之明，就应该事先准备下一块香皂，包装和封记都要跟刚从铺子里买来的一样，那他准可以成为这一行业里出类拔萃的人。干他那一行，什么都得事先想好。要有这种能力，而且是无限的能力，才能称得上是个歪才。”

想到这里，葛尔特茨比站了起来，准备离去。就在这时候，他惊讶地、关切地喊了一声。只见地上，在长凳边上，失落着一个椭圆形小纸包，外表和店主人精心打上封记的一样。除了是块香皂，还能是什么！准是那年轻人一屁股坐下来的时候从衣兜里掉出来的。

说时迟，那时快，葛尔特茨比立刻顺着那暮色笼罩着的小路追了下去，焦急地寻找着穿浅色大衣的年轻人的踪影。就在他遍寻不见，已经感到无望的时候，忽然发现他要找的那个人正站在马车道的路边。年轻人神态犹豫地站着，显然拿不定主意，是从海德公园穿过去好呢，还是直奔耐茨布里支的熙熙攘攘的人行道。当他听到葛尔特茨比呼喊他的时候，他带着几分敌意，好像准备自卫似的猛然转过身来。

“能证明您那段遭遇的真实性的重要证人找到了，”葛尔特茨比说道，伸出手来把香皂递了过去。“一定是您坐下来的时候从大衣兜里滑出来的。您走后，我在地上发现的。我曾经对您不信任，您一定要原谅。那时一切证据都对您不利。如今，既然我听取了香皂的证词，我想我也应当服从它的判决。您如不嫌弃，我可以借给您一枚二十先令的金币……”

年轻人连忙接过金币，放进兜里，从而解除了在这个问题上的疑虑。

“这是我的名片，上面有我的地址，”葛尔特茨比继续说道，“您这星期哪天还钱都可以。这是您那块香皂。可别再丢了，它可是您的好朋友啊。”

“幸好给你找着了。”年轻人说道。接着，几句感激不尽的话脱口而出。声音还有点呜咽。他朝着耐茨布里支方向急忙跑去。

“这孩子真可怜，差点哭出声来，”葛尔特茨比自言自语地说，“不过，这也不能怪他，困境中脱身，这种慰藉降临得太突然了。这对我也是个教训，不能自作聪明，不能仅仅凭一时的情况就给一个人下判断。”

葛尔特茨比顺着原路往回走去。经过那条长凳时——他看到一位老先生在长凳下面和四周望来望去，捅来捅去。葛尔特茨比认出这就是刚才同他坐在一起的那位老人。

“您丢什么东西了，先生？”他问道。

“对了，丢了一块香皂。”

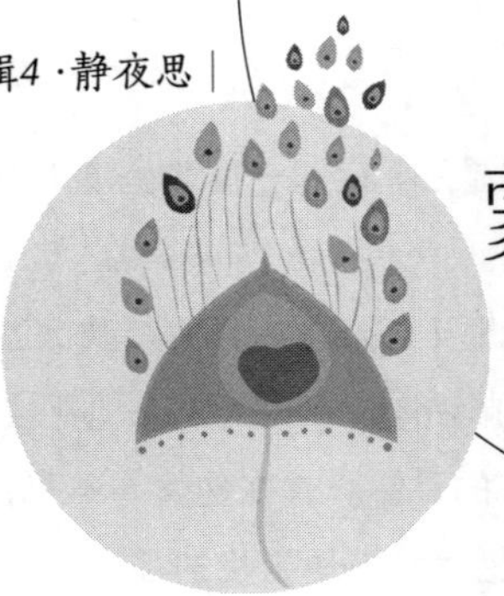

蒙娜丽莎的微笑

✽夏目漱石

一到星期天，井深便会围上围巾抄着手去那边的旧货店逛逛。他净挑些看起来脏污不堪，陈列着前代弃物的铺面。对着这些旧玩意，逐个把玩。他本不是精通此道的人，自然无从分辨东西的好坏，只是挑些开价便宜，看上去又好玩的买回家去。他暗自思忖着，一年总能淘到一件宝贝吧。

今天他专拣大件的东西看，想挑一个卷轴挂饰或有框画，当书房的装饰。环顾四周，他看到一幅彩印西洋仕女版画，无人问津地横在那里，上面布满尘埃。深沟槽的井轱辘上，摆着一只叫不出名字的花瓶，里面插着一支黄色尺八，直直戳在画上。

西洋画与这旧货店显得格格不入，但是那画上的色彩超越了现代，被古老空气沉埋，幽幽暗暗。这种色调与旧货店十分般配。井深揣测这幅画肯定不贵，问后得知，价格要一元。他偏过头，看看这幅画的玻璃完好无损，画框也无甚损伤，与店主老爷子砍了砍价，用八十钱的价格买了下来。

井深抱着这幅半身肖像画回到家，已是傍晚了，那天天气颇是寒冷。他走进幽暗的房间，立即将画像外的包装纸立在墙脚，定定地坐在画前端详着。这时候，妻子提着油灯走了进来，井深便让妻子将油灯拿到画边照着，自己重新把这幅八十钱的画作上下看了个遍。在整体灰暗的基调中，只有女子的脸庞泛着黄。这应该是年代久远的烙印吧。井深就这么坐着，回头问妻子：“你觉得这画如何？”妻子提灯的手腕向上抬了抬，一言不发地对着泛黄的女子脸庞端详了好半天，遂答道：“这脸看起来有些瘆人。”井深笑了笑，只回了一句：“这可是八十钱买来的。”

晚饭过后，井深踩在踏脚凳上，在楣窗上钉了个钉子，将画作挂了上去。妻子看到后，不住地劝阻道：“这幅肖像上的女人实在看不出在干什么，看到我心里就发毛，还是不要挂上去了。”

井深反说妻子神经质，并不予理睬。

妻子去了客厅，井深伏案工作起来。刚过了十分钟，他忽然抬起头，不由得想看看头顶那幅画。他搁下笔，转过眼去，看到面黄女子在画框中浅笑着。井深凝视着她的双唇。那里显示出画家对光线的描绘手法。薄薄的嘴唇，微翘的嘴角，挑起的嘴角上方有些许凹陷。看上去，既像是抿起的双唇欲要张开，又像是将张着的樱唇故意闭上。如何会出现这种效果呢，井深百思不得其解。井深心中生出一种奇异的感觉，他又伏案继续工作起来。

虽说是工作，但不过是些抄抄写写的事情，并不需要全身心集中注意。于是，过了片刻，井深又抬起头盯着那幅画看起来。果然那嘴角藏着什么奥秘。然而女子的神情十分平静，细长单眼皮下包裹着娴静的瞳眸，目光投向书房地板上。井深又一次将视线转回书桌。

这天晚上，井深不知将这幅画前前后后端详了多少遍，这才觉得妻子的评价说得在理。但是到了第二天，井深又觉得并非如此，若无其事地去上班了。下午四点钟左右回到家中，发现昨晚挂好的画仰面躺在了书桌上，听妻子说，刚过正午，这画忽然从楣窗上掉了下来。怪不得玻璃都摔得粉碎。井深把画框翻转到背面。昨晚系线绳的铁环，不知为何脱落了，井深便将画框的背板打开查看。只见里面贴着画作背面，夹着张叠成四方形的西洋纸。展开来一看，上面写着一段阴郁而奇异的文字：

蒙娜丽莎之唇中藏有女性之谜。自古以来，唯有达·芬奇一人可绘此谜，却无一人可解此谜。

翌日，井深去上班时，问同事：“蒙娜丽莎是何人？”众人皆答不上来。井深又问：“达·芬奇又是何人？”结果，仍旧无人知晓。井深只得听从妻子规劝，将这幅不吉利的画五钱卖给了收破烂的。

过于急促的尾声

阎连科

那一天，那一时，在落日的寂静中，我决计有一天，一定要从这桥上、路上走出去。

少年的一切都是仓促的。一切的剧目都在毫无准备中登台和上演，也在毫无准备中收场与剧终，一如雨天在晴天中到来，日出又在雷雨中闪现。"晴天雨"和"雨晴天"，这几乎是所有少年共有的经历吧。

我没有想到我和见娜的一切就这样结束了，一如我从来没有想过我会长大、成熟、衰老和死亡。没有人不为自己十八岁的到来而意外，没有人不为自己青少年的粗糙而付出遗憾和代价。那天回家时，我没有和见娜一道回。因为我叫了她好几声，她并没有如往常一样，快快活活回身和应我。

晚上我们谁也没有再见谁。

来日一早上学时，她在我的窗下，如往日无二叫了我两声"连科哥"（她家有闹钟，早上她总是起床来唤我），我也如往日无二应了她一声"你先走"。可少年命运的弯道，就在这儿出现了。一切的变故和唐突，就在这儿悄悄到来了。

这一天，我起床上学时，父亲忽然把我叫到床前去，说我小姑家里要盖房，需要尽快送点钱去。

我本来不想去，想和见娜待在一块儿，还答应过她有一天带她去我小姑家里玩几天——小姑家属于深山区，门前的沟，深得无底且狭长，水流声和琴声一模样。崖头的荆树和画上的一模样。村头的井，辘轳上的井绳一层又一层。她很想跟我一块儿去一次我小姑家——我就到学校去请假，去找她商量一块儿去我小姑家。可那时，命运对她、对我都已有了安排——在学校，我请完假到了她的班里去找她，她的同学告诉我，说："李见娜和她妈妈一块儿来请假，请完假又和她的妈妈一块儿到村头大桥工地了。"

我惘然。

觉得似乎不该到大桥工地和见娜商量去我小姑家的事。我想她妈、她爸不会答应她。也就在校园呆站了一会儿，听了一会儿从各教室传出的背书的声音，便独自出村上路，远行到我的小姑家里了。

我在我的小姑家里住的不是三四天，而是六七天，整整一星期。小姑希望我多住几天，和我的表哥、表姐们，到更深的山里去把能做椽子的野树伐下来，扛到一个地方待秋天到来后，那椽木半干了，就可以运回盖房了。我也就跟着表哥、表姐们，每天去做伐树这些事,小姑每天都会给我们烙油饼。纯白面、大葱花,一撕一股的油,会从饼层流出来,吃起来要往死里香。

深山沟里的云,也细白如绸,每天挂在头顶上,云一走,勾着我的头发飘。

溪里的蟹,每掀起一块鹅卵石,就有三只或五只,横七竖八地爬。一条溪沟就如蟹的大本营。

还有野山鸡,你在路上走,有时它会跟着你的脚步飞,像要请你把它带到外面世界去。

一周后,我从小姑家里回来了,还给见娜带了决然会令她意外的礼物——一只小松鼠。松鼠笼是我姑父用竹丝编的,有轴会转动,松鼠在笼里一跑步,那笼子就如车轮一样飞速转起来。

可我在落日之前走回家里时,住在我家厢房的见娜一家已经人走屋空、空荡无物了。村头的水泥大桥修成了,来自省会建筑公司的工程队又回郑州了。

见娜一家也都随之搬走了。

那时落日绚红,夏热渐浓,我满脸浸汗地回到院落里,母亲正在见娜一家住过的房屋里收拾着。见我一脚跳进院落里,母亲平平静静地说:“见娜家搬走了。见娜给你留了一个铅笔盒,放在窗台上。”

事情就这样突如其来、无印无痕地结束了。

那时我第一次明白什么叫“失落”,什么叫“打击”。失落就是在你是发生了天大的事,在别人,却如没有发生样。打击呢?打击不仅是谁给你当头一棒子,更让你有一种永生说不出的心痛酸楚来,似乎永远都不会再振作。我想我是尝到天下最重大的打击了。天下人,再也没有比我不幸的了。不幸到当时我就想尖着嗓子大叫几声朝着哪儿跑。跑到天边,跑到一个他人不知的世界里。我也就在母亲出去倒见娜家屋里的垃圾时,去把厢房窗台上见娜留给我的铅笔盒拿起看了看。那是她在我们田湖小学读书时用的铅笔盒,铝制,涂彩漆,印有“好好学习,天天向上”的字,还有一男一女两个健康快乐的城里孩子在那铅笔盒的盖上放气球。打开铅笔盒,里边有几支新的带橡皮的红铅笔。还有,就是那铅笔盒在她书包中磨来磨去,磨掉角漆的铝白挂在各个盒角上。

我把铅笔盒又放回到了窗台上。

把手里的松鼠笼子也放在了窗台上。

我从来没想过我们村的大桥会修成,总以为那是一桩年年月月、没完没了的事。也从来没有想到过桥一修成,见娜一家会搬走,以为她家住在我家,那是永生永世、不再变更的事情了。然当这些突如其来的变化到来时,那混杂其中的顺理成章是让人无法体会的,似乎也压根不存在。没有屋里的荡尘和人走屋空那景象。

在那屋里站了片刻后,退出来,我躲着母亲朝村北的大桥工地走去了。我无法相信那大桥说建它就建起来了,见娜一家说走他们就走了。

从村里穿过几条胡同,如唤人救火般,我急脚快步地走,没人时会快步跑起来。从和见娜一道上学读书的小学后边翻过北寨墙,再沿着河堤一直跑下去,就看见那公路大桥骤然间平地而起,天翻地覆地建成了。十几根粗圆白亮的水泥桥墩、桥柱子,排列齐整地竖在河床上,每一桩桥墩边上都有新挖半埋的大沙坑。河水哗哗地从桥下流过去。有洗衣服的村妇们,在那桥下的河边收叠着洗净晾干的衣物和被单。

桥上无人,四野茫茫。

大桥修成的热闹早已过去了。待我从桥头爬上桥面,在落日中沿着大桥独自从这头朝着那头走去时,村庄离我越来越远了。水泥桥板的清新味,像晨时的露珠一样朝我袭过来。远处有收工回家的村人们,如蚂蚁、昆虫一样晃动着。那大桥比村落、河堤、大地高出许多来,我走在桥上像走在天空里。从桥南到桥北,再到桥头望着远伸的沙土公路,蜿蜿蜒蜒,无休无止地牵到地平线的哪儿时,我知道,从这走出去,能离开我家和村庄,走到世界之外的洛阳和郑州。

能到一个新世界。

那一天,那一时,在落日的寂静中,我决计有一天,一定要从这桥上、路上走出去。到洛阳,到郑州,到和见娜同一个的城市里。到一个和乡村完全不一样的天下和世界。

桃花为盟

青衫烟雨客，似是故人来

✽敬 平

春风吻上你的脸

1

南宋时期，某个春天的晌午，一个叫志南的和尚，禁不住桃红柳绿的诱惑，乘坐一条小船，外出游春。

到了目的地，他把乌篷船的绳索拴在一棵古树上，拎着一根竹藤做的“文明棍”，登上一座江南水乡的小桥，春风中，一丝丝春雨，飘出杏花的味道，悄无声息地落在他的僧袍上。

僧袍粘在身上，湿漉漉的，可是，这位跟大人物朱熹关系很好的和尚，不以为意，反而觉得很享受。如俗人饮酒唱歌。

春风吹在他的脸上，没有丝毫春天的寒意。这位春心荡漾的志南和尚，惬意得不得了，什么也没说，那时候，他不知道北方的妖，不知道雾霾盈天的北方——

回到僧房之后，他写了一首诗：

古木阴中系短篷，
杖藜扶我过桥东。
沾衣欲湿杏花雨，
吹面不寒杨柳风。

不久，朱熹看到这首诗，表扬这位动心春天的和尚，“吹面不寒杨柳风”，写得真好。

2

朱熹自己，也写过一首游春的诗，是一篇传世之作。

某年春天，朱熹去山东，遇到一个明媚的好日子，禁不住桃红柳绿的诱惑，领着一帮“粉丝”，跑到泗水边看花看草。

泗水，是孔子生前讲学的地方，距离孔子的老家曲阜很近。

朱熹比孔子小了1681岁，但是，这不妨碍朱熹对孔子的崇拜。朱熹一生，吃的就是孔子的饭。有人说他是第四代孔子。第二代孔子是孟子，第三代孔子是独尊儒术的董仲舒，那么，第一代孔子呢，就是孔子自己呀。

你说，春游作诗，你就说春天呗，比如说，那个和尚志南，春风吻上他的脸，他就说春风春雨，可是，朱熹不一样，春风吻上他的脸，他非要讲点哲理、大道理：

胜日寻芳泗水滨，
无边光景一时新。
等闲识得东风面，
万紫千红总是春。

前两句，毫无疑问，说的是春游的故事，亲友团聚的好日子，我朱熹跑到泗水边春游，清新美妙的春天扑面而来，无边无际，美不胜收。

后两句，这位给皇帝做过老师的老夫子，不忘寓教于乐，借题发挥，说："同学们，这孔子的学问，就是这无边无际的春风啊，你们要好好学习，认真体会，一旦春风吻上你的脸，把你领入儒学之门，那你就有福了，这儒学之美，就像这万紫千红的春天。"

这个时候的朱熹，还没有闹出纳尼姑为妾的绯闻，跟"粉丝"这样说话，估计大家也相信他。

1196年，朱熹66岁的时候，被人揭发了这件事，说他收了两个尼姑，做他的宠妾，还招摇过市，领着她们在外面跑来跑去。

小时候跟他念过书的皇帝，问他："真的吗？"

朱熹承认："微臣有罪。"

孔子说，克己复礼；朱熹往上加码，说，存天理灭人欲。你天天说这样的大道理，怎么还做这样的事？皇帝怒了，后来，皇帝把朱熹这帮人的"道学"，骂作"伪学"，假大空的学问。

可见，朱熹这样的圣人，也有凡夫俗子的缺点，春天里，也会犯错误。

3

761年，著名的诗人杜甫先生，寄居在成都的草堂。对，就是今天的杜甫草堂。

虽然安史之乱还没有平定，国家还在灾难之中，但禁不住桃红柳绿的诱惑，杜甫先生信步走出草堂，暂且把国家大事放在一边，游览春天。

和志南和尚一样，时年49岁的他，也乘坐了一条船，不过，他的目的地，是江上的小岛。大概就是金庸小说中的桃花岛之类的地方。

他拎着一根竹藤做的"文明棍"，在小岛上散步。

春风吹在他的脸上，他很愉快，可是，当天晚上，回到草堂，提起笔来，杜甫没有表达任何赏心悦目的感受，而是叹息国家的艰难，广大人民群众的艰难：

肠断春江欲尽头，
杖藜徐步立芳洲。
颠狂柳絮随风舞，
轻薄桃花逐水流。

这首诗，不但多年如一日地表达了杜甫先生的爱国热忱，还批评了放荡不羁的家伙，像柳絮一样轻狂，随波逐流的小人，像桃花一样轻薄，没有节操。

日后，"参与谋反"的李白，看到老友杜甫的诗，会觉得惭愧吗？老杜哇老杜，我老李是癫狂的"柳絮"，还是轻薄的"桃花"？

4

1080年，某个春风沉醉的夜晚，苏轼先生禁不住桃红柳绿的诱惑，在黄州的某个院子里寻开心。

此时此刻，月亮挂在天上，朦朦胧胧地照在曲曲折折的回廊上。

作为这个欠发达城市的小干部，他并没有唉声叹气，辜负大好春光。

春风吹在他的脸上，明明什么也没看见，他非说，这春风，像女人一样姿态袅娜，还泛出春天的光芒。

你想想，他有多享受。

顺着海棠花的香味，他走过去，鼻子嗅来嗅去。

突然，他想起前朝的一桩往事：

唐明皇在一个叫"沉香"的亭子里玩，让手下去叫杨贵妃。

贵妃来了，醉眼蒙眬，衣冠不整。

可能是贵妃醉酒的情态太美，唐明皇不但不生气，还笑着说，你这个妖妹妹，你这不是"妃子醉"，你这是"海棠没睡醒"。

苏东坡想起这件美事，居然发神经，跑回屋子里，点了一根蜡烛，照耀海棠花的红妆，以免这海棠像杨贵妃一样，在这个深夜睡着了。

这个故事，记载在他的《海棠》中：

东风袅袅泛崇光，
香雾空蒙月转廊。
只恐夜深花睡去，
故烧高烛照红妆。

你可知道，那个时候的苏轼，不是春风得意的苏轼，他已经被贬黄州，倒霉透了。可是，你看他这首诗，哪里像个倒霉蛋？

读线装书的狐狸精

周 语

在古代的竹林，松树下，落满红叶的山谷，草绿色的书房里，读线装书的秀才挑着灯花，烫着黄酒，挥舞着长长的衣袖，用毛笔写着蝇头小楷。从古时蓟城南洗马沟到城北高粱河，汉代的读书人温书是卷着衣袖的，侧卧在烛火旁边，展开青色的竹简，帛书，因耕织而粗糙的手指摩挲着古朴的字痕。到了明清的举人书斋，脂粉气和熏香炉替代了汉代那种古典墨香氤氲的气氛。

宋元明清的长袖秀才读书，摆弄的是景德镇的瓷器，南京城的雨花石。咬一口岭南的荔枝，滋溜溜的甜，竹笋和樱桃的青涩滋味让秀才们酸酸的文章有了谈野史、嚼牙签的兴致。长袖秀才酸文歪句中甜美的词语来自古朴寡言的线装书、影印本、手抄本，藏着奇妙有趣的故事和逸闻。线装书里的李逵、程咬金挥舞着大板斧、流星锤，夺了梅花枪、月牙铲，痛打恶人三十拳头。这是在茶楼酒肆逗蟋蟀嘘八哥的富有子弟，从线装书里侃到的绿林好汉、江湖英雄。他们在岁末备了书童、马匹、银两、行囊进京赶考，一路上抽出线装书在客栈里翻翻看看，念念有词。这是在读线装书里的逸闻故事，模糊不清的狐仙的插图，白描、简陋的刻板足以让秀才们浮想联翩，蹙眉弄首。

我一直相信古代的狐仙是识得汉字，写得小篆、草书和行楷的精灵。这些狐狸精隐居在离京城很远的山谷里，住在月桂树，何首乌，青松白云下面的草绿色书房里。狐仙睡着的时候就化作烟云和水渍，隐匿在线装书里，秀才们念着线装书就会想到美丽的仙子。可爱的狐仙就在汉代的竹篱下会稽山、阳陵邑、秣陵桥读书。

书斋里住着聪颖美丽读古代线装书的狐狸精，正楷、隶书、行草样样精通。她们懂得线装书的灵巧和雅致，磨墨挥毫，有风云气色，批注点描神采奕奕。线装书有茉莉的清香，紫薇的淡远，香茶的幽静。居住在巫山、九龙山、秦岭的小兽们常常不远万里，登门借书，就像狐仙喜欢的穿青蓝色寒衣的眉目清秀的秀才一样爱惜线装书。

曹雪芹穷酸的线装书里就住着一只美若凝脂的狐狸精。她喜欢清朝的线装书，那么漫长的梦境和金陵城的浮华生活，蛾眉粉黛，宫苑泉石使这只白狐对城墙外的世界充满想象。她想看看那些读线装书的人们是怎样的恩爱，纷争，吵闹。她在进京赶考的驿道上带着几册线装书，迈着莲花步，轻盈而潇洒。江南的线装书，岭南的荔枝，江浙的美食，徽州的油纸伞、粗布鞋，让读线装书的人们一路上不再害怕风雪雨水。

我曾在蒲松龄、吴敬梓的影印手抄本小说里遇到这些喜欢线装书的狐狸精。古代的地图上，在中原的洛阳、临淄、邯郸、宛，繁华的城市，熙熙攘攘的人群，读书人、说书人、藏书人、卖书人、借书人骑马乘舟，水陆齐进，寻访珍贵的线装书，不顾舟车劳顿，羁旅艰辛，走遍岳阳楼、洞庭湖、金陵城、南岭坡、马家窑。在人声鼎沸的夜市里，摸黑寻求藏书家的路线，备了盘缠，写家书，密密缝，细细问，整装待发。童生、秀才们、举人们走遍京华，山水万里，携带着一册册的线装书，归程的时候春风满面，逢人作揖，互道珍重。聪明伶俐，刁钻古怪，精通音律，能歌善舞，又是琵琶高手，狐狸精们混迹在这些热爱线装书的书生里，揣着银票，带着书童，唱着歌，骑着马，风雪雷火，霹雳险山不能阻止，行迹遍布江南江北，深山老林，鱼泽城郭，只为了那爱书的秀才，风霜雪痕的线装书。

雪花落在线装书上，墨水的清香在空气里荡漾开，灯火跳跃着，宛如读线装书的狐仙眼睛里明亮的精灵。她待在山谷里的草木中读书，在京城的城墙外、东风里读书，在烟花三月的扬州、泰山的古寺里读书，化作黄莺、杜鹃，飞到江南水乡东吴之地的斜坡上。草长莺飞的暖春，看着藏书楼里的线装书、夹书板、布帛画，那些写本、影写本、抄本、精抄本引诱着爱书人脚底踏空，跌到五里云外。

北方的雪落在铺满红叶的山谷、城墙外，线装书就被净化了。朗朗书声，秉烛夜读，深山里的狐狸精读遍了秀才编写的孤本、珍本、善本，吃完了核桃、杏子、李子，牙齿酸酸的，软软的，涩涩的，杏黄柳绿，和线装书里的味道一模一样，可以回味咀嚼。而欲赶往京师考试的书生们，在几案上焚上檀木沉香，翻着线装书，饮着绍兴黄酒，嚼着花生米，咬着豆腐干，在经史子集里滚打摸爬。

那个清苦的书生呢？一路上他带着线装书，笔墨纸砚走了几千里，终于走到了皇城根外的官行道。急促的马蹄声过去，步履蹒跚的书生和面黄肌瘦的家童拖着沉重的线装书和行囊，摸索着少得可怜的盘缠，咬咬牙进城了。春天了，他的线装书都发霉了，狐仙们看到眉目清秀的书生躲在客房里喝茶，看书，他的书签是一瓣江南的茉莉。书香满卷，虽然线装书没有将相王才皇帝枭雄玲珑剔透和游刃有余的笔画，却有清苦的书签、洁雅的文墨，线装书的内敛与精致使人神往。

深山里的狐狸精读着线装书。灵隐寺、葛岭、虎跑泉、天竺顶的狐狸精们爱的是线装书的痴，淡，娴静与透彻。北京顺天府贡院，进京赶考，春闱会试，紫禁城太和殿，保和殿。这些功名利禄与她们无关。她们爱的是清初的线装书，油墨芬芳，更多的是山间的草木清香。皇帝亲拟试题和评判考卷，阅卷大臣批阅，前十名试卷进呈皇帝御览，状元、榜眼、探花，二甲、三甲，披红挂彩，骑马街前亮相，黄金赤眉起义只是线装书外的故事。她们是书童，孤单的书童，在月光下念书，书斋里是脱胎漆器、牛角梳、油纸伞，也有那书写姻缘名分的彩云笺、锦绣笔。她们爱上线装书，宽恕贬谪无关痛痒，淡糟香螺片、荔枝肉都不属于这山谷里的清茶、薰衣草的淡雅和清远。

夏夜的旅途，进京赶考，披星戴月，玉兰、紫薇、桂花、芙蓉香气溢满山谷，线装书里的记忆就复活了。书生们叹着气，赶着路，那读着书丹唇外朗、皓齿内鲜、明眸善睐的狐狸精就在线装书里做梦。这是一份水姻缘，笔墨缘分，山山水水，千里迢迢。

我想每一个读线装书的狐仙和书生都是懂得这书里的辛酸的。书里的汉字小楷，草书连风，而每个词又都仪静体闲。这是线装书的气质，环姿艳逸，柔情绰态。有华丽多彩的一页，也有缠绵悱恻的门第彩笺、云中锦书。每个字都写得婀娜多姿，仿佛是不食五谷杂粮的人写出来的。

想念一只红锦衣青玉袍，读线装书的狐狸精。

线装书是一种不施粉黛的清苦书。里面有茂盛的草木，清幽的廊庙，破损的城墙，悠然的山谷，书斋。田野春绿了，花开了，叶儿飞了。从窗口窥见插着孔雀翎豆蔻年华小家碧玉的读线装书的狐狸精，面如芙蓉，眉若柳叶，桃花映红，你知道她在这里读了多久，走了多远，藏了多久，躲避了多久呢？

每个读书人的世界里都住着一只狐狸精。深居在线装书里，几钱草药、当归、何首乌的清苦世界，她显得与世无争，只要有干粮和清酒，便能够陶醉，能够伤情处卿卿我我。长袖善舞的狐狸精，捧着线装书、行囊，走千里，袖箭射恶人，制陶，酿酒，刻镂，编织，混迹在无人注意的角落。藏匿在咸丰三年的文淙阁，光绪六年的文澜阁，乾隆四十年的文渊阁，满篇小白兔、松树精、藏猫猫的白狐，凄凄惨惨，寻寻觅觅，躲在屏风后穿着薄如蝉翼的云水裙，在草书、正楷、笔墨纸砚里跳舞，轻盈，曼妙，体轻腰弱，身轻如燕。恬静地抄写文册，气定神闲，饿了吃块干粮，粗茶淡饭也知足。

想念一只读线装书的狐狸精。

宝琴来了

✽ 刘晓蕾

《红楼梦》里最美的女孩是谁?

不是黛玉，也不是宝钗，更不是湘云，而是宝琴。

她是在书中第49回来贾府的。一同前来的还有邢夫人的娘家侄女邢岫烟，以及李纨寡婶的女儿李纹和李绮。她们一到，就惊起了一滩鸥鹭。

先是宝玉，看见她们，惊喜得要说不出话来了："我竟形容不出了！老天，老天，你有多少精华灵秀，生出这些人上之人来！"他说自己是井底之蛙，本以为自己家的姐妹已经最好了，结果被打了脸。不过，即使被打脸，他也幸福得冒泡。

接着是晴雯，她心高气傲，嘴又贱，却也连声夸赞："快去看，竟是一把子四根水葱呢！"

袭人问："她们说薛大姑娘的妹妹更好，三姑娘你看着怎么样?"探春说："真的哎！连她姐姐并这些人总不及她。"袭人一脸不相信："这也奇了，还从哪里再好的去呢?"在袭人的眼里，宝钗是世间最完美的女生，这薛妹妹居然比薛姐姐还好?怎么可能?

还没出场就这么大的阵势，我们也诧异。宝琴是何许人也?

她是宝钗的堂妹，薛蝌的胞妹，因为父亲在京时已将宝琴许配梅翰林之子，正欲进京完婚，薛蝌闻得王仁进京，他也带着妹子随后赶来。

一到贾府，人见人爱，花见花开，贾母更逼着王夫人认了干女儿。哪有逼着人家当干妈的?她太喜欢宝琴了，晚间索性带宝琴一起歇卧，除夕夜还带她去贾家宗祠祭祖。

这待遇，连黛玉都没有。

做足了气势，于众声喧哗中，宝琴终于亮相了。她披着一领斗篷，金翠辉煌，众人被晃瞎了眼，都不知道是什么稀罕物。原来是老太太给的，叫凫靥裘，香菱猜是孔雀毛，宝玉的雀金呢，就是孔雀毛的。湘云说是野鸭子头上的毛织的，最珍贵了，连宝玉都没捞着穿呢，可见老太太多疼她。

湘云瞅了宝琴半天，说："这件衣服也只配她穿，别人穿了，实在不配。"贾母还特意让琥珀来园子里，叮嘱宝钗："宝姑娘别管紧了琴姑娘，她还小，让她爱怎么样就怎么样，要什么东西只管要去。"

天上掉下来个万人迷。作者是天神，说有光，便有了光，就这样，宝琴横空出世了。

宝琴这一来，确实搅动了一池春水。听完琥珀传达贾母的话，宝钗忍不住推了宝琴一把，笑道："你也不知是哪里来的福气！我就不信我那些儿不如你。"一向持重的宝钗，不淡定了。

黛玉却喜欢宝琴，赶着喊妹妹，宝琴也喜欢黛玉，紧着喊姐姐，亲密异常。宝玉在一旁看了，感觉甚好，但也纳闷。这个一向被目为小性尖刻的林妹妹，经过"兰言解疑癖"，"金兰契互剖金兰语"，跟宝钗尽释前嫌，从此情同姐妹。如今，更是如此明媚，如此真诚，她长大了。

宝琴一来，黛玉和宝钗各自显露了性格的另一面。这写法，像传统绘画的“间色”，在画的主色调之外再添一两笔杂色，有对比，有烘托，画面一下子更丰富更立体了。

贾母更是起了“歪”心思。书中写她问薛姨妈宝琴的生辰八字，薛姨妈度其意思，是要跟宝玉求婚配。但宝琴已经自小许配给梅家，薛姨妈遂半吐半露地告诉了贾母。王熙凤故意在一旁跌脚：“我正要说媒呢！早看中他俩是一对，可惜。”

这就有意思了。贾母岂不知宝琴有婚约？宝琴进京就是来完婚的。有人说，贾母这是变着法子表态：“我就看上薛家小妹，根本看不上宝钗。”也有人说，真是贾母投石问路呢。不管怎样，她这一问，王熙凤这一帮腔，犹抱琵琶半遮面，却让宝玉的婚事问题，再次浮出了水面。

金玉姻缘和木石前盟已经暗暗比拼很久了，但事情却似乎一直没有进展。宝琴一来，犹如一块石子投入水面，荡起了一圈圈涟漪，局面活了，但似乎又复杂了。

贾母问宝琴的生辰，紫鹃也跟着紧张了，这个聪慧的丫头，一心想着她姑娘的心事呢。她灵机一动，骗宝玉说姑娘要回苏州老家，来试探他心意，是为“慧紫鹃情辞试忙玉”。而宝玉，差点儿死过去，醒来告诉她：“活着，咱们一处活着；不活着，咱们一处化灰化烟，如何？”

我们不禁要问：贾母对宝黛爱情持何种态度？她在黛玉和宝钗之间有何取舍？王夫人和薛姨妈又打的什么主意？爱情与家族利益又该如何权衡？反正每个人都有自己的小算盘，《红楼梦》的世界，就这样，一个谜团搅动了又一个谜团。

宝琴一来，诗社和诗风也为之一变。从第一次的海棠社，到菊花题螃蟹诗，总是宝玉、黛玉、宝钗、湘云和探春，再接着写下去，未免单调。于是，宝琴来了，还有邢岫烟、李纹、李绮。新人新气象，先是“琉璃世界白雪红梅”，宝琴和李纹、李绮，每人一首《咏红梅》，在“诗坛”亮了相。芦雪庵又争联即景诗，众人打起了擂台，湘云联诗最多，其次就是宝琴，好不热闹。

绝不雷同，而是起伏有致，摇曳多姿。《红楼梦》之好看，多在于此。

宝琴还写了十首《怀古诗》，说是谜语，隐了十物在内。这是书中最难猜的谜语，至今还无定论。

谜难猜，诗却是好诗。十首诗，从赤壁到马援，从韩信到张良，从钟山到六朝，从王昭君到杨贵妃，最后以《西厢记》和《牡丹亭》收束，便是一部浓缩的中国史。赞美战争、功业和谋略，一向是主流，但薛小妹赞美的却是人性风流和人文情怀。比起之前的海棠诗和菊花诗，内容更辽远，气象也更为浑厚、阔大。

众姐妹里，宝琴年龄最小，却最自由。曹公写宝琴年轻心热，却比黛玉们走得更远。她曾随父亲走遍名山大川，见多识广，“天下十停走了五六停”。甚至还到西海沿子上买洋货，见到一个真真国的女孩，披着黄头发，打着联垂，通身异域风情。这个外国女孩，“通中国的诗书，会讲《五经》，能作诗填词”，还会写中国诗。

大家都听呆了。听完诗，麝月就过来传王夫人的话，说让宝玉明天一早去舅舅那里。一下子从诗与远方，回落到一地鸡毛。

宝琴是《红楼梦》的世界里，第一个跟“国际接轨”的人，是见过真正的远方的人。

探春曾含泪说：“但凡我是个男人，早就出去做一番事业了。”她做梦都想出去，想要广阔天地，大有作为。然而，外面的世界如此遥不可及，她们甚至不能走出贾府一步。那个神秘的“真真国”，一定让她们浮想联翩。

这不是书中第一次出现外国元素了。荣国府里有不少舶来品。刘姥姥第一次进贾府，被当当响个不停的自鸣钟吓了一跳，原来柱子上挂着一个匣子，底下又坠着一个秤砣般的东西，不住乱晃；怡红院里有巨大的穿衣镜，还有一个金西洋自行船，宝玉担心黛玉回苏州老家，把这艘船藏在被窝里，怕林妹妹坐船离开；晴雯感冒，吸的是汪恰洋烟，鼻烟壶上画的是黄头发光身子有翅膀的美女，可能是天使；王熙凤头疼，常年贴在太阳穴上的“依弗哪”；贾蓉来找凤姐借的玻璃炕屏；贾母戴的眼镜；还有俄罗斯的雀金呢、外国的葡萄酒……这些都是奢侈品，也只有贾家这样的大家有。

曹雪芹生活在18世纪中叶雍乾年间，他的家族全盛于康熙朝。清朝最兴盛的时代，也是《红楼梦》的时代，鲜花着锦烈火烹油，但对外面的世界，却几乎一无所知。从朝廷到民间，都以为自己是世界的中心，自己是最强大最富有的。

其实，清代尤其是乾隆年间，有外国人前来中国的，传教、做生意，还有外国使节来寻求贸易合作。1793年，也就是曹公去世后30年，《红楼梦》活字印刷本出版后两年，一个庞大的英国使团来了，他们的目的很简单，一是祝贺乾隆80岁寿辰，二是想借此机会，与大清建立邦交，互派使节，开展贸易。

有客自远方来，乾隆很高兴。他以为这是来朝贡的小国，于是，又是赐豪华的御宴，又是在避暑山庄接待，还赏了对方很多珍奇东西，至于对方送的礼物，他一脸看不上，蕞尔小国能有什么宝贝？问题出在礼节上，清廷让使节下跪觐见乾隆，对方不肯，说我们对女王也只是半屈膝，在这里怎么可能三叩九拜呢！这事谈不拢，两国邦交的计划也就泡汤了。

而彼时，外面的世界日新月异。从16世纪开始，欧洲和美洲大陆利用大规模的航海和移民，早已拉开近代文明的序幕。然而，直到19世纪中期，中国人才第一次睁眼看世界，已经落后太久太久了。

再来看贾府，在忙什么呢？贾赦在打鸳鸯的主意，贾政在跟清客们应酬，担忧宝玉的未来，贾珍召集狐朋狗友吃喝嫖赌，贾琏琢磨着联合鸳鸯，偷老太太的体己拿出来卖钱。王夫人连给老太太买礼物的银子都拿不出来，还是把铜锡家伙拿出去卖了300两银子。财政已经极度吃紧，入不敷出，但为贾母办80大寿，又花掉了几千两银子。

已经是穷途末路。用探春的话说，是"百足之虫死而不僵"，架子还在，里面早就空了。她兴利除宿弊，开源节流，也只是死水微澜，没什么用。这个钟鸣鼎食之族，在无尽的内耗中窒息、沉沦和衰败，太需要开一扇窗，进来些新鲜空气了。

宝琴，美貌碾压众人，才思敏捷，而且走南闯北，见识颇广。她的自由和开放，是不是代表着生命的另一种可能？

有意思的是，身为万人迷，宝琴却并不在金陵十二钗之列，也不在又副册里，太虚幻境里的薄命司里没有她。

庚辰本第17、18回，有脂批提到"后宝琴、岫烟、李纹、李绮，皆陪客也"，说宝琴不是主要角色，但在太虚幻境也是挂号的。不过，畸笏叟接着对此进行了批驳："副册十二钗总未的确，皆系漫拟也。"意思是批者主观漫拟，不足为据。

太虚幻境在离恨天、灌愁海、放春山、遣香洞中，全是离恨与哀愁。闻的香是"群芳髓（碎）"，喝的是"千红一窟（哭）"，"万艳同杯 （悲）"，再加上主殿上的大字"孽海情天"……这苦，这悲，竟是弥漫于天地之间，无可逃脱。

这哀苦，这悲剧，正是《红楼梦》的主旨。

第70回，大家放风筝。宝玉的风筝是美人，探春的是凤凰，唯独宝琴的是大红蝙蝠风筝。蝙蝠在中国的传统文化里，代表吉利，谐音是"偏福"，莫非偏偏宝琴有福气？她会有完全不同的生活？

当日，她披着凫靥裘站在山坡上，身后一个丫鬟抱着一瓶红梅，贾母见了，喜不自胜，说这人品配上这梅花，竟比仇十洲的《双艳图》还好！彼时，正是大观园的鼎盛时期，"琉璃世界白雪红梅"，也是女儿们的黄金时代——

黛玉穿上了掐金挖云的红香羊皮小靴，罩一件大红羽纱面白狐狸里的鹤氅，束一条青金闪绿双环四合如意绦，头上戴了雪帽，跟宝玉一起踏雪而来，众姊妹则一色的大红猩猩毡和羽毛缎斗篷，都在等他俩呢。她们无忧无虑，谈诗歌，谈人生，赏红梅，烤鹿肉，争联即景诗，雅制春灯谜，上演了大观园最为华彩的乐章。

多年以后，当宝玉"寒冬噎酸齑，雪夜围破毡"的时候，他一定会想起这个时刻，琉璃世界雪下折梅写诗猜谜，这个冬天，那么暖，那么好。

他的记忆里，定有宝琴这样一个女孩，还没来得及有自己的故事，便飘然而去。她来过，如蜻蜓掠过水面，如《洛神赋》里的洛神，凌波微步，罗袜生尘，缥缈如仙。

穿堂风

张秋寒

很多年以后，他想起了一个初夏，一场午后风。

风从南方水滨吹来，于是关于她的记忆仿佛也濡湿了一样。

今时今日，恋物的人越来越多。吸引目光的不是货架上琳琅满目新鲜上市的精品，而是过往时光里伴行良久不忍遗弃的旧物。

拿搬家来说，每一次收拾行李预赴新居之前都是最为难的时候。

黑茶杯，杯口大得像碗一样，内壁是杏黄色，外壁有一枝浮雕的花，拙朴天然但使用不便，携带起来更是麻烦，犹豫了很久，还是用报纸层层包好，把它带着。缎子靠背，盛夏里垫着特别湿热，但也要想方设法地塞到皮箱里去，防止到了新房间，躺在床上，会觉得后背空荡荡，像是站在悬崖边，没有退路。

可以试想，如果我是沈三白，大概会竭尽所能找到那个叫憨园的青楼女子，要回芸娘与她结拜时赠予她的翡翠臂钏。

对这个后来被贵族权势拉拢过去的女子来说，一只臂钏，恐怕她一点儿都不稀罕，但对三白来说，这其实算是一件灵物，芸娘的亡魂可以有所寄托。夜来西风，或许能在枕边熠熠闪光。更何况，憨园可算是间接夺去芸娘性命的人，是半个杀人凶手，芸娘的遗物断不能落在这样的人手里。

我们这一代人知道三白，大多是从下面这篇叫《童趣》的文言文开始：

“余忆童稚时，能张目对日，明察秋毫。见藐小微物，必细察其纹理，故时有物外之趣。

“夏蚊成雷，私拟作群鹤舞空，心之所向，则或千或百果然鹤也。昂首观之，项为之强。又留蚊于素帐中，徐喷以烟，使其冲烟飞鸣，作青云白鹤观，果如鹤唳云端，怡然称快。

“于土墙凹凸处、花台小草丛杂处，常蹲其身，使与台齐，定神细视，以丛草为林，以虫蚁为兽，以土砾凸者为丘，凹者为壑，神游其中，怡然自得。

“一日，见二虫斗草间，观之正浓，忽有庞然大物拔山倒树而来，盖一癞虾蟆也。舌一吐而二虫尽为所吞。余年幼，方出神，不觉呀然惊恐，神定，捉虾蟆，鞭数十，驱之别院。”

看他，大约是跷着二郎腿，枕着双臂，在白色的纱帐里目光炯炯地凝视着纤足细细的蚊子，对着它们喷烟，把它们想象成是在云间飞舞的仙鹤。

就是这样一种清新的欢喜，有意趣，而无迂气。自娱自乐，如风如水，昭昭明明。

那一年的他还不过只是“童稚时”。幼时的三白已经这样有情调，那么长成了少年，有了妻室之后就更不必说了。

初中时学的文言文有一个特点——简单了解一下作者的生平，不是被贬就是各种各样的官场失意，落第伤怀，因此写出来的文章不难想象，总带着一种壮志难酬，远路迢迢的慨叹，读来让人心烦意乱。所以读到这篇《童趣》时，因有了其他文章的反衬，立刻觉得耳目一新。看看注释，作者是姑苏人氏，姓沈名复，字三白，号梅逸。

沈复，像个现代人的名字，老学究一般端肃的面孔。梅逸，没有辨识度，一堆山野画家的名字都是此类。所以我喜欢叫他三白，念出声，觉得天朗朗，地阔阔，远山烟翠，皓月当空，有种庄严寂静的大气象，大清味。

更重要的是他说过，芸娘与“白”字有缘。

说起古时候，我第一时间想起的朝代是汉唐，其次是魏晋。元明清原先是不喜的。

因为汉唐有华美诡谲的宫廷故事。女子们会笼高耸的发髻，簪花，穿阔袖的绸缎霓裳。汉有恢宏歌赋，唐有绚烂诗词。至于魏晋，那是一个复杂无序的年代，有种缭乱的美感，还有仙气。有葛洪这样的人间半仙，有嵇康、阮籍这样的山中高士为它撑着后世的门面。

元明清呢？元太莽撞，蒙古族的腥膻之气是赵孟頫的清朗画意也遮掩不住的。明清总觉得拘泥，规格很小似的，像是一大帮子人挤在小小的阁楼里说话，舒展不开。后来逐渐喜欢上，是为着这两个朝代离我们最近。长街短巷的故事里，那些形形色色的人物花枝招展，有我们的雏形。举手投足也好，嬉笑垂泪也好，他们都像是带着我们的气息，是一簇飞上天又坠下地的烟火，最终的姿态还是亲民的。

三白与芸娘就在这样一个时代遇上了，不早不晚，不徐不疾，像是红尘紫陌上为彼此等候而放慢行路的脚步。

十三岁那年的夏天，初长成少年的三白随同母亲一起回她娘家探亲，邂逅了少女芸娘，也就是他舅父的女儿，他的表姐。在文字之中，他并没有提起与芸娘初相识的细节，只一词“两小无猜”一笔带过，却是一语胜千言。

多年前，我喜欢手写一些旧时候的故事，用削得很细的铅笔在乳白色的纸页上写下——在那个时代，爱情还是纯粹、简单和洁净的。没有缘由，不附带其他任何因素，爱上了就是爱上了。看一个人的眉目，觉得欢喜，愿多花时间为他驻足停留，就是如此。

想来三白与芸娘便是这样，在南方盛夏潮湿阴暗的木楼梯上一眼望到彼此，像是赏花一般，漫不经心又遥递芳心。话无须出口，情意已经如花香一样流入鼻息。情窦初开，不甚解人意，可恰巧又因为这懵懂成就了最皎洁的年月。

一见钟情的力量是伟大的，三白紧接着就向母亲发誓：“这辈子，除了淑姊，我是不会娶别人的。”淑姊是他对芸娘的敬称，因为芸娘小字淑珍。

沈夫人也非常喜欢芸娘的温和柔顺，当即就取下一枚金戒指，作为定亲之礼。

这定亲礼若在别处也许显得单薄，但因为是姊妹亲戚，芸娘家中又比较贫寒，所以还是有些分量的。

芸娘的父亲去世得早。她和母亲弟弟相依为命。老妇少子皆无力持家，因此都靠她承接绣活来维持生计。包括她弟弟上学的费用，也都是她纤纤十指一针一线绣出来的。就在这样匆忙的生涯里，她也没有忘记自学识字。白居易的《琵琶行》她是学说话时就能背全的，后来她在放书的竹簏里看到一本《琵琶行》，对照着才开始渐渐认得一些字。紧接着，又能在闲暇的时光里吟咏一些诗文。比如有一句咏菊的诗——秋侵人影瘦，霜染菊花肥。

大约是五言显得精练柔韧的缘故，这一句显然超越了林黛玉一举夺魁的那一句——毫端蕴秀临霜写，口齿噙香对月吟。相形之下，后者未免求于工整而显得匠气了。

都是敏感的人，都是真实的人。留恋彼此风姿清越，妙年洁白，但也不回避无形之中某种乌云一样的噩念——三白与之初见，就隐约觉得芸娘日后福薄。

可不是吗，细数美而有才的女子，薄命便是上帝杜绝完美，让她磕碎一角的唯一途径。

这是她当年开酒肆卖出第一杯酒的酒钱。对她而言，这一钱胜过万贯家财。

✽张晓风

卓文君和她的一文铜钱

下午的阳光意外地和暖，在多烟多瘴的蜀地，这样的冬日也算难得了。

药香微微，炉火上氤氲着朦胧的白雾。那男子午寐未醒，一只小狗偎在白发妇人的脚边打盹儿。

这么静。

妇人望着榻上的男子，这个被“消渴之疾”（古人称糖尿病为消渴之疾）所苦的老汉，他的手脚细瘦，肤色黯淡，她用目光爱抚那衰残的躯体。

一生了，一生之久哇！

“这男人是谁呢？”老妇人卓文君支颐倾视自问。

记忆里不曾有这样一副面孔，他的额发已秃，颈项上叠着像骆驼一般的赘皮。他不像当年的才子司马相如，倒像司马相如的父亲或祖父。年轻时候的司马虽非美男子，但肌肤坚实，顾盼生姿，能将一把琴弹得曲折多情如一腔幽肠。他又善剑，琴

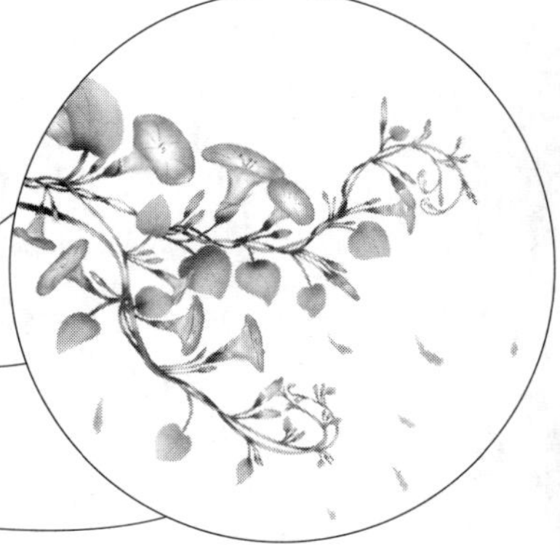

声中每有剑风的轻扬袅健。又仿佛那琴并不是什么人制造的什么乐器，每根琴弦，都如他指尖泻下的寒泉翠瀑，琤琤琮琮，淌不完的高山流水，谷烟壑云。

她选择了那琴声，冒险跟随了那琴声，从父亲卓王孙的家中私奔。从此她放弃了仆从如云、挥金如土的生涯。她不觉乍贫，狂喜中反觉乍富，和司马长卿相守，仿佛与每一篇繁富典丽的汉赋相厮缠，每一句，每一逗，都华艳无比。

啊，她永远记得的是那倜傥不群的男子，那用最典赡的句子记录了大汉盛世的人——如果长卿注定是记录汉王朝的人，她便是打算用记忆来编织这男子一生的人。

而这男子，如今老病垂垂，这人就是那人吗？有什么人将他偷换了吗？卓文君小心地提起药罐，把药汁滤在白瓷碗里，还太烫，等一下再叫他起来喝。

当年，在临邛，一起私奔后，她和爱胡闹的长卿一同开起酒肆来，他们一同为客人沽酒、烫酒、洗杯盏，长卿换下书生衣服，别有一种俏皮。开酒肆真好，当月光映在酒卮里，实在是世间最美丽的景象啊！可惜酒肆在父亲反对下被迫关了，父亲觉得千金小姐卖酒是可耻的。唉！父亲却从来不知卖酒是那么好玩的事啊！酒肆中觥筹交错，众声喧哗，糟曲的暖香中无人不醉——不是酒让他们醉，而是前来要买它一醉的心念令他们醉。

想着，她站起来，走到衣箱前，掀了盖，掏摸出一枚铜钱，钱虽旧了，却还晶亮。她小心地把铜钱在衣角拭了拭，放在手中把玩起来。

这是她当年开酒肆卖出第一杯酒的酒钱。对她而言，这一钱胜过万贯家财。这一枚钱一直是她的秘密，父亲不知，丈夫不知，子女亦不知。珍藏这一枚钱其实是珍藏年少时那段快乐的私奔岁月。能和当代笔力最健的才子在一个垆前卖酒，这是多么让人兴奋又多么充实的日子啊！满室酒香中盈耳的总是歌，迎面的都是笑，这枚钱上仿佛仍留着当年的声纹，如同冬日结冰的池塘长留着夏夜蛙声的记忆。

酒肆遵从父命关门的那天，卓王孙送来仆人和金钱。于是，她知道，这一切逾轨的快乐都结束了。从此她仍将是富贵人家的妻子，而她的夫婿会带着金钱去交游，去进入上流社会，会以文字干禄。然后，他会如当年所期望的，乘“高车驷马”走过升仙桥。然后，他会像大多数得意的男子那样，娶妾。他不再是一个以琴挑情的情人。

事情后来的发展果真一如她所料，有了功名以后，长卿一度想娶一位茂陵女子为妾（啊！身为蜀人，他竟已不再爱蜀女，他想娶的，居然是京城附近的女子），文君用一首《白头吟》挽回了自己的婚姻——对，挽回了婚姻，但不是爱情：

皑如山上雪，皎若云间月。
闻君有两意，故来相决绝。
……
凄凄复凄凄，嫁娶不须啼。
愿得一心人，白头不相离。
……

“一心人”？世上有那一心一意的男人吗？

药凉了，可以喝了，她打算叫醒长卿，并下定决心继续爱他。不，其实不是爱他，而是爱属于自己的那份爱！眼前这衰朽的形体，昏眊的老眼，分明无一可爱之处，但她坚持，坚持忠贞于多年前自己爱过的那份爱。

把铜钱放回衣箱的一角，下午的日光已翳翳然，卓文君整发敛容，轻声唤道：

“长卿，起来，药，煎好了。”

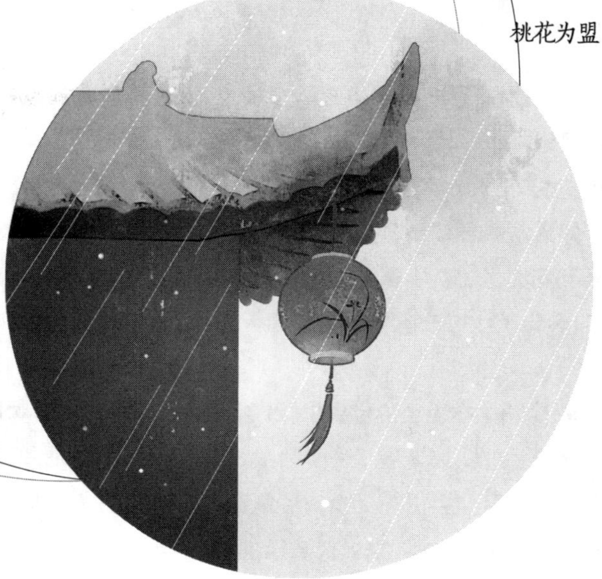

黄 裳

惊梦

春天的一个下午，是那种给人带来无端慵倦的天气。太阳正好，也许是太好了，才使盛开的花朵低垂，使柳丝飘拂得无力，使杨花毫无目的地漫天飞扬。

16岁的杜丽娘几乎拿不稳手里的绣绷，针早已停了，彩线也重得拈不起，何况又是那么长。她只好叹口气放下手中的活计。

春香不知跑到哪里去了，也许是躲在后楼里打瞌睡。

不知怎的，近来她隐约地感到了母亲对自己明显增添了的关心。娘总是习惯地摸着她那头又厚又软的黑发，频频叹息着，好像有无穷的心事。“孩子，你知道做娘的辛苦吗？”她仰面看着娘的眼睛，迷惑不解。娘并不亲自照管自己的生活，可是她知道，娘的心时时都在自己身上，娘确实辛苦。

娘说过：“女孩子不能晴天白日里睡午觉，那是懒婆娘才干得出来的，没规矩没教导的。”

娘又说过：“那花园子里一直没有人，女孩子要少去。万一碰上个花精柳怪就不好了。”

娘还有好些别的教导。娘疼自己，从不说什么叱责的话，可是娘的眼睛却厉害。哪些是允许的，哪些就不行，这些从娘的眼神里都能看得清清楚楚，她甚至能用眼神给你划出一个活动的圈子来。

杜丽娘的绣房里不仅有梳妆的镜奁、女红的刀尺，还有笔砚、纸绢。她喜欢画两笔，开头只是描几张花样子，后来也试着画画人物。她有一册仕女图，闲时就照着临摹。她觉得仕女图里的美人都和自己差不多，都那么美，那么文雅，又好像都有什么心事。杜丽娘想自己并没有什么心事，因此觉得奇怪，不可理解。

除了仕女图，还有一部《列女传》，也是娘给的。书里有许多幅精致的图像，画的也都是女人。每幅图写一个故事，这些故事又往往是不幸的。女人的不幸好像又总与男人有关。她想也许这就是娘千叮万嘱的用意所在。只要一辈子不见男人也许就能免去一切不幸吧。

杜丽娘也确实没有机会看见更多的男人，除了自己的父亲和在书房里坐着的老夫子。她想，世上的男人一定不都是这样的，难道他们真能为女人带来那许多形形色色的不幸吗？

《列女传》里写的都是不幸女人的故事。一定还有更多幸福的故事，不过作者没有写也不肯写。她常拣父亲不在家时偷偷到书房里去看书。父亲的书真多，一摞摞、一堆堆都放在书架上。案头床角则零乱抛置着一些小册子，全不是什么大部头的圣经贤传。她只能抽空翻阅，一见人来就立刻放下。就这样，她断断续续地读了《花间集》里的许多名篇，尽管这里面没有故事，却能摸到青年男女的心，摸到了心也就看见了故事。更使她吃惊的是，世间竟还有写得那么真切、完整、大胆的故事。元微之的《莺莺传》，这是她分两回才读完的，一面读一面沉思、回味，使自己脸红心跳，舍不得一口气读到结局……

在春天下午的深闺里，杜丽娘忽然想起了这些故事。她不只记得情节，还能背得出那些不易忘却的片段，想赶也赶不开。

春香不知道从哪里钻出来了，伺候她梳妆。梳洗后她们要到花园里去。春香说，园里的花差不多已经开齐了，只除了牡丹。等到牡丹开，春天也就要去了。

她轻轻坐下，面对着妆台的宝镜，试看自己的面庞。看到双颊上的红印和堆满了慵倦的眼波时，蓦地侧转了头颈。这时镜中出现了少女的侧影：高高的云鬟，簪在额前微颤着的步摇，她为自己的美丽吃惊了。

"小姐，你好标致。"春香说，"这身衣服颜色也配得好，茜纱衫子越发衬出了雪白的皮肤、乌黑的头发。小姐，你真是美人。"

她默默看了春香一眼，没说什么。

她让春香扶了缓缓走出绣阁，小心地穿过布满苍苔的花径，推开了虚掩着的园门，只觉得眼前一亮，小小的一扇角门竟关住了如此丰满、充溢活力、五彩缤纷、使人睁不开眼的春光！

她在花园门口停下，有些迷惘，有些眩晕，竟不知该怎样走进这春光中去。她想起从书上看到过这样的话："春深如海。"是啊！春光真像海似的深，像海似的神秘。

春光绝不是静寂的。燕子拖着双剪飞快地从身边掠过，黄鹂藏在高柳梢头，或歌唱，或呼唤，它们也为眼前的春光而激动，而欢跃。眼前一片生机，连花草也是有生命、有情思的，也懂得欢乐与哀愁。它们知道花开以后要落，春天是美好的，也是短暂的。应该珍惜，及时抓住这美的一瞬。可是轻轻放过不加一顾的也不是没有。今天她如不是冒险甘犯慈命偷偷来到园里，这眼前的一切不就与她没有关系，并不存在了吗？

她的心乱得很，有许多话想说，只是说不出口。眼前没有一个能懂得她心思的人。她让春香扶了，走过画廊，走过花圃，穿过假山，来到水榭一侧的平台。放眼望去，对面是一片盛开的杜鹃花，红得像一片火。她心里乱得很，想静静地坐一会儿，她让春香去看看老夫人午睡醒了没有，一个人倚着太湖石在石凳上坐了，痴痴地望着池水和使人目眩的山花。

春香去后，她恢复了心头的宁静。

当春香在身边，她在这里感到可怕的孤独，春香去后，孤独感却一下子消失了。春风、杨柳、燕子、黄鹂、火红的杜鹃、斑斓的芍药、茸茸的绿草……眼前的一切，顿时都化为有知觉有情意，能互通情愫、倾诉衷曲的对象。她想起娘说过的花妖，眼前的正是这一大批可爱、可亲近的精灵。她转过槛脚，凭栏下望，在红色游鱼丛中看见了自己的影子。她十分惊喜，她不怕谁偷听，在这里没有值得保守的秘密，她想尽情盘问躲在池水里的那个痴丫头，让她回答一切深埋在心底的隐秘。这一切，无论在娘面前，在春香面前，都是无法出口的。

她抬头望去，远远太湖石边，转出了一个穿了白绸衫子的少年身影，手里拿着碧绿的柳枝。她凝眸细看，这秀才好面熟，可记不起曾在哪里见过。这时她记起在古人诗集里看到过许多"折柳"字样。为什么人们在送别情人、怀念远人时总要折一枝杨柳呢？

拿着柳枝的秀才微笑着，缓缓地走近了。她静静地坐着，心里平静得很。应该来的终于来了。

秀才走过来，在她身边轻轻坐下，她觉得他的帽檐碰着了自己的鬓角，颊边嘘拂着他的喘息，耳畔传来了他的絮语，听不真切，其实也不必真切。这些话她早已在自己心中重复过无数遍了。

她接受了秀才的提议，两人并肩缓缓向园中走去。她不说话，只是听，她觉得自己的脚步从来没有如此轻盈过，心里从来未有这样充实过。他们沿了池畔走，看鸭子在池中缓缓地游，悠悠的，她忽然想起"春水船如天上坐"，这真是一句好诗。她觉得自己这时在天上了。

走倦了也说倦了。他们选了一处太湖石坐下。头上是一树开足了的碧桃。他们在树下坐了许久。风儿吹下了一阵红雨，花瓣儿落得满头满脸，坐着的人兀自不动。这样下去，早晚他们会被落红埋起来的。

谨奉以琅玕一，致问春君，幸毋相忘。

——1930年，西北沙漠汉代居延境内出土一批竹简，内容大多是军政等事情，但其中也夹着一些私信，这就是其中一封，翻译过来就是：随信送上玉佩一枚，问候春君，千万不要两相忘。

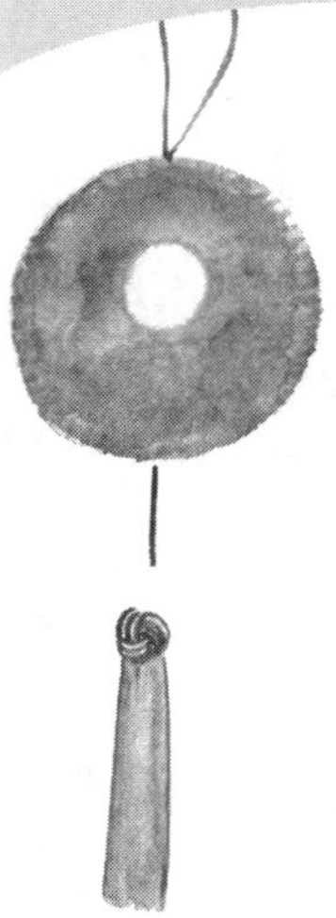

若不能见，幸毋相忘

贾柯

一

“谨奉以琅玕一，致问春君，幸毋相忘。”

这是一封十四个字的古信，随信寄的还有一枚女子配腰的玉佩。

辗转了两千年，国事家事天下事，那一批竹简记录了多少大事，而为一代一代人怀想的，只这一句短信。

后来，为它，考古学家翻破尘土；为它，文化人续写传说；为它，游子思妇泪湿春衫。总是，纸短情长。总是，念念不忘。

冬夜，我读到它。一读再读。不是最初为它动容的一个，也不是最后一个。

寒夜，有微微的银光闪动。

古人，用情也俭，写字也俭。这样十四字的短信，一千个人会有一千种解读。

愿将它读成一封家书。写信者，是个年轻士兵吧。他到了边陲，守关、喂马、打仗，做一个普通兵士为国家该做的一切。他也是一个平常男儿，千里之外的后方，也许在黄河流域，也许在长江流域，在一个村庄里有他的小家。他有父母，和世上别的人一样；他有恋人，和世上别的人也一样。

人在边陲，大漠孤烟直的时候，会思乡。

“春君”，是谁呢？希望是女子。希望这个女子不是别人，是他的恋人。

二

他对春君说：“幸毋相忘。”这是想念。

如果可以，他最想对春君说的会不会是另一句：执子之手，与子偕老。寻遍中国关于爱情的诗句，还是最喜欢从《诗经》流淌出的这八个字。

一泓白水。爱情最好的样子，不用力，不渲染，和草木生长一样，静默自然而长怀恩慈，只是最平常最古朴最耐久的样子。

爱情，从来不需要传奇。爱了，就想朝朝暮暮在一起。和鸡鸣、犬吠、庄稼、树木、花朵、野草、日出、黄昏、月光、星辰、山川、河流、春天、夏天、秋天、冬天一样，一日一日，今天重复了昨日，风轻轻吹起，又有些微的新意。

关于生，关于死，关于相遇，关于相守，关于欢乐，关于忧愁，关于得到，关于失去，关于年轻，关于老去，一个人与另一个人，可以在白水一般的光阴中经历完整的一切。

如果，恰恰，一个人是他，一个人是她。两个人是甘愿的，诚意的，耐心的。

相爱的人不说“两情若是久长时，又岂在朝朝暮暮”，那是露水说给青草的，被诗人偷听到了，记下来，说与人听。很多人却当真了。

世上有多少分离，是有意为之呢？想表明什么呢？我只看到人为的矫情。轻慢爱情的，轻慢恋人的，轻慢世上美好事物的，终究，是在轻慢自己。

每一次刻意，都是一道划痕。

三

写信的他和他的春君，本该在一起。世如江河水，兵荒马乱。

有时，时代太大了，一个普通人的生活与爱就被冲得七零八落。他的手和她的手，牵着牵着，就被冲开了。

世上，从来不只有一个边陲士兵，也不只有一个春君。

不能一起听着鸡鸣推窗开门，不能一起日落荷锄归家，不能一起摘豆劈柴，不能一起坐在桌旁条凳这边一筷子那边一筷子端碗吃饭再添些汤。欢，不能一起共了；痛，不能一起担了。

只有，太阳照常升起又落下，天边荒草颤颤长起来又枯下去，仿佛天地是一潮沙，推起，又湮灭，从来不知道世上曾有一对平凡人的爱情。

很多事，就这样不能了。那还能怎样呢？

屈原写《天问》，问天问地问神灵问君王问苍生，宇宙洪荒，哪一个问题又有答案呢？

我亦有问。只问鸿雁。

春君有没有收到这封十四字的信，在春天花开的时候念一念，在冬天下雪的时候也念一念？

春君有没有把那枚玉佩挂在腰间，环佩作响羞到三月梁下的燕子，在河边浆洗时浸凉了一池秋水？

这么问，是想把一个桃花缩成一个花骨朵儿赖在春天里不肯消夏不肯秋落不肯冬寒的样子了，有点儿天真，有点儿荒唐。

一厢情愿。

“桃李春风一杯酒，江湖夜雨十年灯。”黄庭坚也有十四个字，写了人生的两境，像一种词，翻了云覆了雨的上阕与下阕。

谁都想只扯着那上阕，呼啦啦地奔跑，像憧憬着的少年一般，永远是明媚的，光亮的。但下阕，总会来的，生命的另一半，是黯然的，感伤的。

据载，发现这封竹简，是在塞北大漠，和许多重物一起，浮上来，像一艘海底沉船，并没有到达彼岸。

是的，那十四个字的信，还有那枚玉佩，在原来的地方，沉睡了两千年。

是的，一信一物，春君没有收到。

四

时间流转。只要世上有一颗星，就一定会有另一颗相映，谁都不孤单。

读着这十四字的信，我想到另一封信。那也是一封无名的信。时间，是现代。

1999年，夏日，我和一些人整理一堆浩如烟海的信。全是公务的信，信封，信纸，拆开连字都是兵马俑的样子。

一封家书，就在这不止一千封信中被打捞了出来。读时惊诧，这封信该是寄错了地址的，它并不是盆中的孤儿顺水漂流，只是，阴差阳错，流进了不相干的河流里。

造化弄人，有时只在一个邮筒到另一个邮筒之间。

那是一封安徽女子的来信。也短，半页纸，字迹小学生一样工整，写给新婚不久的丈夫，信上大意：你离家已经三个月了。我知道船厂是要出海的。你现在到了哪个港？钱是要挣的。够了就行了。你好久回来呢？

信封上，没有留寄信地址，只有邮戳上的黑印记下了写信人的大致来处。想必，那个她一定深信着，深信爱人记得她，也记得他们的家。这封家书，却不能到爱人的手里了。

这封信一直藏在我心里一个角落。我无数次想，后来呢？不是想那封信的后来，是想两个人的后来。

后来，她还给他写信吗？他收到信了吗？他给她回信了吗？她还在等他吗？他回家了吗？

后来，他和她在一起吗？

很多事，是不知道的。古时候的事，人不知道。现代的事，人又知道多少。

只知道，不在一起的相爱者，很多事，都不能。

相爱而孤单，也还有一件事可做的，像一座山远远地凝视另一座山，甚至不用信、纸、笔，不出声，一遍又一遍：若不能见，幸毋相忘。

唐代诗人笔下的劳动者

刘永加

韩愈记载的睿智瓦匠

唐代大诗人、文学家韩愈为在长安揽活儿的一名泥瓦匠写过一篇传记叫《圬者王承福传》。

泥瓦匠靠出卖劳动力为生,生活在社会底层。也许是与泥水打交道吧,被人们称为“圬者”,就是干脏活儿的人,可见社会地位的卑微。

贞元十六年(800)冬,韩愈回到长安,第四次参加吏部考试,向他从政的梦想再次发起冲刺。为了更有把握,韩愈找了个住处,“宅”了起来,准备功课。就在这时,韩愈遇到了王承福。韩愈通过与他的聊天,发现了他许多独特的观点,“听其言,约而尽”,因此决定为其作传。

王承福本是农民,因为安史之乱成了一名驰骋战场的士兵。经过十三年的征战,屡立战功,朝廷要给他封功授官,他却没有接受,自认能力有限,只能“择其力之可能者行焉”,于是在长安当了一名泥瓦匠。韩愈了解到,王承福干了三十多年的泥瓦匠,一直没有买房子,而是寄居在别人的家里,按时交房租和生活费。有了剩余的钱,他就送给更困难的人。

对于王承福的做法,韩愈很不解,王承福告诉他:“多年来,我一把抹板走过无数的富贵之家,十年河东十年河西,世间多变,沧海桑田,当年的豪宅有的已经破败不堪了。我问他们的邻居,有的说,这家主人犯了死罪,已没了几年了;有的说,老主人已经去世了,他的子孙不务正业,没能守住祖宗留下的家产;还有的说,人死后,财产都充公了。幸福来得慢的地方,灾难也来得慢,比如清贫人家;幸福来得快的地方,灾难也来得快,比如王侯门第。我虽清贫,几十年了,我没失过眠,没得过病,没有过忧虑,看到身边的人们那么多的烦恼和灾祸,我觉得自己很幸福。”

韩愈记载的是一名泥瓦匠的朴实想法,其中不乏生活智慧。从另一方面,我们也可以看到,正因为有了王承福他们,人们才能安居乐业。从某种角度来说,是王承福这样的普通劳动者,造就了长安的辉煌。

柳宗元笔下的木匠有领袖气质

韩愈的朋友,也是唐代著名诗人、文学家的柳宗元在一篇名为《梓人传》的传记中,记载了一个木匠。

柳宗元有一个好朋友叫裴封叔,在长安光德里有一处宅子。一天，有一个木匠想要租他的房子，木匠随身携带了量尺、圆规、曲尺、墨线和墨斗等木工用具。裴封叔感到十分奇怪，问他有啥技能。木匠回答道："我善于计算建筑材料。看房屋建筑的规模，考虑怎样用料才适合高低、深浅、方圆和长短的需要，然后我就指挥工匠们具体劳作。若是没有我，工匠就无法建成一座房屋。"

后来，京兆尹要修建衙门，门口来了很多的建筑工人，他们大多带着斧头和刀锯，被围在中间的正是那个木匠。之后，木匠拿着度量的工具，估量房屋的规格，挑选可用的木头，然后开始指挥大家干活儿。这些工人都听他的话，木匠怎么说，他们便怎么做，即使有人因为做不好而挨骂了，也没有人怨恨他。房屋建好了之后，在正梁上的题字，就是这个木匠的姓名。

对此，柳宗元感慨万千，他觉得一名手艺人，成长为用脑子干活儿的人，肯定是有智慧的人，这样的人能成为领袖就不足为怪了。这难道不值得辅佐帝王、治理国家的人学习吗？

白居易诗中的百味厨师

"民以食为天"，大诗人白居易在《寄胡饼与杨万州》中写："胡麻饼样学京都，面脆油香新出炉。寄与饥馋杨大使，尝看得似辅兴无。"从白居易的诗中，我们不但可以领略胡麻饼的模样与特色，而且可以看出白居易学着做了些胡饼，寄给自己的朋友杨万州。胡饼是长安的著名美食，厨师们没有相当的技艺是做不出来的。

当时长安最著名的厨师叫膳祖，后来被称为中国古代十大名厨之一。她是当时宰相段文昌的家厨，多年勤学苦练，烹调技艺精湛。她烹制的名食菜谱，后来大都记载在段文昌之子段成式编著的《酉阳杂俎》中，得以流传后世。

正是有了膳祖这样的厨师，长安的餐饮业水平才得以提升，在封演的《封氏闻见记》和韦巨源的《烧尾宴食单》中记载的烧尾宴，就是典型的代表。唐代士子登科、荣进及迁除，好友同僚前来慰贺，必须请一顿饭，款待的盛宴置酒馔、音乐，谓之烧尾宴。

陶谷在其《清异录》中记载了韦巨源在拜尚书令后，以烧尾宴宴请唐中宗时留下的一份食单，使人们得以窥见这次盛筵的概貌。食单中的饭食、点心多达五十八种，有单笼金乳酥（蒸制酥点）、曼陀样夹饼（炉烤饼）、巨胜奴（酥蜜馓子）等。这充分说明唐代厨师在主食的制作上不但工艺水平有了较大提高，制品的花色、品种增多，而且风味独特，在我国面点史上占有了很重要的地位。

王建吟咏的高超艺人

唐代诗人王建有《寻橦歌》一诗，其中写道："人间百戏皆可学，寻橦不比诸餘乐。重梳短髻下金钿，红帽青巾各一边。身轻足捷胜男子，绕竿四面争先缘。习多倚附欹竿滑，上下蹁跹皆著袜。翻身垂颈欲落地，却住把腰初似歇。大竿百夫擎不起，袅袅半在青云里。纤腰女儿不动容，戴行直舞一曲终。"

王建诗中记载的就是当时百艺杂技之一的顶竿惊心动魄的场面。这种顶竿，又称戴竿、都卢、寻橦等，由一名艺人头顶一根长竿，然后另一艺人或多名艺人沿竿爬上，在竿上进行各种惊险的表演，而顶竿人则要使长竿保持平衡。

那时，涌现出了一批优秀的顶竿艺人。唐玄宗时，有一个叫王大娘的顶竿艺人，能头顶十八人而行。唐敬宗时一个叫刘交的艺人，她用的顶竿高七十尺，她十二岁的女儿爬到竿顶，站在一个托盘里，毫无惧色。

唐敬宗时，还有一个幽州女子石火胡顶竿技艺更是高超。石火胡出生在幽州一个贫民家庭，为了生存，她苦学当时最为流行的顶竿。这种空中技艺，在盛唐已达到顶峰，并且在技巧和表演方法上都有新发展。唐代刘晏曾在京城长安观看了王大娘的表演后，写诗赞道："楼前百戏竞争新，唯有长竿妙入神。"

一位伟人说得好：人民创造了历史。正是这些各行各业、默默无闻的普通劳动者的奋斗和付出，才有了大唐长安的恢宏建筑、精品美食和唯美艺术。

✽秦弋天

风尘之中救风尘，不异于泥潭救落水，仗剑而行。

不负风月不负卿

花移影动，春暖日迟。新一季的桃花开了春，染红了整个汴京。此时的她正在楼内，有一搭没一搭地做着刺绣，恰是鸳鸯戏水图。窗外流莺飞燕，柳绿花红，她望着自己手下那颜色鲜活的鸟儿，痴痴笑了起来。

樱唇轻启，秀手掩面。一时间，连经过她窗前的和风也变得暧昧而慵懒起来。

汴梁歌者宋引章，她即将出嫁。

她要嫁的人叫作周舍，如同《水浒传》中高衙内一般吟风弄月的浪荡人物。有钱而善弄风情，总让人觉得不放心。引章的妈妈劝她，说怕她嫁过去后那人便不如此了，风月场所的男人还是重一个“色”字，且不提人老珠黄，单是过门后便怕她要吃打受骂。引章刬铁了心，认定自己的真命天子就是那周舍。

日子本应当继续过得波澜不惊。直到那日，汴梁城另一名妓赵盼儿的家中来了一位白衣秀士，洛阳安秀实。

安秀实符合我对宋代白衣文人的一概想象，风流倜傥，满腹文章。只是难舍花间一壶酒，他情之所系，正是那要嫁有财周舍的宋引章。

才与财，恐怕是天下女子都要面对的一个问题。可惜的是，安秀实在与周舍的较量中，毫无悬念地败下阵来。引章连分手也不对他明说，他败得一塌糊涂。

这样一来，这恋情便变得乱花渐欲迷人眼般复杂。安秀实原和引章订下终身的，可转眼她就要踏上周舍的花轿。安秀实被负得这般踏实，不舍也不甘，于是前去寻了同引章有八拜之交的赵盼儿，希望盼儿能劝引章回心转意。

盼儿寻到引章，劝她莫嫁周舍。她亦身处风尘，所以看得清楚，听得明白。她明白地告诉引章，未娶前对你千般万般好，过了门后可就今非昔比了。

引章此时早已被所谓的爱情蒙蔽，被即将到来的幸福冲昏了头脑。她说那周舍有财又体贴，且赌咒盟誓会对她好。这样真情实意的男子，有何嫁不得?

风月场里男人的赌咒只如同秋风过耳，去休去休，这道理盼儿不知同她讲过几百遍，如今她却又将自己绕了进来。人没过门，心里想的全是他的千般万般好。这样的女子，当真奈何不得。盼儿也无奈，自知再劝也是徒劳，最后放下狠话，说:“你日后若受苦，可莫怪当初不听人言。”引章不屑，索性回得更狠:“我便有那该死的罪，我也不来央告你。”

盼儿长叹一声，就此离去。姐妹二人就此分道扬镳，她入她的花轿，她回她的绣楼。井水不犯河水，再无交集，再无相干。

雁来雁去，匆匆又是几月过。若不是引章的妈妈拿着引章写下的救命书信前来寻她，盼儿以为姐妹二人当真从此陌路。直到她亲眼看见引章的书信，写着自嫁后每日吃许多打骂，只求姐姐速速解救，晚则性命不保。盼儿这才将书信一掷，又气又怜:“引章，当初我说什么来着！”

当初是自己一意孤行，而今做了他人妇，又教旁人如何救? 换作普通人家也只能同《红楼梦》中的邢夫人一般同苦命的迎春哭一遭，毕竟嫁鸡随鸡，嫁狗随狗，况且夫妻事清官尚且难断，又哪里有局外人插手的道理？更何况那个年代给予女子太多局限，明知是火坑也只能眼睁睁看她受煎熬。自己造下的孽，无人得偿。

可盼儿不是寻常人家，她是红尘中的风尘客。大家闺秀身处深闺，一颦一笑举手投足间都有了尺度，多了束缚。盼儿是风尘女，花开花落自有时，容不得她做主，所以她不惧。生命是鲜活而赤裸的，她亦是这般真实。

她见不得自己最要好的姐妹受苦，即使那人面对婚姻已毫不犹豫地将她背弃。思来想去她定下计策，只要赚得周舍的休书，便可将引章救离苦海。气归气，救还是要救的。

风萧萧，雾漫漫。此夜寂寥，一宿无眠。玉榻上她辗转反侧，仿佛挑灯看剑，未雨绸缪。第二日一早，盼儿艳妆出门，容色极盛。虽无仗剑，却挈了两袖霜风。她准备好行头，即刻上马，直奔郑州。

彼时你若在郑州，便能看到这样一位貌若天仙的红妆女子。她绝不故作弱柳扶风的出尘女儿状，也从不隐瞒眉心那沾染风尘的胭脂记。行于艳阳下，飘至落花前，宝马香车驰于郑州大道上，她从城的深处一路分花拂柳而来。于风尘中自带出一种凛冽英豪气，美得不可方物，也教人不可逼视。

她百里奔波，只为救人于水火。盼儿胆大心细，一路上早已绸缪。她很聪明，懂得遇到好人家便可素颜以侍，不必刻意浓妆；若遇到恶人家便要红妆艳抹，少不得些手段与姿态。那么周舍一定是恶人家了，不然她也不必打扮得这般精致妖冶，只婉转的一个回身，便能醉倒大半个郑州城。

盼儿自是风月高手，寻得周舍家门客店，不过一番手段便教他骨酥神迷。周舍哪里把持得住，俨然一副牡丹花下死，做鬼也风流的姿态。周舍满口答应要休了引章娶盼儿过门，恰逢此时备受冷落的引章前来同他寻衅，他索性洋洋洒洒写下休书，当时便同引章恩断义绝。

引章拿了那休书如同救命稻草，便同盼儿一起遁走天涯。待周舍发觉受了骗，盼儿已将那休书调包，自己收藏。周舍追上二人，一把夺过引章手中的休书便撕，拉着这二人一路到了官府。

周舍满以为撕了休书便可将引章重新据为己有，也将喝了酒吃了羊的盼儿一同纳入屋中。谁想如此反而遂了盼儿的意。她早已布下这阵，只待周舍自己入套。

周舍前脚击鼓说妻子遁逃，安秀实后脚便奉了盼儿之命也来状告说那周舍夺了他的妻子。两相对证，盼儿拿出那周舍写下的休书，周舍才发觉入了盼儿的局。周舍被判杖六十，引章就此和安秀实结了连理。

是夜，清水衙门变成了洞房花烛。直到此时才算得桃之夭夭，引章找到了自己真正的归宿。如今方才明白，所谓愿得一心人，所谓白首不相离，不需花前月下，只求缘无尽时。

风尘之中救风尘，不异于泥潭救落水，仗剑而行。那本该是一个无情无义的地方，却被盼儿显出这样多的人情味儿。怎样的情义，才能闻听她身处水火便能翌日奔赴；怎样的聪慧，才能于嬉笑怒骂中兵不血刃；怎样的女子，才能在于他人对垒间不费一招一式轻巧夺了颜色。

盼儿不仅有情，身上更多的是一个“义”字。情义，恩义。风苍苍，夜茫茫，她自汴梁奔赴郑州，车轮滚滚，尘起纷纷。红妆艳抹的她于眉目中自带出一种浑然天成的美。美得凛冽，美得大义，虽身处风尘，却教人肃然起敬。绣鞋的每一步，踏出的都是“情义”二字。车轮掀起的尘埃仿佛是她飞扬的裙裾，又像是身后的风尘。

早有红拂夜奔事，这侠与妓，是可以相通的。因为大义与无惧。

引章何其幸运，能于水深火热之时遥遥一呼，即有红尘可托之人。姐妹二人虽因一个男子反目，但在引章身处危难之时，第一个想到的人，还是她。一封书信，字虽寥寥，却足以将性命相托。

慨叹不已，这方是真正的命好，只要回头即可上岸。这容不得错的世间有悔悟的机会予她，而不会一失足成千古恨。岸边永远等待着渡她的舟、救她的人。

沉吟往事，有一种美叫红尘无情岁月轻，有一种情叫不负风月不负卿……

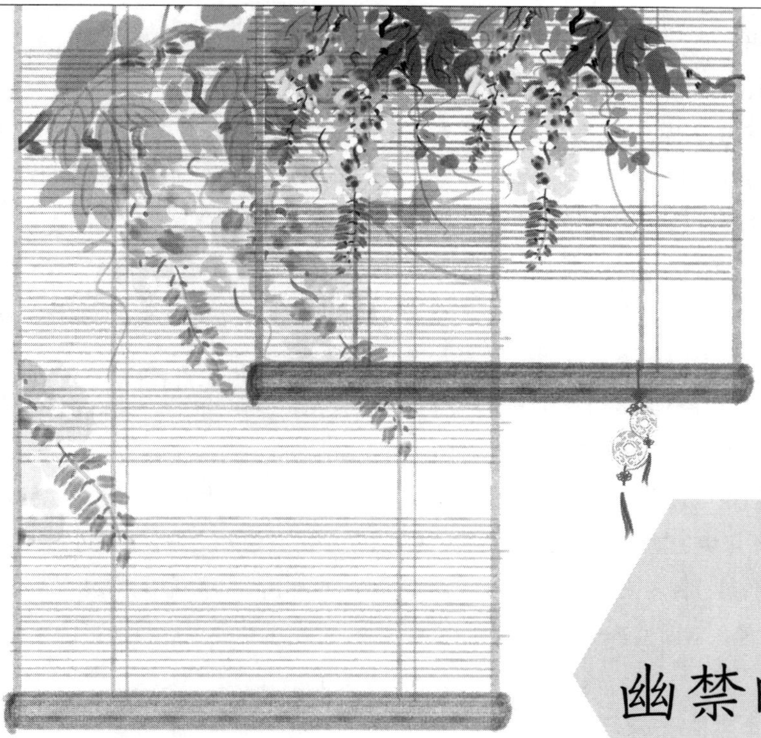

带她回到遥远的，遥远的故乡，白山黑水的东北大草原。

幽禁的情人

✽张曼娟

钟粹宫

你一直记得那个隆冬之夜，不寻常的狂风怒号，沙土飞扬。

同治十三年（1874）十二月初五，皇上驾崩。两宫太后召集王公大臣紧急议事。

随后，慈禧太后宣布，由醇亲王之子载湉继承大统。

你的父亲在殿内聆旨，既惊且痛，失声恸哭，昏厥倒地。他不要你做皇帝，那个刚才撒手咽气的同治帝载淳，只是个极不快乐的十九岁少年啊。你是他最宝贵的儿子，醇亲王府娇养的乳鹰，原来应该在天地间自由展翅。

然而，宫中片刻不肯耽延，派兵一队，黄轿一乘，火速赶往太平湖醇亲王邸，迎接幼帝入宫。

王府内眷一片哭声，在生离死别的混乱中，你自梦中惊醒，犹迷糊怔忡，闹着要找母亲。孰料自此却坠入一场冗长、愁苦的梦魇，总难转醒。

你被立为大清光绪皇帝，那时，年仅四岁。

你的世界全变了样，再看不见一张熟悉的面容。便是父亲也像换了个人，曾经雄姿英发，抱着你跨上马背，允诺要带你回到祖先故乡，白山黑水的东北大草原去驰骋的父亲，跪在地上，时时低垂着头。你不明白，整日里见到的人，不论男女老少，为何都直不起腰？

那天，在钟粹宫，你的父亲又向你跪请圣安，你忽然翻滚下榻，直奔到他面前，扯住衣袖，想拉他起身，一面急切地喊道："阿玛！阿玛！带我回家吧！我要回家——"

侍立着的太监、宫女，纷纷上前劝阻，抱起你不断挣扎的小小身子。你哭！你喊！一声声喊："阿玛！阿玛！阿玛——"

你的父亲匍匐在地，浑身战栗。

你病了一场，原本就不旺健的体质，感冒发

烧，来势汹汹。

在病中抚慰你的，是慈安太后。进宫以后，你与她同住在钟粹宫。当你病着的时候，刚醒来便看见她焦虑的双眼；听见她温柔的安慰话语，她把你当成了另一个同治。依靠在她怀里，可以撒娇，觉得安全，你把她当成了另一个母亲。

同治与她并非母子，你与她也不是母子，但，你们都与她亲近。

你开始读书，举止行动也和往昔不同，神态自若地看着醇亲王跪安。谨记慈禧的训诫、慈安的规劝，人君必得仪止合宜守度，不可逾矩。

向两宫请安，是你每日不可免的功课。到长春宫去，不知为何总是不自在，慈禧询及读书的情况，末了总要再提醒一遍，你能入宫即位，全仗她的恩赐。

往钟粹宫去，便磨蹭着不想走，慈安知你爱吃点心，总备着一份给你。有时，看着你，叹一口气："皇帝快些长大吧。长大了，朝中大事便可以做主。"

她常和慈禧意见相左，因此，显得忧愁。你解事地劝她不必烦忧，并说待你亲政后，还要奉请慈安垂帘听政。

"至于她嘛，便省了吧！"你意气飞扬地说。

慈安忙止住你的话，恐怕你会惹祸上身；却不知道她自己的大祸正兜头罩下。

慈禧其实对你的琐事了若指掌。当初，亲生子同治与她反目，却和慈安情同母子，已使她衔恨在心；你是她嫡亲妹子的孩儿，在慈安的教唆下，还未亲政，便不给她留余地。同治早逝，两宫太后面对死神，没有赢家。这一回，慈禧不会再给对手一点儿机会。

出事前一日，你像往常一样，去钟粹宫请安，慈安染了点风寒，精神还好，谈笑一阵。告退出宫时，正巧遇上慈禧派人送点心，一碟精巧的包子。

你在钟粹宫敲响的丧钟中，惊跳起身。

自幼年起，你便知道，这座阴森的宫苑，时常吞噬人命；你听过各种可信或不可信的传言。可是，慈安是太后哇！不能这样对待她，不能。

她是你唯一的亲人了。

看见慈禧的时候，你咬紧牙关，撑着蓄满泪水的双眼，大声地，直问到她脸上："她是怎么死的？"

慈禧极缓慢地抬起头，望向你。那寒冷如刀剑的眼光，令你背脊发麻。她仔细打量你，像看一个陌生人，片刻以后，用平板的声音下了懿旨："皇上悲恸过度，先回宫安歇吧！"

你被太监挟回寝宫，脑中轰然。"我不是天子吗？我不是皇帝吗？"

"不是！"你的脚步零乱，"我只是个傀儡。"你告诉自己，今日死了慈安，明日便能死了载湉。

跨进门槛，你站住，一口鲜血猛烈喷出。

光绪七年（1881），慈安太后猝逝于钟粹宫，上谥为孝贞显皇后。

那年，你十一岁。

养心殿

在朝野一致强烈要求下，慈禧宣称要还政于君了。但，必须在你的大婚之后。皇后是慈禧挑选的，她的亲侄女，比你年长二岁。

你对婚姻并没有温柔的想象，甚至不抱希望。同治当年忤逆慈禧的懿旨，表面上看来争取了自主，却只给他的皇后带来悲惨的下场。你决不重蹈覆辙。你真正在意的是大婚以后的"还政"。

光绪十五年（1889），大婚礼成。

慈禧果然宣布还政，撤去了那道垂帘，迁居颐和园。虽然军国大事仍需恭请太后圣裁，虽然时时得往颐和园叩安，但你仍充满蓬勃朝气，时时准备大显身手。

大约也是在那段时间，你的心灵，与那年轻的女子相遇，带着前所未有的心动。

年仅十三岁的珍妃，有着一双晶亮坦白的双眼，出落得亭亭玉立。她的面容，不同于宫中嫔妃的丰圆富态；尖小的下巴，透着股惹人怜爱的剔透清丽。

她从不回避你的眼光，慧黠的眼眸里总藏着

教你欢喜的主意。有时候甚至改扮男装，陪你到鹿苑去。

“新婚宴尔，如兄如弟。”你说。

她的眼睫闪动，把一株莲花似的小手，递进你的掌中。

“我是你的知己，也是情人。”夜深人静的时候，她说。

你从不知道自己会为这样一个小小的女子魂牵梦萦，灵魂深处某一种沉睡已久的感情苏醒，并且澎湃激昂。朝中大小事，乃至夜梦种种，都想和她说。她专注地聆听，为你添香磨墨，你们痴心地想过民间夫妻的生活。

但，你们如此亲密，忘了旁人；旁人却不能忘了你们。皇后耐不住望穿秋水的寂寞，三番两次向太后密告，珍妃的好男装、爱照相，全成了蛊惑皇帝的罪状。慈禧口中劝解，心中却不以为意，因为她也爱珍妃的灵巧美丽；况且，你的举措大致也让她顺心。

然而，你的爱宠使珍妃丧失世故机巧的能力，仍保持一贯的天真率直。那一回，慈禧训斥你不善为君时，珍妃竟然上言，为你辩护，隐约有埋怨慈禧揽权不放的意味。

她的忠诚，换来忤逆之罪，被贬为贵人。接下来许多日子，你们二人被禁止会面，你已算不清日子了，只是一场接着一场地生病。

直到慈禧恩准贵人恢复妃位，珍妃盈盈拜在榻前请安。你命她抬头，那双眼眸，如昔地倔强，并未因遭挫而软弱。你的胸腔，被一种混合着疼惜与钦敬的复杂情绪充塞，一言不发，拥她入怀。

你再不让她离开养心殿，二人同寝同食，较先前更和婉亲爱。殿中的老宫人经常喟叹，说是同治皇帝往昔与皇后也是如此好合。你并不愿与先皇比，总认为自己要比他幸运得多；你的爱妃更不会像先皇后那样，被慈禧欺凌，抱恨夭亡。可是，你所居住的正是同治的寝宫，谁能预料你的命运？

你微颤地，揽住身畔安歇的她，她像孩子般酣睡着，全然信赖地倚靠着你。

这份被倚靠的知觉，鼓舞了你心中始终蠢动的希望，并化为一股要将其实现的力量。

光绪二十四年（1898），你召见了康有为、梁启超等人，听他们侃侃而谈，阐析世界大势，认为朽败的中国在列强环伺下，只有一线生机，便是变法图强。他们请求你立即下旨变法。否则，一旦亡国，皇帝将“求为长安布衣而不可得”。你转头望向珍妃，清晰地说：“朕，不甘做亡国之君。”

在这场维持了一百零三日的维新变法中，珍妃是你的同志，她遣太监为你与宫外传递讯息，躲避慈禧的众多耳目。

误信袁世凯，走错一步棋，他的阵前倒戈，使你的维新变法，成为谋逆与叛乱。

事发前一夜，你与珍妃同衾，辗转反侧，无法入眠，听着雨滴敲打在鸳鸯瓦上的声音，一阵远，一阵近。

“听见了吗？”你问。

“是的。”她低声回答。

“你，怕不怕？”

“不怕。”

五、瀛　台

失败得彻彻底底。

谭嗣同等六人，被绑赴刑场，从容就义。

你被单独囚禁在瀛台，珍妃被贬于建福宫，你们最亲近的太监宫女，全部惨遭处死。

你一直在寻找存活下去的理由，当日，养心殿上分别，珍妃凝睇着你，说：“执子之手，与子偕老。”

这是一种约定，相约要活下去，只要活着，仍然可能有希望。

但，去向慈禧请安时，你知道，这个朝廷，这个国家，已如大厦将倾了。

听见奏请朝廷以义和团对付洋人时，你忍不住出声拦阻：

“不能。”

你知道,果然如此,则断无生路。而这个谏阻太微弱,八国联军,烧杀掳掠,朝向紫禁城来了。

原以为要在瀛台幽居一生,却在破城前夕,接慈禧懿旨,一同避难出京。便是在存亡之际,她仍不能放你自由。

看见珍妃苍白的容颜时,你几乎感激涕零,感谢上苍还能让你们相遇。她当时从景祺阁的北小屋走来,孱弱憔悴,已不是往昔对镜簪花的丰美鲜妍;也不是湖畔以手绢逗引游鱼的浪漫俏皮,只是个沉静的妇人。

但,你按捺不住强烈的情感,她是你今生唯一的知己与情人。

珍妃清清亮亮的眼眸望向你,你的心中陡地一震。

她的灵魂、她的意志,始终不曾改变。

众嫔妃跪地感谢隆恩时,珍妃也跪下,她不愿离京,并且进言,说皇上应该留在京中理事。

慈禧默不作声,缓慢地转过头,望向珍妃。一种前所未有、令人战栗的恐惧感,猛地攫住你。你几乎是扑滚到慈禧脚前,肝胆俱裂地喊:"老佛爷——"

从没有像此刻的恳切、真诚而哀戚,并且凄厉。

来不及了,一切。

"很好。"慈禧的声音因愤怒而颤抖,"你若不走,就殉节吧!"

"不!不要——"

你嘶声地哀号,感觉自己被撕成几片,疯狂地以首撞地,不论这个坐在你面前的老妇是神、是魔、是仙、是鬼,她已经毁掉你的一生;现在还来毁灭你的灵魂。而你必须祈求她。

祈求她——

祈求她——

祈、求、她——

太监入内复旨,已将珍妃投入井中赐死。

"没事了。"慈禧扶住你,用不曾有过的温和语调说,"皇上!咱们该上路了。"

你的脑中,轰然响起,如同击鼓鸣金,又像万马奔腾,你捧抱住头,蜷缩、翻滚,无助地呻吟。〔注:清宫档案保存有光绪三十三年(1907)载湉自书的"病原",叙述病情,提到"其耳鸣脑响亦将近十年。其耳鸣之声,如风雨金鼓杂沓之音,有较远之时,有觉近之时"。〕

死生契阔。

光绪三十四年(1908)十月,时序入冬,你的生命也走到了最末一段。

年过七旬的慈禧仍然健朗,她已不把你视为对手;你也早放弃与她抗争的念头了。甚至连怨恨的力气都没有。

当你再不能去向她请安问好时,她反而驾临瀛台探望你。听说,他们准备让你弟弟的幼子溥仪来继位,年方三岁,比你当初入宫还小。你张口,仿佛想说什么,慈禧轻声说:"皇上好好休养,不怕的,养着吧。"

是的,合上口,也闭上眼,养着吧。再没有什么可怕的。

听见涵元殿檐上风铃摇动,你突然想起,当初曾与珍妃放风筝,让那些纸鸢飞上蓝天,愈飞愈高,愈飞愈远,小刀截断了线,你们依偎在一起,看纸鸢如一双鹰,穿越宫墙,互相追随,展翅远逸。

系着你的这根绳索,也将截断了吧?

自冬天开始的,也将在冬天结束。

这充满传奇的一生,你为人子,却非人子;你为人君,却不堪为君。历史将会如何评价,此刻已不重要。

你只是如此平和地思念,你是她的情人,被幽禁了一生的情人。而今,就要获得自由,不论她在哪里,你都能找到,带她回到遥远的、遥远的故乡,白山黑水的东北大草原。

执子之手,与子偕老。

你突然伸起手,像握住一株莲花的姿势,在虚空里画一道弧。

恬静安适地,微笑。

光绪皇帝驾崩于瀛台涵元殿。

那年,你三十八岁。

托意眉间黛

风飞扬

唐人有多大胆，从女子的眉端就可想见。

蛾眉妆是唐朝流行的一种画眉方法，需将眉毛全部拔除，再用石黛于靠近额中的地方画上两道短而粗的眉，如翅膀一样，也叫“飞蛾妆”。

“蛾”之一字，真真是形象，贴上圆润白皙的面，惊了多少才子心，伴着大唐气象，让诗直达千古高峰，后人只能仰望，连追意都不敢再生。

这一妆容，留存在周昉的《簪花仕女图》里，这是唯一存世的唐代仕女画孤本。画中庭院的陈设简单，而这几个贵族女子却热闹得落尘生香。她们逗犬、拈花、戏鹤、扑蝶，且都是妆容精致，衣饰华美。所有女人的聚会，都是顾盼时比美的盛宴。耸云髻、步摇、簪花、袒领服、披帔、石榴裙、樱唇、蛾眉、贴花钿，无一例外，连旁边执扇的侍婢也是相似的妆，可想而知在唐朝，流行如时尚，便是那一夜春风了。

在这些女子的神态间，不见任何孤寂落寞，相反还透着那么几分安详和气定神闲，对生活有着百般的乐趣，没有闷，也没有愁。

她们用来画眉的，一定是螺子黛。

“粉白黛黑，施芳泽只。”据说画眉这一化妆方式起源于战国，那个聪明的女子一定是眉毛不够黑或者不够长，她用烧焦的柳枝偷偷地扫在眉上，被人瞧了去，一番大惊小怪的夸张询问和转过身的嘲讽后，竟然是掩门合窗去效仿。从此画眉的方式和技巧，还有眉样，随着朝代不断变化，千奇百怪层出不穷，一发不可收拾。

很快发现了黛，黛是一种黑色矿石，碾成粉末加水调和来画眉，比焦黑的枯枝典雅了

太多。石黛出现得恰到好处，有了身价，对待的心，自然又有几分不同了，连不需要画眉的人也要精挑细选出几块，细细磨了化开，那柔情便也似了水，可上眉梢了。

《诗经》里亦有句子“螓首蛾眉，巧笑倩兮”。让人心动而怀想，但是这个“蛾眉”，却是细长弯曲，这里借的是蚕蛾的触须来比喻，想起来也仍是妥帖，可是形状上却大相径庭。

眼见这眉，也要生对时代才可爱，否则，定是一场笑话。

古代女子画过的眉样何其多，但前提条件无一不是先要把天生的眉毛去掉，我不得不煞风景地想象，卸了妆的容貌该是怎样的惨淡，“双眉未画成，哪能就郎抱”，怪不得病中的倾城女子，不许那个爱着的人见着。

不觉就心疼了，为那些生动的女子。怎能不自怜，对镜梳妆也伤感，卸妆更难挡凄凉。古人云，身体发肤受之父母。她们却先要在心里留一个伤口，种下爱与情，再从容貌里开出春意来，倒不及墙角的花花草草由人恣，却定是酸酸楚楚的怨，恐怕一生，都难排遣。

从去掉眉毛的那一刻起，就注定了身为女子的不易，注定的身心不自由。

没有什么能衡量出幸福，哪怕价值千金的螺子黛。

隋唐时期，已有女子能用上从波斯进口的螺子黛，螺子黛摆放在梳妆台上，恰似书生案头的墨锭，从此才子佳人的故事，一演就是几千年。

隋炀帝开通了京杭大运河，烟花三月下扬州，在江南，龙舟上有妙龄少女千人，手执雕版镂的金楫，被称为“殿脚女”。单划船的人就需要千数之多，于千人之中，隋炀帝看见了她，透过层层帘纱，越过蝶舞莺歌，那个专注的女子一弯秀眉，把人牵了又牵，惹了又惹。这个擅画蛾眉的扬州吴绛仙，被隋炀帝封为了崆峒夫人，成了他的婕妤。隋炀帝因爱之眉色，每每倚帘顾之，移时不去。有波斯国来的螺子黛，号称蛾绿，每颗值十金，皇上全部赏给吴绛仙独享。其他的后宫嫔妃也纷纷效仿吴绛仙，以盼皇帝青睐，能眼波停留，然而再怎样，也是握着铜黛，底气上先差了几分。隋炀帝说：“古人言秀色若可餐，如绛仙真可疗饥矣。”就这一句，多少心怀就此黯淡。

所以杨贵妃知道这眉有多重要，她云为衣裳花为容，沉香亭里饮的玉液琼浆，百花丛中醉得明月黯然珠有泪，连跳的舞都是广寒仙子的霓裳羽衣曲，这样的女子，生就得不平凡，放眼全天下，她不会以谁为模板，自然要日日出新妆了。

“一日新妆抛旧样，六宫争画黑烟眉。”这也只是一时，等满宫皆是黑烟眉的时候，这新妆便也到了尽头成了旧样。晨曦的清露还没有尽数散去，清新的枝叶上闪烁着活泼的光，满月门里的阁楼下，一身华贵的她，眉梢上点着嫣红，贴着素羽，国色天香地盛放，也惊也艳，如此无拘无束的扮相，六宫粉黛如浮云，哪里还显得出颜色？

而唐明皇也分明会赏。盛唐的月光都有三分酒气，唐明皇一身才艺，能预见的事物已经难以引起他的兴趣，如春来了花会开，秋凉了夜深沉，不过是年年往复，等也是它，不等也是它。苍天知道这些拢不住他的心思，命数有定，许给他一个杨玉环。她是他怀里的解语花，却不是一味在身侧攀缘的凌霄，留着的那份灵气，似一根有魔力的弦，撩拨着帝王的心，哪怕在灯晕的对饮里，也仍然盼她明日的容颜。

以色侍君，她有她的好，镜中的自己就是岁月里磨炼的利器，仗着那份爱与宠，招数越发无形。唐明皇爱之不及，命画工作十眉图以流传，一曰鸳鸯眉；二曰远山眉；三曰五岳眉；四曰三峰眉；五曰垂珠眉；六曰却月眉；七曰分梢眉；八曰涵烟眉；九曰拂云眉；十曰倒晕眉。

眉目相对的那一刻，红尘里爱这一场，彼此成全了。

即便这轰轰烈烈的故事，进了传奇，上了戏台，后来也沁了卷轴，上了镂雕的门楣，多少世间女子感叹着，却也不敢羡慕。皇宫里的凄凉，是杨妃娇笑时，那个曾经一样受宠的梅妃，俨然是已弃忘的旧妆，桂叶双眉久不描。

倒不如把泛黄的古书再往前翻几页，在章台街旁等一等，那个为妻画眉的张敞，马上就要路过这里迈向朝堂。据说他每日在家为妻子画眉，且画得异常妩媚，这等夫妻间的闺阁趣事，可见二人感情甜蜜，也委实没有什么不妥。

汉赋旖旎风流，穿云摘星望仙容的事不少，可怎这深院日常的细微相对，倒难容了？有人就用这些事来参奏张敞，张敞对皇帝说：“臣闻闺房之内，夫妇之私，有过于画眉者。”皇帝爱惜他的才能，未加责备，但最终，张敞也没有得到重用。也许本可以成为一代名臣，流传下来的影子却是印在了“张敞画眉”的故事里。

一番浓情深爱，容不得抽丝剥茧，也容不得添枝加叶，其实岁月淡去的和留下的，都是最真实的面目，只是有人固执地相信复杂，有人顽强地坚信单纯，最终都是无奈。

心一执着，万事不得自然，记住这一刻就好。张敞为妻画眉，如此不倦，那些朝朝花开的嫣然，如执笔写下的信约，这一个瞬间，他便是天下最温柔的男子，眼前端坐的妻，便是世上最幸福的女子，是不是螺子黛，又有何妨？

张敞妻子的眉毛有多美，大概当时也无几人得以见到，但传闻里的绝世之姿却一定是真的。爱着的那个人画，爱着的那个人赏，旁人哪里懂得，刹那，就这样永恒了。

墨已黯淡了颜色，眉也不似当年，书卷里记载的久远，翻开是情，合上是空，无声地结成了一枚冷香丸，告诉你，怎样柔软而感知成饱满。

女子总是长情的，今时今日，还要牵着前世来生一起过，好像这样便可牢牢握住了因果，连心都不再有过多的挣扎，就当自己是开在尘岁里的花，一日一日地描画，心里情思静默，努力而催发。

阁楼女子婉约而娴静的牵挂，不过是那个画眉人，肯一笔连三生。

那个在路上的人，该归来了吧。

穿越《诗经》的画廊

王开林

关雎

我又梦回了三千年前的那一片小洲，风中摇曳着嫩如黄金的柳条，地上绣满了灼灼欲燃的花朵，蚱蜢像酒徒那样吮吸朝露，蝴蝶莫非还在童年吗？它们二三结伴，忽东忽西，戏耍正欢。

油油的草色，清清的河水，又让我心旌摇动。

我来而又去，三千年；我去而复来，一瞬间。太漫长了，也太短暂了。唯有那曼妙的姿影不曾被时间的橡皮擦得模糊，一次次情不自禁地怀念，那是世间第一位风华绝代的美女。

三千年，我寤寐求之；三千年，我辗转反侧。数数吧，多少个不眠之夜，我听着窗外草虫的低吟，看檐间的月牙儿袅娜如她瘦细的腰肢，我喃喃吟念“窈窕淑女”四个字，忍不住披衣而起，在中庭久久徘徊。

三千年，琴瑟未调；三千年，钟鼓未敲。她还想听一听那欢快的曲子吗？爱情的旋律，我依旧熟悉，如同她往日琅琅的笑声，那金玉相振的音乐，我听了无数遍，有一种感动如潮起，如雪落，飞涌于天际，曼舞于山崖，有一种刻镂心肺的感动源自亘古的记忆。

我的追求在三千年前不曾落空。她给我的霖露，使我挨过了三千年的大旱春秋；她给我的灯烛，使我逾越了三千年的黑暗渡津。

让人性饱满如一粒种子，一枚果实，光亮如经天不息的日月吧，爱过还要爱，更炽热的爱，更持久的爱，熔铸人生极乐的爱情，才是这寂寥天地里最精彩的部分。不受压抑的心灵啊，它的羽翼能飞渡一切时空，它的视野能超越所有疆界。人世间最深的把握，你可知晓，它并非来自荣名、重权和巨富，它来自心心相印的爱情。

曾寻找过的脚步还在寻找，曾瞩望过的目光还在瞩望，古典的美人哪，时至今日，我纵然走得出小小的地球村，却仍然走不出她温香的怀抱！

多情应笑我吗？世人“醒”我独醉，世情淡薄我如胶。

且听，我的情歌，在林中飞绕；且看，她的裙裾，在风里轻飘。去日苦多，红颜易老哇，我小心翼翼地翻开《诗经》第一页，如今，只见她惊鸿一瞥，三千年的天光水影就如雪而消。

桃夭

“桃之夭夭，灼灼其华。之子于归，宜其室家。”

是那片桃林。流光的霞帔，如新娘的红盖头，被春风轻轻掀起。果实饱满的模样太惹人怜爱了，她们真像一群孩子，密密匝匝地挤在枝叶间，笑闹着，春天仅仅有了这些果子就不会冷清。当初桃花流水，不还叹息过吗？你担心这季节像梭子一样飞去了，藏着十八岁少女的心事，像春天藏着太多太多的花朵，你不说，不说也羞哇。

小姐妹出嫁前，你陪着流了一晚的泪，你想过，自己也将有这样大哭一场的日子，离开家，离开父母，头顶一块红布，骑上高高的骏马，在吹吹打打的热闹声中，不知为何，也不问为何，就要向陌生的新郎全身心地交付出自我。

小姐妹归宁之时，像沾露的梨花，不胜娇羞，你问她们“结婚好吗”，她们回答“真好”，再问，却云山雾罩，笑言：“急什么，你迟早要知道的。”你有一点点羡慕她们，暗自猜测：“我做新娘，会不会很快乐？”

桃花是火呀，是春天的火，是内心的火，燃起你莫名的相思，那少年曾在垅间走过许多回，既俊雅，又健硕，相遇时，他微微一笑，就捉住了你的灵魂。

“他会不会娶我？”

你这样温柔地等待，夏蝉唱完了，秋雁飞过了，终于在某个雪后的黄昏有了消息，他在火塘边与父兄们说着要紧的话，每一言你都隔窗听见了，心儿如活蹦乱跳的小鹿，你有些担心，它会脱腔而走。

一桩美满的婚姻终于在那个雪夜瓜熟蒂落。

又是桃花灼灼而开，明艳的少女就要出嫁。祝福吧，愿她带着美好的祝福开始新的生活。从此以后，她将成为贤妻，成为慈母。

《孟子·滕文公下》中有言：“丈夫生而愿为之有室，女子生而愿为之有家。”三千年前的婚姻的确是一道亮丽的风景，至今看去仍旧如图画一般，不曾有丝毫褪色，不曾减弱当初馥郁的芳馨。

那年的桃花自有一种奔放之美，三千年后，我犹自听到那古乐之喧和新人之笑，不禁生出对遥远春天最真切的爱慕。

汉广

“南有乔木，不可休思。汉有游女，不可求思。汉之广矣，不可泳思。江之永矣，不可方思。”

南方有高高的乔木，枝叶下树荫无多，不能在下面乘凉啊；汉水之岸有出游的美女，其超尘之姿，绝世之态，渺然不可攀求。

汉水太宽阔了，即便是浪里白条，也不能赤身泅渡；江水何其辽长，纵然有可入于沧海的扁舟，也不能驶到尽头。

发乎情而止乎礼的君子啊，你温文尔雅，所缺的正是“虽千万人吾往矣”的胆色呀，你临风而叹，搔首踯躅，怎知她的芳心就不会为你开放？怎知她就会逃避和拒绝，而不会默许呢？

你不敢尝试，那不可复得的机缘与你失之交臂。你有所思，有所念，就该付诸行动，须知美女身后从来都不乏如影随形的追求者，她又怎会欣赏你的迟疑和怯懦？有道是“心动不如行动”，你患得患失，犯了恋爱的大忌。

情意徊徨的君子啊，你有太多不切实际的梦幻，你深知“刈薪刈长，娶妇娶良”的道理，你乐意想象，当这雍容高贵的女子出阁时，你喂好迎亲的骏马，配置华丽的马鞍，做那最幸福的新郎。

时不我与，机不可失啊，你却裹足不前，依然在原处痴痴地站立，任时间一点一滴从指缝间漏尽无遗。

汉水之上，游女的惊鸿之影终于飘逝了，留下那位惆怅万分的君子，一直徘徊未去。夜深了，他仰望苍穹，看到每一颗星都似同情之眼，怜其孤单，怜其幽独。他自知从今往后，一颗悔恨的种子已播入心丘。

以今人的眼光和心性读《汉广》，会觉得不可思议，既然那位古典君子对汉水之岸的游女如此钟情，如此爱慕，就该猛踩一脚油门，追得上也要追，追不上也要追。先不计结果，只在乎过程。

窃以为，遵礼而不乱的古典君子作为珍稀品类，早已濒临灭绝，在现代登徒子的内心深处，多少总有一点儿不撞南墙头不回，不到黄河心不死的“流氓精神”。这就是他们读罢《汉广》，势必大摇其脑袋的缘由所在吧。

“流氓精神”名头很不中听，但极具杀伤力，如果说美女如树，那么，“流氓精神”就是最雪亮的斧头。

于遵守游戏规则的君子而言，不仅仅是“汉之游女”，世间还有许多美好的事物都可望而不可即，可遇不可求，实与胆魄无涉，唯其如此，《汉广》才引起共鸣，令人惆怅于千秋之下了。

采薇

“昔我往矣，杨柳依依。今我来思，雨雪霏霏。”

与北方蛮族的战争永无休止，将士的袍铠都已生出虮虱，真不知何时才能解甲归田哪！眼看就快到岁末年关，野豌豆已经破土发芽，然而我远离故园桑梓，无暇休息安居，这全是因为北方的猃狁入侵边境。

心中早有归计，却无法成行，时光荏苒，野豌豆苗已长出柔嫩的叶片，我心忧如焚哪！饥肠辘辘且不管它，忧的是干戈未息，战事旷日持久，家中妻儿倚闾而望，却没人可以带回去一封平安家信。

欲归而不能归，只能数着一个又一个日子，把归期定在明天，定在明天的明天，然后眼看着它们纷纷落空，如枯叶从枝头飘坠。初冬时节，野豌豆已长出了枝干，我内心的痛苦日益加深。

众人都在探看，春日的棠梨之花，那么鲜丽繁盛。喧声大作，将军的车仗出了辕门，四匹雄马十分威武，我们不能久在一处扎寨安营，一月之内，与猃狁打了三次恶仗。我还活着，可算是一个不大不小的奇迹。

甩起清脆的马鞭，驾着那四匹威风凛凛的雄马，战车上将军指挥若定，战场上士兵英勇杀敌。四匹战马步伐整齐，进退如一，弓箭的套子都装饰得十分美丽。打了胜仗，我们也不能放松戒备，猃狁来犯，其势甚急。

昔日出征之时，杨柳飘拂依依，而今归来之日，雨雪漫野纷飞。

树犹如此，人何以堪？我踏过千山万水和雄关漫道，又饥又渴，近乡情更怯呀！抚今思昔，痛定思痛，战争的阴影仍然挥之不去。没有人能理解我的悲哀，我心头埋下了永久的伤痛！

读古今诗词，能注释《采薇》者，莫过于范仲淹的《渔家傲》，尤其是下阕：“浊酒一杯家万里，燕然未勒归无计，羌管悠悠霜满地。人不寐，将军白发征夫泪。”直把戍边将士之苦说尽。

无论正义的战争，还是不正义的战争，都剥夺人生最根本的创造生活与享受生活的权利，这本身就是极端的残酷与不义。

诗中的士子最终能摸到故园的门环，可谓不幸中之万幸，不知有多少战士做了异乡之鬼，却犹是春闺梦里人，无疑那是最大的悲哀！

凤凰于飞

✽杨紫陌

真是夫贵妻荣。生命中最重要的两步，结果证明，她都是对的。起码她自己觉得是。

后来殿上走来了西凉国的代战公主，人家真是大摇大摆地来的，左右带着侍卫。

因为不懂得汉人的规矩礼节，上面又坐着老公，她一点压力也没有。还有就是她以一国之富相赠与薛平贵，她自是心内有底。

两个女人终是要见面的。

薛平贵，坐在上面，看着眼前光景，有一刻他也是不好安排的。后来他终还是封了宝钏为正，代战为偏。其实也不为别的，只因为宝钏比她来得早些。

代战公主也没想太多，什么大什么小的，她不在意，她只日日跟在他身后就好，掌着兵权就好。别的都是虚的。

代战走上前来拜见姐姐。王宝钏赶忙扶起她来，虽面不改色，心内却抖了一下，十八年来，只因为这个女人，使她，寒窑，苦度。

她上上下下打量她，她一定要找出一个理由来，使她这十八年荒芜有个交代。

果然是天仙一样的人儿，又年轻，又貌美，又会安家保国。宝钏心里平定了，觉得她配。于是双手相扶，叫一声贤妹，说：

“儿夫西凉你照看，多蒙你照看他一十八年。”

宝钏真是聪明，这一句最厉害，绵里藏针。大凡做妾的可能最忌讳这句话，那意思好比在说：我的人，烦劳你照看了一下，上天看顾，承蒙你今日又还回来了，多谢多谢！

京剧的西皮流水，演绎这一段比较真切，细腻有实感。

不知代战是大度，还是有意回敬，揭一揭对方的疮疤，只是淡淡地说：“姐姐讲话礼太谦，说什么儿夫我照看，可怜你受苦一十八年。”你太过谦了，夫妇人伦，互敬互爱，乃是常理，也不必说一个谢字，只是苦了你啊，这十八年。

她一点也不见外，她只觉得对面的你好可怜，十八年寒窑相守，她只觉惊异，只有怜悯，她不跟你争什么，不是争不过，是因为可怜你，才把这皇后的位子让给了你。

听这段的时候，我一度是这样想的。两个女人，一个拼尽了时光容颜，一个拼尽了一国之尊，得来的，谁能拱手相让？只不过是各自要了各自想要的罢了。两下相安。

当初，她与平贵在黄沙大漠相遇，也着实让平贵心惊，“两军阵前遇代战，代战公主好威严”。她的如花似玉里自是有一种蛮，横刀立马的杀气里也尽是柳眉倒竖、杏眼圆睁，也似是与人赌气使性子，沙场对决之后，彼此都舍不得伤害对方，最后的结局不是女子倒戈过来，也必定把对方的才俊倒戈过去，没有跑的。

比如《水浒传》中的扈三娘与王英，比如樊梨花与薛丁山，比如穆桂英与杨宗保。

樊梨花更是厉害，杀父弑君，只为薛郎。

那番邦的女子，横绝一世，也只为了眼前这天上掉下来的人儿。

人世沧桑，疏林尽头，天涯道路，你若自此绝尘而去，再去哪里寻得？你今日骑马奔于我的眼前时，一切已是天意。我怎还忍心放手？

没有别的办法，只能抖一抖缰绳，迎上前，晃动手中银枪，把此生彼此交付。今生今世你别想再走脱，擒也得擒了去。

“星河转，月渐西。鼓声渐远。”五花大绑着就拿回来了，银盔银甲，外罩素罗袍，好个俊逸的小生。立时三刻，对天对地，洞房花烛。

这一种蛮，甚或不可以有盟誓。却也彼此爱惜不尽。

代战公主与宝钏两个女人，都是因为这一个“爱”字，皆不愿撒手，只能一切不计较。

是爱驯服了两个性情刚烈的女人，使他们跨过人世的种种恩怨，携手“姐妹双双上金殿”。而两个人更明白，这个男人失去任何一方，将不再有今日的完美。于是：

“宝钏封在昭阳院，代战西宫掌兵权。

孤赐你二人龙凤剑，三人同掌锦江山。”

春风无私，三个人亦得到了各自所要的，人生原来是可以好到“各尽其能，各取所需”。原来竟是真的。

姐妹俩谢过恩，站起来，彼此相扶，真是高兴，高兴他心里分明有一杆秤，不偏不倚。她们两个人都一块石头落了地，彼此竟心怀感激。

两个人喜气洋洋，枝中见舞，树里闻歌：

“做一对凤凰伴君眠……”

《诗经》中的“凤凰于飞，翙翙其羽”，抑或也是这个情景。

你梵音轻唱，打马路过我盛放

✽夏芊西

纵观《西游记》，杏仙大概是最不像妖精的妖精了。

话说西去途中，有一处荒岭名为荆棘岭，地处偏僻，植木芜杂，罕有人迹，一群山精树怪常年吸食天地灵气日月精华，修炼出人身来，摇身一变成了荆棘岭诸公：十八公、孤直公、凌空子、拂云叟云云，不外乎松、柏、桧、竹，还有一株万绿丛中一点红的杏花。他们老者仙风道骨，女子风致清逸，行止颇有魏晋名士林下之风，常于三五夜小聚，或香茗一盏品茶对弈，或杯盏交错吟诗作赋，或轻歌曼舞谈玄论道，说些千百年来历劫修行的红尘旧事，讲些三生六界遗落的闲散奇闻，日子倒也过得逍遥自在。

那时的杏仙不知情味，不知世险，如邻家女儿初长成，经雨露滋养，出落得楚楚动人。到底是女孩心性，她不甘做无知愚昧的低品阶妖精，比着人间女儿家学诗词歌舞。草木有灵，慧窍天生，她不但才情佳，且悟性高，吟诗作赋信手拈来，便是与舞曲相得益彰的词，也是亲手填来，惊艳诸公。这样一位灵秀韵致的佳人，被荆棘岭诸公众星捧月般呵护，闲居山野度流年，别无幽愁暗恨生。

偏不该，于某年某日某时，遇到自东土大唐西去取经路过的唐僧。这该是命定的劫数吧。

原是荆棘岭诸公好事，想着整日都是些知交旧友在一起切磋论道，难免无趣。难得有高僧路过，无论如何也要邀请来一叙，便是随意讲些经文见解，也好让山野村老长些见识。那夜，他们施展法术将唐僧摄来木仙庵。

唐僧迷迷糊糊醒来时，正置身一座烟霞石屋之前，但见远天凝烟，绿茵夹道，花开似锦。他起初有些惊慌失措，但看清所处环境之后，便定下心来。这时于无人烟处，他才把西天取经的重担暂且从肩上卸下，涤一路劳碌风尘，于清风明月之下，幽岚香叠的氛围中，兴致大发地作起诗来。

这真是《西游记》中难得的诗情画意的情节，几曾得见整日正襟危坐念经诵佛的得道高僧，也有如此放松自然天性烂漫的一面。若不是身世坎坷，自幼寄身佛门，俗家姓陈的唐玄奘有一个状元爹，一位大家闺秀的娘亲，该长成一位风华正茂气度翩翩的佳公子，在尘世写一笔繁花着锦的故事。只是，他金蝉子转世的背景正如杏仙托身植木的身世一样，从来由不得自己。

命运从一开始就是错，一路走下来，只能将错就错。

唐僧正独自赏观，荆棘岭诸公高冠博袖逸逸然而出，但闻人语相谈，笑声朗朗，举手投足尽显名士之风。有霜姿丰采，有绿鬓婆娑，面貌衣装俱不相同，都来与唐僧作礼寒暄，直呼圣僧。唐僧一路上见惯叱咤风云粗鲁蛮横的妖怪，动辄吃肉喝血鞭打绳捆，几曾见过这等斯文有礼笑脸待客之人，当下便忙不迭地还礼。一番言来语去，互道派别尊号，不觉生分，倒生出几分惺惺相惜之意来。于是一群山精树怪与人间僧人围坐一团，谈诗论道，吟哦逍遥，放荡襟怀，好不自在。

如此清虚雅致之事，杏仙岂能错过？整日藤萝为伴，石木作陪，已经寂寞多少时日了。这东土而来的僧人不但面貌不俗，且行止克制有礼，比起一众风流不羁的木妖，更显出人间男子矜持含蓄的高洁之气来。这对久居山野娇憨烂漫的杏仙来说，是一个不可抗拒的诱惑。她对他是一眼就注定了沦陷，只是她无法预知命途之艰。

她出场时不似花妖，倒像是瑶池仙女。只见两个青衣女童挑一对绛纱灯笼，后引着一女子，拈着一枝杏花笑吟吟走来。她青姿出尘，星眼光彩，着一袭梅浅红裙，入得场来，满座生光，连一贯对女子视若无物的唐僧也不由多看了两眼。

她作揖行礼，道："知有佳客在此赓酬，特来相访，敢求一见。"当众人指着唐僧，说佳客在此时，她忙唤女童奉上茶来。杯盏精致，茶香扑鼻，却不如她的艳光四射更加让人局促。她斟了茶，亲手捧给他；她婉转劝茶，然后自取一盏相陪；她含羞带怯，他低眉敛目。在众人的嬉笑哄闹声中，她和他多像人间一对缱绻初见的俗世男女啊，那懵懂的情意像包裹在花瓣里的心，小心翼翼又热烈大胆，只等盛放。

在诸公的盛情推请下，她为他清歌一曲，舞姿曼妙。那枝拈在掌心的杏花，一会儿斜遮住她的如花面，一会儿从轻柔腰肢间逸出，随着她婉约身段翻飞，看花了众人的眼，也让他有些神思恍惚起来。她歌声娇脆如枝上黄莺："桃李芳菲梨花笑，怎比我枝头春意闹；芍药艳哪李花俏，怎比我雨润红姿娇。香茶一盏迎君到，星儿摇摇云儿飘飘，何必西天万里遥……"一句句挑动着他被古佛青灯长年映照的如水面容，直到两颊发烧。那满头珠光闪烁，比月光还明亮，照得他不敢抬眼。

欢乐就在今朝，她如是唱。

她是真以为这良辰美景佳人娇客便是难得的欢乐吧？不像《西游记》中其他妖精，不是对他可延年益寿起死回生的唐僧肉有所觊觎，就是贪恋他金蝉子转世的身躯有益修为，她只想遇一清俊男子，守一世良辰，度一段锦年。她是植木，不知人间俗务繁文缛节三媒六聘，也不理他身许佛门清规戒律种种约束，既然命定相逢，那必定是上天安排好的缘分。荒岭寂寞，活过千年时光又如何，老树荣枯，不如神仙眷侣，厮守百年。

只是她不懂，她的欢乐并非他的追求。

他前世今生乃至三生后世，都注定是无欲无求的方外之人。那是刻在骨血里轮转千载也割不断的前缘，是自小生长在佛院被经文梵音熏陶的命数。他终究不是俗世陈公子，而是高僧玄奘，除了西去取经求得正果，别无他途。他看不到她的美丽娇憨吗？只怕是不能看，不敢看，不愿看吧。色即是空，空即是色，他是在度化别人，还是在劝诫自己？

荆棘岭诸公终于按捺不住替她说话，把事情搞砸了。他立时变色，气急败坏便要离开。她不知如何是好，怕是没想到一番美意会被如此辜负。她虽是妖，但餐风饮露，不曾害人，又兼才貌出众，自觉是匹配得了他的。只是情之一字，不是条件相当便万事俱备，人妖殊途注定难得善终，更何况那是个佛家要定了的人。

他终究被徒儿救走了，只是那长嘴巴大耳朵的徒弟临走时，还拿钉耙把一众植木捣个稀烂。其中有她吧，露出泥土的树根鲜血淋漓，像她无声落下的泪，也像她再也无法诉说的情意。唐僧终究不忍，上前扯住："悟能，不可伤了他！他虽成了气候，却不曾伤我。"只是这份迟到的怜惜，她终究无缘听到。

西去路上，痴恋他的女妖不知凡几，唯她的情意如杏花初雨，未曾盛放便迅疾凋零。来年荆棘岭花木繁茂，别有杏花喧闹，结出杏子酸甜。只是那满山杏花，再无一株是她。

一面沉沦，一面歌唱

✽安　宁

这是一个没有名姓的女子，在《聊斋》中，她的这一段与书生于璟的情缘，亦是只有短短的几百字。可是每次品读，都会疼痛不已，似乎她之所以存在于世间，不过是为这转瞬即逝却铭心刻骨的尘缘。

蒲松龄称她为绿衣女。这是一个极易让人产生想象的妙称，夜色之下，一个着绿色长裙的女子，穿越山林，为醴泉寺里飘摇昏黄的灯下，勤奋读书的益都书生，送去深山中的一抹温情。

她衣裙里的绿色，想必应是湖绿。翠绿太轻，无以承受爱之深沉；新绿太鲜，经不起尘埃跌落；碧绿又艳，不能沉静如水。唯有这湖绿，可以盛得下她动了尘缘之后，心内浮动的无边无际的忧伤。

这个绿蜂幻化而成的女子，想来早已在寺中守候许久，只是她见到的多是苟且偷生之辈，在古寺中栖息，尚不忘利禄功名，甚至为蝇头小利而躁动不安，辗转难眠。她从窗前飞过，看如此庸碌之人，未曾动过丝毫凡心。也因此，当书生夜起读书时，她才会忍不住，停驻在月光微凉的窗前，赞一声：于相公勤读哉！

书生知道这样一个婉妙无比的深山女子，必定不是常人，但却无法阻挡她微笑娇嗔一句：君视妾当非能咋噬者，何劳穷问？其实书生在绿衣女推门笑入的时候，心内便已经起了波澜，所以即便是良宵过后，有被她噬掉的危险，他也顾及不得。

因为，这样一个长夜中可以红袖添香的美丽女子，孤独苦学的他，其实早已渴盼良久。

此后，绿衣女无夕不至，与书生一起饮酒，赏诗，并解音律。书生果然是她知音，听出她必有常人不能企及之亮烈歌声，于是恳请她唱一曲销魂。绿衣女怕外人闻去，犹豫不肯，但却经不住书生再三恳求，答应只轻声歌唱。

她的歌声，果真是婉转滑烈，动耳摇心。不只销了书生的魂，亦让她看清了自己那颗深深嵌入了红尘的心。

她唱：树上乌臼鸟，赚奴中夜散。不怨绣鞋湿，只恐郎无伴。这词里唱出的微凉心境，怕是书生并不能完全懂得。否则，不会在她惶恐有人窥视，绕屋周视时，他问她为何疑惧如此之深。而当她忧虑此段缘分，即将止住时，他又问为何。及至她说，自己心动，或许在人间的时光不会长久时，他又以常理推论安慰，心动眼跳，是人之常事。

他终究只是一介书生，没有此灵异女子对世情一眼望穿的颖慧，所以她用歌声告诉他，即便是知道树上的鸟，常常欺骗她，半夜便散去佯装天明，可她还是夜夜不辞辛苦，濡湿了绣鞋，也要赶来看他，只因为，她不想留他一个人，在漫漫长夜无人相伴。而他，却始终不能解其深情，更不能明白，她在死亡的危险逼近之时，心内有怎样的惊惧和哀伤。

她知道有大难将至，所以夜半起身、开门离去之时，犹豫徘徊，终于还是返身，乞求书生送她出门。微光之下，此时她脸上的表情，半是忧惧，半是不舍，不知此一别，是不是再不能与君相见。当书生将她送到门外，她又乞求，让他停住，注视她转过房廊，再返身回去。

在他，这似乎只是与平素黎明将至时的离去毫无二致的告别；在她，这却有生离死别的大恸。

果然，在书生正要归去入寝之时，有女子急呼救命的声音。他急忙奔去，却并不见人影，循声望去，竟在屋檐之下，看到一只硕大的蜘蛛，正死死缠住一只哀鸣的绿蜂。

等到书生挑破蛛网，去掉捆缚，发现绿蜂已经奄奄一息。

书生将其置于案头，过了许久，绿蜂才慢慢苏醒，开始移步。也就是此时，她用尽平生之力气，跳入书生的砚池，用满身饱蘸的墨汁，在案几上，无声无息地，缓缓写下一个“谢”字。而后，振动翼翅，穿窗而去，自此遂绝。

这最后的一段，不知蒲松龄写下的时候，心内有怎样的撕心裂肺，万念俱灰。可他还是放它飞去，彻底了断了这份情缘，将挥之不去的伤痛，留给那自此也失去了踪迹的书生，还有如我等穿越时光试图找寻这绿衣女子前世今生的后人。

这只是《聊斋》里众多痴情女子中的一个，比起那些名姓皆俱、为所爱之人奔走劳碌的鬼狐女子，她几乎会被人忘记。可是她的忧伤、惶恐、惧怕、不舍，却又如此鲜明，且打动人心。

假若她不是生为绿蜂，那一定是江南妩媚妖娆又惹人怜爱的女子，只那不盈一掬的细腰，便可迷倒多少渴盼红粉佳人的男人。

可她却不过是一只弱小的绿蜂，无力逃掉世间灾难，更不能拯救书生的孤独。所以，她与他，也唯有此段夜间相伴而歌的缘分，并用一个“谢”字，做最后生死别离的倾诉。

赌徒李清照

✽王这么

总是在悠闲的午后，阳光散淡地照进屋里。夫妻俩指着堆积如山的图书，猜某个典故、某句诗在某书的某一页，谁猜中了就能喝一盅新煮好的下午茶。这赌注看上去不吸引人，但两人玩得兴高采烈，以致连茶碗都打翻了，谁也喝不成。

赢家总是李清照。

两人婚后小别，又逢重阳节，相思无聊，只好作个小词。初识闺愁的少妇口吻，本色当行。也可以看出家境良好，生活细节上的精致讲究。赵明诚看到这一则美妙的小情书，心中不服气，绞尽脑汁又写了十五首，和老婆的放在一起，拿给朋友看。朋友说："莫道不销魂，帘卷西风，人比黄花瘦。就这三句最佳。"赵明诚就没脾气了。

李清照这样的文艺才女，在婚姻生活中本是不易讨喜的，既缺少温文恭良的妇德，对老公也不举案齐眉，操持家务更不见长，更兼性格不好，仗着聪明劲儿一味争强好胜，男人懂的，她懂得更多，兴致来时也能小鸟依人，却断不能对任何男人作膜拜状。

人们都说，保持婚姻幸福，需要女人永远崇拜着她的男人，哪怕假装也行！可她不能，连赌个茶、下个棋也不让一步。

不论男女，才华都不是婚姻中真正的障碍，关键只在于这一方，愿不愿意懂得与包容，另一方，知不知道感激与回报。

所以，若势均力敌，碰撞出的激情火花的确令旁观者目眩，却很难走入美满的婚姻。倒是彼此间有一定的差距，结果来得更可预测。

赵李两家，政治上分属新党与旧党。李家名列“元祐党”被罢官之时，赵家正在仕途上鲜花着锦，作为奸党子女，李清照被迫回了娘家。

所谓珠联璧合、神仙眷侣，也经不起细细打量，世上哪有童话般的爱情呢？

“红藕香残玉簟秋”七个字，被评家认为精秀特绝，如不食人间烟火者。其实于她，也只是忠实记录了生活。

“此情无计可消除，才下眉头，却上心头。”平白如话又动人心魄的句子，一点怨怅都无，有的只是温婉深厚的爱意。从这首词里，并不能看出他们之间那些疙疙瘩瘩的烦恼。毕竟，以那个时代的标准看，于婚姻，赵明诚并没有太值得指摘的过错。

即使在今天，婚姻也是这样的，摆脱不了烟火尘事的侵袭、复杂人性的浸染。坦然承认这一点，不去强求完美，反而可能走得长远。

婚姻中的李清照的从容和大气，一半来自礼法教育，一半来自心灵的自足完满。读了那么多诗书典籍，是用来成全人生，而不是拧巴成人生的障碍。面对生活的烦扰，她自有分寸。

李清照四十三岁那年，金兵长驱直入中原，赵构在临安建立南宋朝廷。赵明诚于危乱中受命，独自赴任江宁。李清照带着十五车书，随后去找他。短暂相聚后，便又是离别。

一个独自照顾家族逃难，一个匹马赴任危城，生离死别边缘，山盟海誓都是虚妄，赴任江宁的次年三月，城中叛乱，赵明诚却乘夜从城楼吊下绳子逃跑了，因而被罢官，随后因染病而身亡。

李清照流寓江南，家财丧失殆尽，稍稍安顿下来，陪伴她消磨永昼的，除了吟诗作词，竟然就是她打小就酷爱的“赌”了。

因为赢家总是李清照，大家渐渐不愿陪她玩了。

其实，她们怎么能做李清照的对手呢，她的心那么大，甚至比肩负着家国的男人们更大……可她只是个女人。何况那样的世道，连男人也做不得什么。

她曾写过一首著名的诗：“生当作人杰，死亦为鬼雄。至今思项羽，不肯过江东。”都说李清照是婉约词派的代表，然而她的诗，往往写得豪壮，有磊落丈夫气。项羽不通帝王权诈之术，行事鲁莽凶暴。但她思项羽，思的不是功业成败，而是项羽身上的骨气，那不肯包羞忍耻委曲求全的决绝。你可以说他蠢，但不能不承认，在生死关头，他是个英雄。李清照骨子里是向往英雄的。有些事，是知道必败，也不得不做的——这才是真正的豪赌，赌上自己的一切，只为捍卫灵魂。

李清照最为人称道的豪放词是《渔家傲》：

天接云涛连晓雾，星河欲转千帆舞。仿佛梦魂归帝所，闻天语，殷勤问我归何处。

我报路长嗟日暮，学诗谩有惊人句。九万里风鹏正举，风休住，蓬舟吹取三山去。

到了生命的暮年，李清照一反常态，从心所欲，写出来的词，风格竟与苏辛一脉相承，有着无限豪情。

开篇便直入星河云涛的茫茫苍穹，灵魂飞向天帝的宫殿，除了李白，还真没几个人有这等口气，苏轼也只是望月而欲乘风归去罢了。听见天上人殷勤相问：“你要归向哪里呢？”答道：“路漫漫，日已暮，学诗呢徒然有些惊人的句子而已。”——“谩有惊人句”，这一个“谩”字，于自嘲中显出沉着的自信来。她说她要像乘风展翅的大鹏一样，乘着这一叶小舟，随风直向那海外仙山而去。

“北冥有鱼，其名为鲲。鲲之大，不知其几千里也。化而为鸟，其名为鹏。鹏之背，不知其几千里也。怒而飞，其翼若垂天之云。”这世上有几个男人，敢以鲲鹏自拟？而她只不过是个闺阁中的女人。能够坦然作此语的女人，怎可能是池中之物？

是的，李清照一生好胜，柔弱外表下，藏敛着大鹏那高飞的羽翼，有着赌徒般强悍的决心。这是才女不为人知的另一面：在女人仅有的狭窄空间里，挣出自己的天宽地阔。哪怕肉身伏倒尘埃，也不肯把独立的灵魂和飞扬的心性输出去。

宫草离离

历史，让我们看见

来自东晋的温柔

✽何 必

公元311年。

匈奴政权前赵攻陷西晋都城洛阳。

敌人不带军粮，他们以人肉为食。

百姓“苍生残灭，百不遗一”。

六年后，西晋宗室司马睿在建康（今南京）建立东晋。

数十年间，无数士人百姓扶老带幼，哭号着、挣扎着、躲避着，从黄河流域一路走到长江流域。史称“衣冠南渡”。

郗鉴

郗鉴出身高贵，祖辈都是三公的角色，战乱后与家人走散了，身边只跟着两个娃娃。

这两个娃娃，一个叫郗迈，是他的侄子；一个叫周翼，是他的外甥。

郗鉴在乡间躲藏，人们听说他是郗家的公子，都很敬重他，他便领着孩子们到处蹭饭吃。

后来，乡里人很为难地对他说：“我们敬重您，所以接济您，但是我们也缺粮食，所以，实在抱歉，真的没法儿再养活您带来的孩子了。”

郗鉴一揖倒地：“谢谢你们，我懂了。”

从此他吃饭再不领孩子去。

每次吃完饭，他都一言不发，转身就走。

他把饭菜含在腮帮里，匆匆赶回所住的茅屋，用嘴喂两个孩子吃。

三年后，他领着这两个孩子辗转向南，渡过长江。

郗鉴做了大官以后，为女儿挑选的女婿，叫王羲之。

再后来郗鉴死了，外甥周翼把官辞掉，在他的灵前守孝，吃粗食，睡茅草，足足三年。

陶侃

陶侃的父亲在三国时期的吴国担任扬武将军，可惜去世很早。

时逢乱世，陶侃家里贫穷，攒下一点点钱，母亲湛氏都用来给陶侃读书用了。

陶家穷到什么程度呢？史书用了“酷贫”二字，又进一步形容说——室如悬磬，就是空得不能再空的意思。

长大后，陶侃在县里做了小吏，他有才华，有原则，有了一点儿小小的名气。

那年的冬天很冷。一天，天降大雪。

邻郡有个名叫范逵的孝廉，算是当地名人，他

很多皇帝没了，士还在。
很多忠没了，孝还在。
很多国没了，家还在。

准备去洛阳游学。在路过陶侃所在的县时，听说了陶侃这个人，于是冒着大雪，带领车马仆从去陶侃家拜访。

范逵的马队在村里打听路，村民便提前来陶侃家报告消息。

陶侃慌了。怎么办？

别人鞍马劳顿、慕名而来，天色已晚，留不留吃饭呢，留不留住宿呢？家里已经快要揭不开锅了呀，要是不留，该怎么说呢？

母亲湛氏说："你尽管去吧，一定要按照礼节来，一定要实心实意地挽留人家，其他的事情你不要考虑。"

时间来不及了，陶侃立刻出门。

陶侃远远相迎，主客一见如故，相谈甚欢。

当晚，陶母在寒舍里置备了精美酒菜，把范逵、范逵的随从和马匹都安顿得很好。

晚上睡觉的时候，陶家露馅儿了。

土炕上没有席子，甚至连盖在身上的草帘子都没有。

范逵突然想到了什么——拜见陶侃母亲的时候，老太太似乎把头发遮了起来。

当晚，范逵派人去村里打听。

原来湛氏把头发剪了。

中国自古以多发为美，《孝经》又主张身体发肤不可损，于是假发的价格很高，湛氏把头发剪了，编成了两套假发换了米。

做饭的柴火不够，陶家把家里的席子拆了填了灶。

而喂马的草，就是陶家晚上睡觉时，用来当被子盖的草帘哪。

天亮了。范逵拜别湛氏。陶侃相送一百里。

临别时范逵问他："您可曾考虑过到郡中去任职吗？"

陶侃回答："很想去，可苦于无人引荐。"

范逵离开陶家，转身便去拜见庐江太守张夔，极力赞美陶侃的人品和家风，张夔便召纳陶侃为督邮。

陶侃的仕途迈出了第一步。

四十五岁的时候，陶侃大器晚成，因战功封侯。

再后来，陶侃为东晋打下了一半的江山，官至侍中、太尉，封长沙郡公，赠大司马。

谢安

东晋政局稳定以后，谢家逐渐崛起。

谢家有个没有正事儿的三少爷，名叫谢安。他在东山隐居了很多年，过着自己喜欢的生活。声色犬马，携妓悠游，抚琴纵酒。

人们都说："安石（谢安的表字）不出，奈苍生何？"

谢家的成年男子都在朝廷做官。

他的二兄谢据，年纪轻轻就做了太守，但年纪轻轻就辞世。

谢安的长兄谢奕，官至安西将军、豫州刺史，可惜当了一年刺史，也去世了。

朝廷让谢家出个人做官，谢安不愿意去。

正好四弟谢万成年了，他便让给谢万去做。

看着小叔子每次出入时的盛大排场，谢安的老婆刘氏问他："你啥时候才能风风光光的呀？"

他捏着鼻子说："哎，我可是不太好躲呀。"

谢万是个如假包换的名士，谈起哲学也是很深奥的，还写了几本书。

可是做了几年官以后，朝廷非要派谢万领军攻打北方的少数民族政权前秦。

谢安深知弟弟的斤两，赶紧扔掉琴，扔掉酒，跑到军营里在弟弟手下当了参谋。

谢万看不起粗鲁的职业军人，在军营里，他的主要工作是吟诗作赋。

谢安忧心不已，多次劝说弟弟，可弟弟都不放在心上。

谢安只好亲自犒劳将士，并以弟弟的名义组织宴会，以取悦军心。

谁知在宴会上，谢万依然摆谱儿。

他身披鹤氅，手执玉如意，指着众将说："你们都是劲卒哇，好好干吧。"

称呼将军为卒，十分不敬。

另外，"卒"在晋时是骂人的话。

这些将军恨得咬牙切齿，打仗时都不出力。

战败后，在大家都逃跑的时候，谢万第一时间想到的，是他带到兵营里的古玩、字画。

谢安找到谢万时，谢万正在抢救古玩。

谢安急道："现在都什么时候了，还有那么多讲究！"

于是扔掉那些东西，牵过马来，拉着弟弟就跑。

路上遇到溃军，正是谢万得罪的几位将军率领的。

将军们都说："谢万石（谢万的表字）是失败的源头，现在除掉，还有取胜的机会呀。"要借机把谢万杀了。

谢安赶紧打圆场说："你们给谢万个机会吧，以后让他回家隐居，不会对你们有威胁的。"

这才保住了谢万的性命。

朝廷贬谢万为庶人。

谢家的宝树凋零殆尽，谢安只好在四十多岁的年纪出山，扶植了谢玄、谢琰等谢家后辈，并在淝水之战中彻底击败了前秦。

他出山时，一位叫高灵的朋友嘲讽他："你不是立下过隐居的志向吗？现在食言，苍生又奈你何？"

谢安面有愧色，说不出话来。

谢安是个很有雅量的人，《世说新语》里记载谢安被嘲讽后"甚有愧色""深有愧色"多次，但谢安没有一次生气、失态。

唯一的一次，是在雨中。

平时，他的车夫和仆从经常拖拖拉拉，甚至因为喝酒走错路，但谢安并不训斥他们，也没有责怪的表情，而是让他们自省。

那一天，车夫依然喝酒，依然走错路。谢安声色俱厉，拿起棒子就打。

那一天，是他为长兄谢奕送葬的日子。

尾声

英国历史学家汤因比在对文明的论述中说："人类曾有26个文明，其中包括古中华文明。"

言外之意，古中华文明其实已经灭亡了。

我觉得他说得不对。

你看他们个个好似懦夫，但心头都有可以拔剑而起的理由。

从衣冠南渡到今天，一千八百个春夏秋冬过去了。

很多皇帝没了，士还在。

很多忠没了，孝还在。

很多国没了，家还在。

一个人，在路上

✻当年明月

徐宏祖出生的时候，是万历十五年（1587）。

在这个特定的时间出生，真是缘分，但外面的世界，跟徐宏祖并没有多大关系。他的老家在江阴，山清水秀。

当然，清净归清净，在那年头，要想出人头地、青史留名，只有一条路——考试。徐宏祖不想考试，不想出人头地，不想青史留名，他只想玩。

按史籍说，徐宏祖是从小就爱玩，且玩得比较狠，比较特别。他不扔沙包，不滚铁环，只是四处瞎转悠，遇到山就爬，遇到河就下，人极小，胆子极大。

刚开始，他旅游的范围，主要是江浙一带，比如紫金山、太湖、普陀山等；后来愈发勇猛，又去了雁荡山、九华山、黄山、武夷山、庐山等。

但这里，存在着一个问题——钱。

旅行家和大侠的区别在于，旅行家是要花钱的，列一下，大致包括以下费用：交通费、住宿费、导游费、餐饮费、门票费，如果地方不地道，还有个挨宰费。

徐家是有钱的，但只是有点儿钱，没有很多钱，大约也就是个中产阶级。按今天的标准，一年去旅游一次，也就够了，但徐宏祖的旅行日程是：一年休息一次。

从俗世的角度来看，徐宏祖是个怪人，这人不考功名，不求做官，不成家立业，按很多人的说法，是毁了。

我知道，很多人还会说，这种生活荒谬，是不符合常规的，是不正常的，是缺根弦的，是精神有问题的。

我认为，说这些话的人，是吃饱了撑的。人只活一辈子，如何生活都是自己的事，自己这辈子浑浑噩噩地没活好，厚着脸皮还来指责别人，有多远，就去滚多远。

徐宏祖旅行的唯一阻力是他的母亲。他的父亲去世较早，只剩他的母亲无人照料。圣人曾经教导我们：父母在，不远游。

所以，在出发前，徐宏祖总是很犹豫，然而他的母亲找到他，对他说了这样一番话："男儿志在四方，当往天地间一展胸怀！"

就这样，徐宏祖开始了他的伟大历程。

他二十岁离家，穿着布衣，没有政府支持，没有朋友帮助，独自一人游历天下二十余年。他去过的地方，包括湖广、四川、辽东、西北，简单地说，全国两京十三省，全部走遍。

他爬过的山，包括泰山、华山、衡山、嵩山、终南山、峨眉山，简单地说，你听过的，他都去过，你没听过的，他也去过。

此外，黄河、长江、洞庭湖、鄱阳湖、金沙江、汉江，几乎所有江河湖泊，全部游历。

在游历的过程中，他曾三次遭遇强盗，被劫去财物，身负刀伤；还由于走进大山，无法找到出路，数次断粮，几乎饿死。最悬的一次，是在西南。

当时，他前往云贵一带，结果走到半路，突然发现交通中断，住处被当地土著围住。过了几天，外面又来了明军，又开始围，围了几天，就开始打，打了几天，就开始乱。徐宏祖好歹是见过世面的，跑得快，总算顺利脱身。

在旅行的过程中，他还开始记笔记。每天的经历，他都详细记录下来，鉴于他本人除姓名外，还有个号，叫作霞客，所以，后来他的这本笔记，就被称为《徐霞客游记》。

崇祯九年（1636），徐宏祖决定再次出游。这也是他的最后一次出游，虽然他自己没有想到。

正当他考虑出游方向的时候，一个和尚找到了他。

这个和尚的法号叫作静闻，家住南京。他十分虔诚，非常崇敬鸡足山迦叶寺的菩萨，还曾刺破手指，血写过一本《法华经》。

鸡足山在云南。

当时的云南鸡足山，算是蛮荒之地，啥也不通，要去，只能走着去。

很明显，静闻是个明白人，他知道自己要一个人去，估计到半路就歇了，必须找一个同伴。

徐宏祖的名气在当时已经很大了，所以静闻专门找上门来，要跟他一起走。对徐宏祖而言，去哪里，倒是个无所谓的事，就答应了他，两个人一起出发了。

他们的路线是这样的，先从直隶出发，过湖广，到广西，进入四川，最后到达云贵。

不用到达云贵，因为到湖广，就出事了。

走到湖广湘江（今湖南），没法儿走了，两人坐船准备渡江。

渡到一半，遇上了强盗。

对徐宏祖而言，从事这种职业的人，他已经遇到好几次了，但静闻大师应该是第一次。此后的具体细节不太清楚，反正徐宏祖赶跑了强盗，静闻却在这场风波中受了伤，加上他的体质较弱，刚撑到广西，就圆寂了。

徐宏祖停了下来，办理静闻的后事。

由于路上遭遇强盗，此时徐宏祖的路费已经不足了，如果继续往前走，后果难以预料。

所以当地人劝他，放弃前进念头，回家。

徐宏祖跟静闻，是素不相识的，说到底，也就是个伴儿，各有各的想法。静闻没打算写游记，徐宏祖也没打算去礼佛，实在没有什么交情。而且我还查过，他此前去过鸡足山，这次旅行对他而言，并没有太大的意义。

然而他说："我要继续前进，去鸡足山。"

当地人问："为什么要去？"

徐宏祖答："我答应了他，要带他去鸡足山。"

"可是，他已经去世了。"

"我带着他的骨灰去。答应他的事情，我要帮他做到。"

徐宏祖出发了，为了一个逝者的愿望，为了实现自己的承诺，虽然这个逝者，他并不熟悉。旅程很艰苦，没有路费的徐宏祖背着静闻的骨灰，没有任何资助，他只能住在荒野，靠野菜和干粮充饥。为了能够继续前行，他还当掉了自己所能当掉的东西，只是为了一个承诺。就这样，他按照原定路线，带着静闻的骨灰，翻越了广西十万大山，然后进入四川，越过峨眉山，沿着岷江，到达甘孜、松潘，渡过金沙江，渡过澜沧江，经过丽江，经过西双版纳，到达鸡足山。

迦叶寺里，他解开了背上的包裹，拿出了静闻的骨灰。

到了。

我们到了。

他郑重地把骨灰埋在了迦叶寺里，在这里，他兑现了承诺。

然后，他应该回家了。

但他没有。

从某个角度讲，这是上天对他的恩赐，因为这将是他的最后一次旅行，能走多远，就走多远吧。

他离开鸡足山，又继续前行，行进半年，翻越了昆仑山；又行进半年，进入藏区，游历几个月后，踏上归途。回去没多久，就病了。

喜欢锻炼的人，身体应该比较好，天天锻炼的人就不一定好，旅行家也是如此。估计是长年劳累，徐宏祖终究是病倒了，没能再次出行。崇祯十四年（1641），病重逝世。

他所留下的笔记，据说总共有两百多万字，可惜没有保留下来，剩余的部分大约几十万字，被后人编成《徐霞客游记》。

在这本书里，记载了祖国山川的详细情况，涉及地理、水利、地貌等，被誉为十七世纪最伟大的地理学著作，并被翻译成几十国语言，流传世界。

其实讲述这人的故事，只想探讨一个问题：他为何要这样做？

没有资助，没有承认（至少生前没有），没有利益，没有前途，放弃一切，用一生的时间，只是为了游历？

究竟为了什么？我很疑惑，很不解，于是我想起另一个故事。新西兰登山家希拉里，在登上珠穆朗玛峰后，经常被记者问一个问题：你为什么要爬？他总不回答，于是记者总问，终于有一次，他答出了一个让所有人都无法再问的答案：因为它（指珠峰）在那里！

因为它在那里。

其实这个世上很多事，本不需要理由，之所以需要理由，是因为很多人喜欢找抽，找抽久了，就需要理由了。

是的，这就是我想说的：成功只有一种——按照自己的方式，去度过人生。

宋徽宗的画与诗

北溟鱼

最近很喜欢看放大的《秾芳诗帖》。

局部就好。

赵佶的瘦金体，在每个字收笔的时候，有一种剑气般的流动，像是一片长得极好的竹叶，被劲风吹过时精神抖擞，细腻的纹路随风舒展开来。笔画转动时夸张的提顿，像瘦韧的竹节，从竹节上伸展开的经脉尽管险峻但不突兀。

看他的字，好像听见有风的秋夜里一半青俊一半枯萎的竹叶沙沙摇动，有画面，有声音，是享受。这时候我会选择性地遗忘他算是个直接造成北宋灭亡的烂老板。我一直不喜欢赵佶和李煜。哪怕他们是著名的文艺青年，也不能掩盖做皇帝而没能守住国家领土的劣迹——极度缺乏职业操守。

但是对《秾芳诗帖》着了迷，我就都不管了。

见色起意，十分不堪。

宋徽宗赵佶不是一个道德上十分完美的人。北宋灭亡前第三任皇帝哲宗没有儿子，只好在兄弟里挑继任者。挑到赵佶头上，有人反对把他立为储君，说他“轻佻”——赵佶的“轻佻”就是聪明活泼，对不该感兴趣的东西十分有兴趣，比如笔墨丹青，奇花异石，声色犬马，修道成仙。专注是人人都喜欢的个性，但专注以致痴迷，以致终成癖好，却大多为世所不容。

因为他爱好足球，就让球踢得好的高俅有了可乘之机；因为他爱好书法，就让字写得好的蔡京大权独揽。为了证明他的无能，后代流传了很多传说和谶语来证明，他的确是个身上带煞，不祥不幸的人。

传说他的生日跟李煜是同一天，所以他是亡国君王李后主转世来祸害赵家的江山的。传说他为了去妓院跟李师师相会，专门在皇宫里挖了地道。陆游在《老学庵笔记》里写，靖康年间在北宋东京流行一种纹样，由一年四季的花卉组成，于是这种纹样就被叫作“一年景”。而靖康年，是北宋最后一个年号，维持一年多，正应了“一年景”的短暂，陆游给这次亡国找到的理由，是穿错了衣服纹样——“服妖”。

北宋灭亡前，徽宗退位，新即位的钦宗也没能力挽狂澜。金人攻破国都，徽宗被俘远徙黑龙江五国城，类似《宋俘记》《北狩见闻录》的笔记小说写了徽宗一路上无数的屈辱：被要求脱光上衣披着羊皮祭祀金人的祖先，死去之后，尸体一半被火焚，一半被棍子打烂扔在坑里。触目惊心。

这是导游喜欢的历史故事，然而特别烦人，一点儿新意也没有——反正古人要攻讦某个人，不是贪钱，就是好色，然后五花八门的报应不爽，不得好死。先盖一个“坏人”戳儿，而后拿去大染缸里添油加醋随便编排，反正一个坏人死了，不值得喊冤。

满满文人的市侩。

但我宁愿看一个有道德缺陷的人创造的巨大浪

漫，我乐得看他们“梦魂惯得无拘检，又踏杨花过谢桥”，哪怕一杯酒喝完就掉河里摔死，我也喜欢他们喝酒时候的潇洒。

像是赵佶在书画上的签字，一个拉长的“天”字。仔细观察他不同的签字，总有微妙的不同。把《五色鹦鹉图》《池塘秋晚图》和《梅花绣眼图》的花押抠出来，那个“天”字最后一笔拉长的收尾，从直直垂落到向一边摆动，像是唐人漂亮的帽子——幞头。每幅图笔势时时变幻，是走动时幞头两侧随步而动的软翅。这字据说是代表“天下一人”。不管写了什么，那种闲适的意态，总让我想到庄子的那句“栩栩然，胡蝶也”。

栩栩然，是欣喜而得意的样子。庄子写过一个故事，说有一天他做梦变成了蝴蝶，但蝴蝶却说是自己做梦变成了庄周。变成蝴蝶的庄周“栩栩然”，变成庄周的蝴蝶“蘧蘧然”，不管他是谁，以怎样的形态出现，总是一副志得意满一无挂碍的样子。而赵佶，他藏在一个小字里，像是墨色的蝴蝶，也许一眨眼，就飞走了——晚年经受的离徙，身后背负的骂名在此时不存在，就不用提起。

昙花一现，之后的枯萎并不减损它一瞬间的无比光华。张生爱上崔莺莺是“临去秋波那一转”，那之后的相聚分离，是白头到老还是始乱终弃，对于爱情，都不重要。

可后人大多势利眼，你是怎样的人其实没关系，看你留下多少钱，看你给后代挣了多少地，看你是不是挂得住“成功人士”的名头。

刚巧窦文涛、蒋勋都谈起了宋徽宗，从他们的描述里，有一点能明白后代的人，对他的人生抱有怎样的观感。

窦文涛绘声绘色描述了笔记小说里不厌其烦描述的屈辱虐待，徽宗的女儿和老婆怎样一个接一个地被金人掳走，他自己怎样被囚禁在地窖里，死了也没有全尸——这是关于徽宗的描述里，最喜闻乐见的一种。

蒋勋说他好看，说徽宗的画像是中国的皇帝里最好看的那张——陆游曾经写过一回赵佶的出行搭配——“服栗玉并桃冠、白玉簪、赭红羽衣，乘七宝辇”。他戴玉冠，簪玉簪，披一领火红的鹤氅，坐在七宝辇车上，自然像神仙下凡。赵佶现在的画像出自明代的故宫南薰殿，正好穿着红色的绛纱袍，并且很有艺术感地选了侧面坐姿——反正很会摆弄。

这是一个只出现在赵佶治下的艺术界。繁荣却不恶俗，精品迭出，书画，陶瓷，造园……好像要占尽以后年代的风头才罢休。艺术家、诗人和学者扎堆，品味再高，行为再奇诡，也总有一个只讲品味不谈三观的人来懂得。米芾是一个看上了喜欢的东西就一哭二闹三上吊的神经病，徽宗招他去写字，招待一块好砚台，他写完便抱着不撒手，说砚台已经被污染，皇帝不能用了，徽宗便送给他。王诜，是英宗的女婿，王诜对公主不忠，但有好的诗画鉴赏才能，徽宗与他亲厚，常常来往。王诜有一个从苏轼那边要来的仆人球技好，刚巧被徽宗碰见，他也不顾尊卑之别，直接在花园里跟仆人切磋起球技，这人就是高俅。

这样的艺术界，来得快去得也快。作为这一切最痴心的赞助商，赵佶应该是伤心的。传说在押解的路上，他被虐待，听说自己的妻子女儿被侮辱，他都无动于衷，当听说他精心收藏的书籍图册被金人哄抢一空的时候，哭了起来。

写他，总想起唐人高蟾的诗：“曾伴浮云归晚翠，犹陪落日泛秋声。世间无限丹青手，一片伤心画不成。”

赵佶没有画过伤心，虽然他可以轻易地描画各种不同的趣味——写实的《芙蓉锦鸡图》，构图与造型在他的时代都是“先锋”的《瑞鹤图》，他也可以以文人的趣味去画《雪江归棹图》。我甚至不知道传说是他的作品里，多少是他自己的亲笔，多少是别人对他审美意志的实现。他的审美趣味包罗万象又极度精准，他知道怎样用最四两拨千斤的办法去描述抽象的境界。可是，在他被囚禁在东北农村，最伤心的时候，在他写出“家山回首三千里，目断天南无雁飞”的时候，他也没有画过伤心。

也许在最伤心的时候，人是没有力气表达的。况且不够理直气壮，眼泪鼻涕也扳不回败局。或者，对于无心去懂的人，不谈伤心。

把栏杆拍遍

✽梁　衡

中国历史上由行伍出身，以武起事，而最终以文为业，成为大诗词作家的只有一人，这就是辛弃疾。

辛弃疾至少是快刀利剑地杀过几次人的。他天生孔武高大，从小苦修剑法。他又生于金宋乱世，不满金人的侵略蹂躏，22岁时他就拉起了一支数千人的义军，后又与耿京为首的义军合并，并兼任书记长，掌管印信。一次，义军中出了叛徒，将印信偷走，准备投金。辛弃疾手提利剑单人匹马追贼两日，第三天提回一颗人头。为了光复大业，他又说服耿京南归，南下临安亲自联络。不想就这几天之内又变生肘腋，当他完成任务返回时，部将叛变，耿京被杀。辛大怒，跃马横刀，只率数骑突入敌营生擒叛将，又奔突千里，将其押解至临安正法，并率万人南下归宋。说来，他干这场壮举时还只是一个少年英雄，血气方刚，欲为朝廷痛杀贼寇，收复失地。

但世上的事并不是心想事就成。南归之后，他手里立即失去了钢刀利剑，就只剩下一支羊毫软笔，他再也没有机会奔走沙场，血溅战袍，而只能笔走龙蛇，泪洒宣纸，为历史留下一声声悲壮的呼喊、遗憾的叹息和无奈的自嘲。

应该说，辛弃疾的词不是用笔写成，而是用刀和剑刻成的。他是以一个沙场英雄和爱国将军的形象留存在历史上和自己的诗词中。时隔千年，当今天我们重读他的作品时，仍感到一种凛然杀气和磅礴气势。比如这首著名的《破阵子·为陈同甫赋壮词以寄之》："醉里挑灯看剑，梦回吹角连营，八百里分麾下炙，五十弦翻塞外声。沙场秋点兵。马作的卢飞快，弓如霹雳弦惊。了却君王天下事，赢得生前身后名。可怜白发生。"

我敢大胆说一句，这首词除了武圣岳飞的《满江红·怒发冲冠》可与之媲美外，在中国上下五千年的文人堆里，再难找出第二首这样有金戈之声的力作。虽然杜甫也写过"射人先射马，擒贼先擒王"，军旅诗人王昌龄也写过"欲将轻骑逐，大雪满弓刀"，但这些都是旁观式的想象、抒发和描述，哪一个诗人曾有他这样亲身在刀刃剑尖上滚过来的经历？"列舰层楼""投鞭飞渡""剑指三秦""西风塞马"，他的诗词简直是一部军事辞典。他本来是以身许国，准备血洒大漠，马革裹尸的，但是南渡后他被迫脱离战场，再无用武之地。像屈原那样仰问苍天，像共工那样怒撞不周山，他临江水，望长安，登危楼，拍栏杆，只能热泪横流。

楚天千里清秋，水随天去秋无际。遥岑远目，献愁供恨，玉簪螺髻。落日楼头，断鸿声里，江南游子。把吴钩看了，栏杆拍遍，无人会，登临意。（《水龙吟·登建康赏心亭》节选）

谁能懂得他这个游子,实际上是亡国浪子的悲愤之心呢? 这是他登临建康城赏心亭时所作。此亭遥对古秦淮河,是历代文人墨客赏心雅兴之所,但辛弃疾在这里发出的却是一声悲怆的呼喊。他痛拍栏杆时一定想起过当年的拍刀催马、驰骋沙场的经历,但今天空有一身力,一腔志,又能向何处使呢? 我曾专门到南京寻找过这个辛公拍栏杆处,但人去楼毁,早已了无痕迹,唯有江水悠悠,似词人的长叹,东流不息。

我们今天读其词,总是清清楚楚地听到一个爱国臣子,一遍一遍地哭诉,一次一次地表白,总忘不了他那在夕阳中扶栏远眺、望眼欲穿的形象。

辛弃疾南归后为什么这样不为朝廷所喜欢呢? 他在一首《戒酒》的戏作中说:"怨无大小,生于所爱;物无美恶,过则成灾。"这首小品正好刻画出他的政治苦闷。他因爱国而生怨,因尽职而招灾。他太爱国家、爱百姓、爱朝廷了。但是朝廷怕他,烦他,忌用他。他作为南宋臣民共生活了40年,倒有近20年的时间被闲置一旁,而在断断续续被使用的20多年间又有37次频繁调动。但是,每当他得到一次效力的机会,就特别认真,特别执着地去工作。本来有碗饭吃便不该再多事,可是那颗炽热的爱国心烧得他浑身发热。40年间无论在何地何时任何职,甚至赋闲期间,他都不停地上书,不停地唠叨,一有机会还要真抓实干,练兵、筹款、整饬政务,时刻摆出一副要冲上前线的样子。你想这能不让主和苟安的朝廷心烦? 他任湖南安抚使,这本是一个地方行政长官,他却在任上创办了一支2500人的"飞虎军",铁甲烈马,威风凛凛,雄镇江南。建军之初,造营房,恰逢连日阴雨,无法烧制屋瓦。他就令长沙市民,每户送瓦20片,立付现银,两日内便全部筹足。其施政的干练作风可见一斑。后来他到福建任地方官,又在那里招兵买马。闽南与漠北相隔甚远,但还是隔不断他的忧民情、复国志。他这个书生,这个工作狂,实在太过了,"过则成灾",终于惹来了许多的诽谤,甚至有人说他独裁、犯上。皇帝对他也就时用时弃。国有危难时招来用几天;朝有谤言,又弃而闲几年,这就是他的基本生活节奏,也是他一生最大的悲剧。别看他饱读诗书,在词中到处用典,甚至被后人讥为"掉书袋",但他至死,也没有弄懂南宋小朝廷为什么只图苟安而不愿去收复失地。

辛弃疾名弃疾,但他那从小使枪舞剑、壮如铁塔的五尺身躯,何尝有什么疾病? 他只有一块心病,金瓯缺,月未圆,山河碎,心不安。

郁孤台下清江水,中间多少行人泪。西北望长安,可怜无数山。青山遮不住,毕竟东流去。江晚正愁予,山深闻鹧鸪。(《菩萨蛮·书江西造口壁》)他得的是心郁之病,甚至自嘲自己的姓氏:"烈日秋霜,忠肝义胆,千载家谱。得姓何年,细参辛字,一笑君听取。艰辛做就,悲辛滋味,总是辛酸辛苦。更十分,向人辛辣,椒桂捣残堪吐。世间应有,芳甘浓美,不到吾家门户。"(《永遇乐·戏赋辛字送茂嘉十二弟赴调》节选)

你看"艰辛""辛酸""悲辛""辛辣",真是五内俱焚。世上许多甜美之事,顺达之志,怎么总轮不到他呢? 他要不就是被闲置,要不就是走马灯似的被调动。1179年,他从湖北调湖南,同僚为他送行时他心情难平,终于以极委婉的口气叹出了自己政治的失意。这便是那首著名的《摸鱼儿》:

更能消，几番风雨，匆匆春又归去。惜春长，怕花开早，何况落红无数。春且住，见说道，天涯芳草无归路。怨春不语。算只有殷勤，画檐蛛网，尽日惹飞絮。长门事，准拟佳期又误。蛾眉曾有人妒。千金纵买相如赋，脉脉此情谁诉？君莫舞，君不见，玉环飞燕皆尘土。闲愁最苦。休去倚危栏，斜阳正在，烟柳断肠处。

据说宋孝宗看到这首词后很不高兴。梁启超评曰："回肠荡气，至于此极，前无古人，后无来者。""长门事"，是指汉武帝的陈皇后遭忌被打入长门宫里。辛以此典相比，一片忠心、痴情和着那许多辛酸、辛苦、辛辣，真是打翻了五味坛子。古来文人的惜春之作，多得可以堆成一座纸山。但有哪一首，能这样委婉而又悲愤地将春色化入政治，诠释政治呢？美人相思也是旧文人写滥了的题材，有哪一首能这样深刻贴切地寓意国事，评论正邪，抒发忧愤呢？

南宋朝廷将他闲置了20年。20年的时间让他脱离政界，只许旁观，不得插手，也不得插嘴。辛弃疾在他的词中自我解嘲道："君恩重，且教种芙蓉！"这有点儿像宋仁宗说柳永："且去浅斟低唱，何要浮名？"柳永倒是真的去浅斟低唱了，结果唱出一个纯粹的词人艺术家。辛与柳不同，你想，他是一个大碗喝酒，大块吃肉，痛拍栏杆，大声议政的人。报国无门，他便到赣南修了一座带湖别墅，咀嚼自己的寂寞。

带湖吾甚爱，千丈翠奁开。先生杖屦无事，一日走千回。凡我同盟鸥鹭，今日既盟之后，来往莫相猜。白鹤在何处，尝试与偕来。破青萍，排翠藻，立苍苔。窥鱼笑汝痴计，不解举吾杯。废沼荒丘畴昔，明月清风此夜，人世几欢哀？东岸绿阴少，杨柳更须栽。(《水调歌头·盟鸥》)

这回可真的应了他的号"稼轩"，要回乡种地了。一个正当壮年又阅历丰富、胸怀大志的政治家，却每天在山坡和水边踱步，与百姓聊一聊农桑收成之类的闲话，再对着飞鸟游鱼自言自语一番，真是"闲愁最苦""脉脉此情谁诉"。

我常想，要是为辛弃疾造像，最贴切的题目就是"把栏杆拍遍"。他一生大都是在被抛弃的感叹与无奈中度过的。从"沙场秋点兵"到"天凉好个秋"；从决心为国弃疾去病，到最后掰开嚼碎，识得"辛"字含义，再到自号"稼轩"，同盟鸥鹭，辛弃疾走过了一个爱国志士、爱国诗人的成熟过程。"一将功成万骨枯"，一员武将的故事，还要多少持刀舞剑者的鲜血才能写成。那么，有思想光芒而又有艺术魅力的诗人呢？他的成名，要有时代的运动，像地球大板块的冲撞那样，他时而被夹其间感受折磨，时而又被甩在一旁被迫冷静思考。所以积300年北宋南宋之动荡，才产生了一个辛弃疾。

公瑾是个好兄弟

✻关山远

一

安徽寿县，一个英俊少年下马，叩响了门环。大门打开，又一位英俊少年出现。

这是周瑜与孙策的第一次见面，当时是公元190年，两人都是15岁。当时孙策的父亲孙坚正率兵与黄巾军作战，把家眷安置在寿县，孙策小小年纪，就开始在寿县四处结交名士，名气越来越大。周瑜是舒县人，慕名前来拜访。

两人一见如故，顺便贡献了一个成语——“总角之好”，意思是指小时候很要好的朋友。话说“一山不容二虎”，孙策、周瑜都是虎虎有生气之人，而且都是帅哥，《三国志》上这么写孙策——“美姿颜，好笑语，性阔达听受”，这么写周瑜——“长壮有姿貌”，两个如此优秀的人，能够成为朋友，很难得，比如孙策和刘备就成不了朋友，他去拜见大军阀袁术，听说刘备来了，孙策要走，袁术问：“刘备来和你有什么关系？”孙策回答说：“英雄互相妒忌。”说完就走，刘备只看到他一个背影。但孙策与周瑜就这么成了朋友，而且终生不渝，原因可以很多，也可以就两个字：投缘。

寿县离战场比较近，周瑜就劝孙策带母亲、弟弟移居舒县，孙策同意了，于是搬家到舒县，周瑜让出路南的大宅院供孙家居住。两个好朋友，就这么住一起了。但朝夕相处的时间并不长，192年，孙坚战死的消息传来。

孙策堪称东汉末年的杰出青年，作为孙策父亲的孙坚，也是一代杰出人物，能力与品格，均为世人称道，他当时是讨伐董卓的主力，把董卓打得团团转，董卓手下的超级战将吕布，也败在孙坚马下。遗憾的是，东汉末年，天下大乱，群雄竞起，谁也不服谁，谁都想吃掉谁，军阀之间的主流关系，是投靠与出卖、利用与抛弃，一身正气的孙坚，注定是悲壮收场。他在一场战斗中遭刘表部将埋伏，中暗箭而死，他的部下，被大军阀袁术吞并了。这一年，孙策17岁。

他把家从舒县搬到扬州，然后等守孝结束后，去找袁术索要父亲的旧部，但军阀个个拥兵自重，怎肯割肉？袁术忽悠孙策自己先去募兵。当时各地都为大大小小的军阀所割据，今天与这个结盟，明天遇那个袭击，经历很大一番波折，孙策组建了一支数百人的队伍去见袁术，后者这才将孙坚旧部数千人中的一千多人交还给孙策统领。

名义上，孙策归袁术统管，袁术也很欣赏他，但袁术此人反复无常，言而无信，孙策对他越来越失望，想自立门户，请求渡过长江去招募兵马，袁术知道他走了肯定不会再回来，但小算盘一打：孙策要去的地方，全是些狠角色在盘踞着，他去了也没什么作为，于是同意了。这样，孙策开始了自己辉煌的创业史。

他的部队作战勇猛，而且纪律严明，老百姓都很欢迎，关键的是，他的总角之好周瑜也带兵过来支持他了，史载，“策大喜曰：‘吾得卿，谐也。’”孙军四处征战，两人配合默契，公元199年，孙策周瑜攻破皖城，所获甚丰，其中有两个美丽的女俘虏，桥公的女儿大乔与小乔，皆国色天姿，孙策自纳大乔，周瑜纳小乔。孙策还对周瑜说：“桥公之女，虽经战乱流离之苦，但得我们二人做夫婿，也足可庆幸了。”

果然是好朋友。

二

但是纳大乔四个月后，孙策就让她做了寡妇。

孙策特别自信，他战斗力爆棚，好勇斗狠，有“小霸王”之称，喜欢单骑打猎，不带卫士，别人劝他，他不听。公元200年，他到丹徒山中打猎，骑一匹快马，把扈从骑兵甩在后面，此时三个刺客出现了，要为被孙策杀死的主人报仇。孙策先开弓射死一个刺客，旋即面颊中箭，这时护卫赶上来，杀死另外两个刺客。但孙策中箭后，痛得厉害，知道自己命在旦夕，临终前命孙权接替其位，当夜去世，年仅25岁——跟父亲一样的悲剧命运，都死于暗箭。

周瑜没有见到孙策最后一面。他从外地带兵回来奔丧，悲恸欲绝，祭奠完毕孙策，接下来拜见孙权，他的举动让所有人都惊呆了——他对孙权用了君臣之礼。

这是孙权获得的最坚定的支持。当时他的情形很不妙：一方面是外患，兄长孙策刚刚统一江东不久，偏远之处尚未全附，即使在有效控制范围之内，地方士民及宾旅寄寓之士仍存异心。另一方面是内忧，有人公开反叛，有人暗中通敌，伺机作乱的更大有人在，毕竟，孙权的影响力远不如孙策，而且，他继承兄长基业时，虚岁不过19岁，很多属下都不把他放在眼里，而仇家正在磨刀霍霍，要把孙家连根拔掉。

周瑜对孙策都未行过君臣之礼，他俩的关系更类似于一起创业打天下的兄弟，用孙策的话来说，“公瑾与孤有总角之好，骨肉之分”。周瑜在众目睽睽之下，视孙权为君，自己退而为臣（《三国志·吴志·周瑜传》：是时权位为将军，诸将宾客为礼尚简，而瑜独先尽敬，便执臣节），非常明确地释放了这样的信号：我把对孙策的忠诚，已经全部转移给孙权了。

还有什么比“忠诚”更能巩固男人之间的友谊？尤其在东汉末年这个视“忠诚”为弃履的年代，想想“三姓家奴”吕布，想想“宁可我负天下人”的曹操，想想诱降叛军却当众虐杀的董卓，就知道人心不古、世道不堪。周瑜有影响力号召力也有足够实力，但在一个谁都想当老大的年代，他选择了忠诚。

孙权母亲很感动，她曾对孙权说：“我一向把公瑾当儿子对待，你该把他当成兄长才是。”

周瑜精通音律，《三国志》上说，他即使酒后也能听出弹奏者的差错，马上扭头去看是谁出错了。据说当年歌伎为了让周瑜多看自己，故意弹错。因此，他不仅仅是政治家、军事家，还是音乐家，当然，还是美男子。

但更重要的，他首先是一个忠诚靠谱的人。

很长一段时间，周瑜是东吴二号人物，老二并不好当，孙权跟哥哥孙策不是一样的人，但周瑜无怨无悔。15岁的时候，他第一次见到孙策，就结下了终身友谊，他对友谊忠贞不贰，他那么能干，谁不想招纳他？实力超强的袁术诱惑他，不从；一手遮天的曹操诱惑他，不从。因为他已经有一个叫孙策的朋友了。

孙策不在了，友谊仍在。

三

靠谱比能力重要，忠诚比聪明重要。但周瑜这个人，既忠诚靠谱，又聪明能干，对他的朋友来说，这是多么珍贵；对他的敌人来说，又是多么可怕！

男人的友谊，需要漫长时间的检验，也需要突发事件的考验，许多酒肉朋友，热热闹闹，信誓旦旦，一到关键时刻，就露出了本来面目。

周瑜与孙策，是小弟对兄长的友谊，言听计从，誓死追随；周瑜对孙权，则是兄长对小弟的友谊，挺身而出，真知灼见，虽然他对他执君臣之礼。

公元202年，孙权掌权第三年，曹操在官渡之战打败袁绍，取得关键胜利，俨然成了老大，给孙权写了一封信，命令他：“把你儿子送到我这里来当人质！”完全是霸王条款。

孙权很苦恼：送吧，从此受制于人。不送吧，曹操会起疑心，哪惹得起他这个大魔头？于是召部下商议，大家众说纷纭，不能决断。说错了话，或者误导了主公，都是麻烦事，另外，反正送的不是我的儿子……

怎么办？孙权不再开冗长而没有结果的座谈会了，他去见母亲，就带着周瑜一个人。周瑜给这对母子分析：“当年楚君刚被封到荆山的边上时，地方不够百里。他的后辈贤能，扩张土地，开拓疆域，子孙相传，延续九百多年。现在将军您继承父兄的余威旧业，统御六郡，兵精粮足，战士们士气旺盛，老百姓人心安定，有这么好的实力，为什么要送质于人呢？人质一到曹操手下，我们就必然受制于曹氏。那时，我们所能得到的最大的利益，也不过就是一方侯印、十几个仆人、几辆车、几匹马罢了，哪能跟我们自己创建功业、称孤道寡相提并论呢？为今之计，最好是不送人质，先静观曹操的动向和变化。如果曹操能遵守道义，拯救天下，那时我们再归附也不晚；如果曹操骄纵，图谋生乱，玩火必自焚，将军您只要静待天命即可，为何要送质于人呢？"

这番话，说到孙权母子的心坎里，孙权决定：不屈服于曹操，不送人质。他从此要自己把握自己的命运。

关键时刻，朋友能够"担当"，就能帮助彼此，掌握自己的命运。

曹操没有得到人质，自然恼火，6年后，占荆州，水陆几十万大军铺天盖地而来。是降是战是逃？东吴群臣仍然莫衷一是，还是周瑜，分析形势，让孙权坚定联合刘备、拼死一战的决心，他甚至拔剑砍掉桌角，让主张投降的下属闭嘴。

于是有了赤壁之战，从此天下三分。跟《三国演义》不同的是，周瑜才是赤壁之战的主角。许多年后，苏轼歌颂"周郎赤壁"："遥想公瑾当年，小乔初嫁了，雄姿英发。羽扇纶巾，谈笑间，樯橹灰飞烟灭……"

不是逞口舌之快，也不是光说不练。既能清晰判断，又能知行合一。这才是真正的"担当"。

四

在《三国演义》里，周瑜是个有些才干，但心胸狭窄、性格暴躁、嫉妒心超强的江东大都督，整天想算计政治、军事才能远超过自己的诸葛亮，却总是搬起石头砸了自己的脚，最后被诸葛亮连气三回，在马上大叫一声，箭疮复裂，坠于马下，临死前仰天长叹："既生瑜，何生亮！"

但这并非真实的周瑜。在并非演义的正史中，周瑜文武双全，更为人称道的，是他的人品。他不是一个小气不能容人的人物，他与诸葛亮，谈不上莫逆之交，但彼此惺惺相惜。孙权麾下，有个叫程普的老将，倚老卖老，不把周瑜放在眼里，一次又一次当众羞辱他，但周瑜始终都是宽厚相待，从不计较，以德服人，程普后来真服了，对周瑜亲热得不得了，史载：程普"乃告人曰：'与周公瑾交，若饮醇醪，不觉自醉。'"。

与一个人交往，如饮美酒，不知不觉就醉了——做人如此，是何等境界！这样的人，又怎么可能被另一个人活活气死？

在民间故事中，始终津津乐道周瑜与诸葛亮的斗智，甚至还有这样的演义：周瑜诈死，诸葛亮前来吊唁，扶棺假哭时，顺手塞泥堵死了棺材上的气孔，活活憋死了里面的周瑜。这完全是后人阴狠的想象了，据正史记载，从赤壁之战结束到周瑜病逝的两年间，诸葛亮根本没有和周瑜见过面。周瑜死时，诸葛亮也未来得及送丧吊唁。

吊诡的是，周瑜也是死于箭伤，他与曹仁大战时，被飞箭射中右肋，伤势严重，但为了鼓舞士气，仍然奋身而起，激励将士杀敌，击败曹仁。公元210年，周瑜在准备出征的路上旧伤发作，最终卒于巴丘，时年35岁。孙权听闻哭泣道："公瑾有王佐之资，然而寿命短促，我还能依赖什么呢？"亲自穿上丧服为周瑜举哀。若干年后，孙权称帝，对公卿说："如果没有公瑾，我是当不上皇帝的。"

周瑜是个有着鲜明汉代风骨的男子：崇文尚武，质朴纯粹，雅量高致，浑身洋溢着气节之美、慷慨之气、忠义之气，堪称中国古代男人的楷模。这么一个完美男人，却很遗憾地在后世蜀魏正统之争中被抹黑了，后人帝蜀寇魏、尊刘贬曹，贬孙与贬曹是同时进行的，曹操固然成了白脸奸臣，作为孙权集团的周瑜，其形象自然也难逃打压，尤其是出于塑造诸葛亮英明神勇、高尚睿智形象之需要，周瑜被推到诸葛亮的对立面，变成了一个才智碌碌、嫉贤妒能的平庸之辈。

其实，历史之大，完全可以容下周瑜、诸葛亮两位皎皎如玉的好男人，只是后人心思狭隘了而已。《刘继兴读史》一书中感慨地说："假如周瑜真地下有知，估计他会仰天长叹：'既生瑜，何生《三国演义》？'"但周瑜真会如此长叹吗？以他的胸襟气度，不会如此，虽然英年早逝，但他对自己的一生，应该是满意的。

有人说，女人的友谊建立在隐私的共享上，那么，男人的友谊建立在共同的理想上。周瑜与孙策、孙权兄弟的友谊，基于乱世保境安民的理想，犹如一场波澜壮阔的创业史，历经劫难，却始终富贵不能淫、威武不能屈，所谓大丈夫，所谓英雄本色，莫过于此了。

明朝，史上最受欢迎却最穷的王朝

✽国　馆

一说到明朝，很多人的第一反应就是各种作死的皇帝：斗蛐蛐的、做木匠的、炼丹的、罢工的……有这些奇葩皇帝，明朝被很多人轻视和不屑。

然而，这个比不上汉唐威武，也没有两宋富裕的明朝，却是最受欢迎的朝代。甚至它的“粉丝”，还有专门的名词——明粉。

明朝受到追捧，最重要的是因为它恢复了国人的民族自信。这得先从明朝创始人朱元璋说起。

1

朱元璋的一生，可用一句话概括：开局一个碗，装备全靠打。

朱元璋从小生活苦，要不是当和尚、做乞丐，估计他早没命了。

元朝统治下的人分四等：一等蒙古人，二等色目人（多西域人），三等汉人（北方汉人、女真人、契丹人），四等南人（南方汉人）。

朱元璋，就是最低贱的四等南人。

法律规定，蒙古人打汉人，后者不得还手报复。

蒙古人扇了朱元璋左脸一巴掌，他还得笑着，把右脸伸出来，再受一巴掌。

这还没什么，最让他忍受不了的是，当时蒙古人杀死一个南人，只需罚交“烧埋银”即可。

真是民命贱如蝼蚁，他发出征讨檄文，喊着“驱除胡虏，恢复中华，立纲陈纪，救济斯民”的口号，从南打到北，硬生生从蒙古铁骑手中收复燕云十六州，建立明朝。

而上一次拥有燕云十六州的大一统王朝，是大唐。

燕云十六州，是抵御北方铁骑南下的第一道防线。

为什么宋朝那么有钱还被欺负?

说到底,是因为失去燕云十六州这个军事屏障。

建国后,朱元璋没有贪图享受,一心想把蒙古彻底打败,早餐只吃豆腐和蔬菜。

2

一个国家的气质,很大程度是由开国领袖决定的。

朱元璋的血性DNA,遗传给了后世朱家子弟。

到第三代皇帝朱棣时,残余蒙古骑兵经常骚扰边境,对老百姓烧杀抢掠。

朱棣大笔一指,把首都从南京迁到了边境前线的北京。

从此"天子守国门"成了明朝的标签,面对外敌侵略,明朝一扫宋元时期汉人被欺凌的软弱形象。

朱棣把蒙古铁骑按在地上,反复摩擦了5次,打得蒙古骑兵不敢来犯。

多年后,养兵蓄锐的蒙古骑兵又一次举兵来犯,在土木堡大败明军精锐,俘虏了明英宗。

进而围攻北京,在北京城下喊话,要求割地赔偿,否则就杀了明英宗。

有人提议学南宋,朝廷南迁,还能一息尚存,城内人心惶惶。

但终究,明朝不是南宋。

对明朝来说,军队没了可以再建,官员没了也可以再招,就算皇帝没了也没什么,再立一个就是了。

于是上城墙喊话:"现在已经有新皇帝了,不管对面是谁,再不撤退,就把你打得满地找牙。"

敌人明明抓了个皇帝,最后却抓了个寂寞,实在是搞不懂这个邻居是怎么想的。

明朝就是这样:不割地、不赔偿、不和亲。

它硬气起来,别说打自己脸,连自家皇帝都打。

有些王朝窝里横特别强,一到外战就歇菜。

而明朝对外作战,一直都很硬,从没怂过。

永乐年间,蒙古骑兵在边境烧杀掳掠,永乐帝亲自挂帅,先后五次远征蒙古。

嘉靖年间,收复了被葡萄牙强占的广东屯门岛。

万历年间,日本侵略朝鲜,万历派兵支援,打败了兵力远多于自己的日军,把日本引以为豪的战国群雄打得三百年不敢出门。

崇祯年间,郑芝龙(郑成功父亲)与荷兰舰队在料罗湾进行海战,荷兰大败,向明朝道歉,并每年缴纳12万法郎。

如果用一句话来概括明朝,莫过于汉代名句:明犯强汉者,虽远必诛。

那些侵犯国土的侵略者,明朝一定会斗争到底,捍卫国人气节和尊严。

3

让人意外的是,这个作风强硬的王朝,对待读书人,却异常温和,给了读书人前所未有的优待条件。

有人算过一笔账,大宋一个学士以上的官员,若他做官多年,可以让自己的兄弟子侄谋得官职。

宋朝恩荫官员的数量庞大,若你家有人做官,在大宋,不用科考就可以跟着做官。

对比之下,明朝就要公平多了,想要做文官,科举出身是必不可少的。

它允许各个阶级的人参加科考,比如万历首辅申时行,就是商人之子。

大诗人李白,就因为父亲是商人,唐朝规定"商人之子不能参加科考",如果查出便是死罪,所以李白一生都没有参加科考。

相对于唐宋,明朝的科举又进步许多,除去官家子弟，贫寒子弟、商人子弟、军籍子弟一样可以参加科考，只要高中，就可出将入相。

一旦你取得功名，还能免交赋税。

生活在明朝的读书人，普通秀才就可聚众冲击县衙，官府却不能把他怎么样。

明朝对读书人的一味忍让，换来的却是读书人的得寸进尺。为了自己的利益，他们可以抵制国家税收。

万历皇帝派太监去收商税，被文官集团骂成“贪财皇帝”；崇祯年间，浙江要交的20万两的茶税，文官集团说太监贪污，要求撤销太监，没收齐便不了了之。

后来不要说商税了，就是原本的农业税，乡绅勾结官僚，打起了太极，说这些土地，都是读书人的，可以不交。

这些，为明朝的灭亡埋下了伏笔。

4

至于明朝灭亡的原因，有说亡于党争的，有说亡于崇祯的各种作的，众说纷纭。

然而经济基础决定上层建筑，再硬气的王朝，也会被五斗米掀翻。

明朝之所以被灭，很大程度在于两个字：没钱。

面对清兵入侵，上百万的大明军队里，能够领到工资的，只有前线的辽东军。

而且经常拖欠几个月才发，要知道这是正在和清军拼刺刀的一线部队，其他的就更别说了。

历史课本上说，明末有资本主义的萌芽，小商品经济发达。怎么会没钱呢？

其实明末是有钱，但有钱的是商人、地主和官僚，他们串通一气，牢牢掌握天下财富。

而处于最顶端的皇帝和最底下的老百姓，都没钱。

老百姓没钱怎么生活？反抗啊。

毕竟造反有钱拿，有饭吃，不会饿死。

崇祯曾招安一支几万人的农民起义军，说给粮，农民立马就不起义了。结果只给了半年口粮，没办法，朝廷没钱哪。半年后，农民又起义了。

皇帝不发工资怎么办？跳槽呗。

李自成打到洛阳时，守军已经很久没发工资了，连饭都快吃不上。而洛阳王府内却整日花天酒地，将士们一气之下倒戈，加入闯军。

那么，皇帝没钱怎么办？破产。

在北京城破之前，大臣打开国库，堂堂大明国库，只有区区2300两白银，他感叹道：“国家之贫至此。”

然而江南官宦之家，却富得流油。

无锡华家，一年的田赋收入是48万两白银，苏州钱家一年的佃租收入是98万两白银，这两家只是官宦人家中的普通人家。

最后，堂堂一国之君，崇祯连几万人的军饷都发不起。

国库没钱，只好让士大夫们募捐，士大夫们一个个哭穷、做戏、喊冤，这演技，不拿奥斯卡金像奖，真是可惜了天赋。

一番折腾下来，只筹集了20万两，崇祯绝望，北京城破。

李自成入主北京，从官员身上搜刮到整整7000万两白银。

要知道崇祯年间全年的财政收入，也不过400多万两。

不久清兵入关，江南的乡绅集团，依然用以前惯用手段——耍赖拖欠，结果清兵横征暴敛，杀人屠城。

这时乡绅和官僚，才想起明朝的好，但那个优待读书人的大明，再也回不来了。

1644年，李自成攻破北京，大臣建议崇祯效仿南宋，朝廷南迁。崇祯坚决不从，坚持“天子守国门，君王死社稷”的祖训。他对大臣说了句意味深长的话："朕非亡国之君，诸臣皆亡国之臣。"

他下令杀死儿女，然后在歪脖子树上吊自杀，留下“任贼分裂朕尸，勿伤百姓一人”的遗言。

大明王朝，历经276年，就此陨落。

5

纵观明朝一生，起于穷人，最后死于穷人，而自己也因“穷”而死。

它有根植在骨子里的农民性格：

如它对贪官的零容忍惩罚。

朱元璋一上台，就制定对付贪官污吏的各种刑罚。如贪污60两，就处死。在他在位期间，杀了15万贪官。

可是杀了那么多官员，谁判案哪？

于是他创新性搞起了“戴死罪”：那些被判了死刑的贪官污吏，先拉到大牢，各种刑具一起上，尝下贪污后果，然后又让人给这些官员涂药，保住小命，见你不死，就拉到衙门去处理公务。

所以当时就有奇特的一幕：很多戴镣铐的犯人，发现公堂之上，当官的也是戴着镣铐。

想死？没那么容易，谁叫你做贪官污吏？得干完活儿再去受死。

出身草根的朱氏王朝，是众多王朝内心最痛恨贪官污吏的，也是对贪官污吏最狠的。

如它对老百姓生命的重视。

在封建王朝，杀死一个普通老百姓，难吗？很容易，扮成强盗土匪将其杀死，明朝也是。但在明朝，要合法杀死一个老百姓，很难，需要层层上报，要皇帝签字才行。

一名平民老百姓，犯了死罪，只要不是谋反叛国的大罪，不管是偷鸡摸狗，还是烧杀掳掠，定了死罪之后，也不会立马被执行。需要复核，从村里上报到镇里、县里、市里、省里，最后到皇帝那儿，只有皇帝亲自复核了，才能合法杀死一个老百姓。

然而，恰恰是它对官员的苛刻，导致官员的不作为，他们只是把自己当成打工人，在哪儿打工不是打工呢？干吗要给你大明打工？

对老百姓来说，也是一样，只要能吃上饭，不在乎这个王朝姓什么。

明朝是封建社会，有其固有的局限性，本质上是地主对老百姓的剥削，其灭亡是肯定的，无非就是换了个地主。只是后来这个地主，除了阶级剥削，还有种族剥削。

若大明未亡，不敢说国家有多强大，但可以肯定的是，以明之风骨，不会签丧权辱国的不平等条约。

为什么会有那么多人喜欢明朝，我想这就是答案。

和很多人一样，我一直认为明朝是很不作为的朝代。等查看史料才发现，它并不像某些人说的三无朝代：无明君，无名将，无名士。

如果说大清是任谁都能欺负的风烛老人，那么大明就是铮铮铁骨的血气少年。它是穷，但至少有骨气，它不愿任人鱼肉，保持了一个民族该有的气节。它的国贫民穷，值得我们深思。

不应该只认为明朝就是差，或者就是好。我们要做的是正视它的好，也不掩饰它的坏。

如意说

释戒嗔

如意小的时候，很受父亲宠爱，父亲喜欢把如意抱在怀里，一起坐在营帐中，欣赏母亲的歌舞。

父亲对母亲说：“如意这孩子真像我，以后哇，我要把我的事业全部交给如意。”

如意的父亲可不是某某乡镇的暴发户，他的事业更不是多少多少亩良田以及多少多少头耕牛。他的事业很大，大到我们想象中的极限！

如意的父亲就是击败了西楚霸王项羽，建立了汉王朝的刘邦，而他的事业就是整个天下。

可惜，父亲心中虽有了让如意当接班人的念头，但真正想要实现，却艰难得很。

如意并不是嫡长子，他的母亲戚夫人不是刘邦的正妻。刘邦早年未发迹，还是泗水亭小小亭长的时候，便娶了一个叫吕雉的女人为妻。吕雉也有一个儿子，比如意大上三岁，叫刘盈。

如意三岁那年，刘盈便被立为太子，如果父亲想要兑现自己的诺言，首先要做的事情就是废黜刘盈这个太子。

在那个时代，想要废长立幼可不是凭借着君王的喜好就可以做到的。父亲不但要打破自古以来的惯例，还要想些办法对付那些冥顽不灵思想守旧的老臣。

不过母亲对这件事倒是蛮有

信心的，母亲偷偷告诉如意，你这个哥哥，性格最是懦弱无用，你父亲最讨厌他的就是这一点。

母亲还告诉如意一个笑话，有一年，父亲进兵伐楚，结果不慎败落了，项羽自然不肯轻易放过父亲，一路追着父亲的败兵。父亲逃到家乡，原想顺道接了自己的父亲刘老太公一起逃亡，结果老太公没见到，却见到了刘盈。

母亲说到这段旧事的时候，便忍不住要乐了，她说："也不知道这个不识相的小子怎么惹毛了你父亲，你父亲一路上越看他越讨厌，几次三番地要把他推下车子。"

母亲说到这里又叹了一口气说："可惜夏侯婴这个老小子喜欢当滥好人，连续几次把已经推下车的刘盈又救了回来。如果不是他多事，现如今我们哪用这么烦？"

不知道为什么，如意听到这段往事的时候，并没有他母亲那般雀跃。

那一夜，如意做了一个梦。

那是一个夕阳西下的黄昏，尘土飞腾的原野上有辆残破的马车狂奔着，如意看到一个小小的孩子惊恐地缩在马车的角落里，小孩子抬起头，那样貌居然是自己的脸。

在车的另一头，如意看到另一张脸，那是父亲的脸，在这张脸上，如意看到过许多次微笑与温暖，可是这一次，这张脸狰狞得让如意恐惧。

如意醒了后，出了一身冷汗，耳边仿佛还能听到父亲在梦中的咆哮声："滚下去，快滚下去。"

如意知道，这个声音曾经真实地发出过，只是不是对着他的爱子如意，而是对着那个不肖子刘盈。

如意想到这个光亮渐渐暗下去的黄昏的时候，心中总有些许的不忍。

如意不常见刘盈，父亲对他们母子都不待见，父亲出征的时候，带着的总是如意和他母亲，至于吕雉和刘盈，十之八九是留守的。

最近一次见到刘盈，是在父亲的军帐前，吕雉带着刘盈与刚从军帐里出来的母亲和如意相遇了。

许是听到了易储的传言，吕雉冷冷地望着如意和他的母亲，有股寒意透了过来，一直冰到如意的心底。

倒是事件的另一个主角刘盈，像个木偶似的傻呆呆地跟在吕雉身后。

刘盈看到如意的时候，居然笑了一下，如意揣摩了一下，这笑容中竟似没有不怀好意和阴冷。

如意心想，也不知道这个人是像母亲评价的那样是呆子，还是像父亲评价的那样是窝囊废。总之，被这种人压在头上，确实是件让人不忿的事情。

如意知道，从那一天起，最惨烈的战争已经开始了。

身上流淌着同样的血液又如何？

刘盈和如意，只是棋盒中不同颜色的棋子，结果只有两个，黑的吃掉白的，又或是白的吃掉黑的。

在欲望斗争的棋盘上，亲情注定要被分隔在楚河汉界两旁。

母亲知道，刘盈并不是一个真正的对手，真正可以操控局势的人，是他的母亲吕雉。

吕雉是一个顽强的女人，因为刘邦，她吃了很多苦，先是被当作反贼的眷属关押在沛县的监狱中，然后又被项羽当作人质羁押了几年。

困苦的岁月是漫长的，在经历长达七年的囚犯和人质生活后，吕雉从一个富家小姐成长为一个对手，一个谋略与手段都属于上乘的对手。

吕雉人生最悲惨的七年，最后成为母亲一生的隐痛，那七年牺牲，最后成为吕雉巩固后位的法宝。它让占尽父亲宠爱的母亲，一生都无法动摇吕雉的皇后地位。

母亲知道吕雉已经开始动手了，因为不停有人告诉母亲，今天吕皇后又和某某大臣接触了。

可是母亲却不是那么担心，因为在整件事情中，最终能掌握决定权的人是父亲，母亲知道，父亲的心早在如意这边了。

如意知道母亲还是做了努力，她用了自己的杀手锏，那就是哭。

如意也哭过，失去时哭过，难过时哭过。

单纯地去哭，像个小孩子那样哭。

可是如意也知道，成人的眼泪所包含的，远比他的要复杂得多。

他们用眼泪掩饰着欣喜，用笑容隐藏着心碎，用沉静遮挡着杀机。

相对来说，母亲的眼泪要直接得多，她只是用哭泣替如意争取着权力。

如意没有走上太子的位置，因为刘盈请出了四位隐士高手来辅佐他，而此前父亲也遣人去请过他们，却被拒绝了。父亲动摇了，他觉得刘盈也许不是他想象的那么差劲，或许民心已经开始向往刘盈了。

母亲当然知道这事的背后是谁在起作用，她在背地狠狠地抱怨：“这个姓吕的阴险婆娘，不知道花了多少黑金，才请动了这四个贪财的老头。”

母亲安慰如意说，就让他们暂时得意一下吧，白痴是没药医的，用不了多久，刘盈就会把他幼稚懦弱的一面淋漓尽致地展示出来，到时候你父亲就会发现，天下还是应该交给我们聪明乖巧的如意的。

其实如意也不是那么难过的，如意并不明白“天下”是多么大的一个地方，又或者是多么高的一种权力。

也许母亲并不是真的要安慰如意，她只是想安慰一下自己。

让母亲梦想破灭的是英布的箭，那一箭带走了父亲的性命。

这一次，如意真正地讨厌刘盈了，如意知道，这次平定英布的叛乱本来应该是刘盈去的，可是那个缩头乌龟却赖着不肯走，父亲迫不得已替他去收拾这个烂摊子。

如意怀疑父亲驾崩的消息传来的时候，刘盈可能不会像自己一样哭，因为那一天刘盈跨越了所有的障碍，他想要的东西，终于都拿到了。

即位的这一天肯定不能算刘盈权力登顶的纪念日，真正权倾天下的是他的母亲吕雉吕太后。

也许在这一天前，并没有多少人发觉吕雉的欲望，至少没有发现吕雉的欲望是如此之大。

吕雉恨如意的母亲，也恨如意。

如意承认吕雉的恨并不是空穴来风，她为刘邦付出过很多，而回报却不多，她以富家小姐身份下嫁了一个当时一事无成的混混，再接着是苦难的牢狱之灾和提心吊胆的人质生活。而到头来，刘邦宠爱的是母亲，甚至为了如意要剥夺本该属于她儿子的权力。

吕雉自然会报复，那些曾经、正在、即将威胁她幸福的人都应该自食其果，至少她自己是这样认为的。

其实在废立之争不了了之之后，父亲已经明白，他在爱子如意的身旁遗落了一把剑，一把足以致命的剑。

父亲想过要在自己身后保护终将失去依靠的如意，他把如意托付给对吕雉有恩的耿直大臣周昌，然后再让如意远离了京城。

然而天变了，父亲想象中坚硬的屏障，实际脆弱不堪，即便再有贤名，周昌能挡住的只是三次征召，却阻不住如意走向绝境的步伐。

如意最终还是要踏上了他的死亡之旅，死亡无疑是曾经被他们逼退在绝地里的敌人最好的安慰剂。

那座即将让如意殉命的宫殿，如意住过，母亲曾经一次又一次去想象，如意拥有了这座天堂后的结果。可是现在如意可以肯定，这座天堂是那对母子的天堂，对于如意和母亲来说，这已经成了不折不扣的地狱。

如意知道，那年那道冰到如意心底的目光，又要发作了。

在这座宫殿里，曾经有两个人真正爱过如意，一个是长眠于地下的父亲，另一个就是如今已经没有自由的母亲。

如意从来没有想到还有第三个人。

如意再次看到了刘盈的时候，他还是像当年那样笑着，如意仔细分辨着这笑容，在这样可以撕下伪装的日子里，如意依然没有在他的目光里发现不怀好意和阴冷。

也许在这一天前，兄弟这个词，能描述的只是刘盈和如意之间的亲缘关系，而手足这个词，用在他们身上更像一个玩笑。

如意看到了吕雉，她还是那样阴沉着脸，如意注意到了她身后的刀光剑影。

如意发现吕雉的嘴角有一丝笑意，那是种得意的笑，但很快那丝微笑便消失了，因为吕雉看到刘盈牵住了如意的手，紧紧地握着。

如意见过那些颠沛流离的逃荒者，在拥挤的人群中，哥哥紧紧牵着幼年弟弟的手，唯恐分离。

如意以为那样才是真正的兄弟。

如意没有想到这样的场景也会出现在刘盈与他的身上。

如意第一次在吕雉眼里，看到果敢和冷漠以外的东西。

如意甚至可以理解吕雉的不解和无奈。

吕雉也许想告诉刘盈，如意今天的绝境，可能本该是属于他们母子的。

吕雉也许想告诉刘盈，在冰雪中沉睡的毒蛇，终会把毒牙咬在对它手下留情的农夫身上。

吕雉也许想告诉刘盈，她所做的一切，是天下父母都会做的，只是父亲想到的是如意的未来，而吕雉想到的是刘盈。

吕雉也并非无懈可击，刘盈无疑是这个主宰者心口唯一柔软的地方。而现在刘盈正用着唯一有效的办法去抵挡那些可能刺向如意的剑。

如意很想念父亲，如意忘不了父亲抱着他一起看母亲歌舞的场景，如意记得父亲的怀抱很温暖。

可这一天，如意发现原来哥哥的怀抱同样温暖，和父亲的一样。

如意知道，在这座充满欲望的宫殿里，有很多双目光藏在黑暗之中，一刻不停地盯着他。很多人期待着用如意的死亡一步登天。

可他们还是失望了，每一分每一秒，他们都没有机会。

因为每一刻刘盈都陪伴在如意身边，吃饭也好，睡觉也好。

没有人敢透过刘盈的身体，把剑刺向如意。

如意曾经以为哥哥的仁弱会让他一无所成，可是如今如意知道，退缩与忍让，只是因为那些东西对他都不重要。

刘盈独自离开的那个早晨，如意睡得很沉，这些日子如意很累，身心俱疲。

内侍告诉如意，哥哥坐在如意的床前很久，最后还是不忍心叫醒他。

吕雉派人把毒酒送来的时候，如意正坐在窗口，静静地望着窗外的小径，那是哥哥归来的必经之路。

如意想，这大概就是自己的宿命吧，就像世间万物一样，注定要从荣到枯，没有逃脱，只是有些长，有些短而已。

如意知道，哥哥可能不会成为万世景仰的帝王了，因为被人铭记的永远只有丰功伟绩，而不是功绩背后流淌的血。

如意知道，可能有人会被哥哥感动的，虽然他只是缩在史书的一角，用只字片语书写一生。

如意还知道，哥哥一定会哭，就像父亲驾崩的消息传来的时候，如意那样放声痛哭。

因为我们都失去了自己最珍贵的。

一世界的热闹，一个人的梦

✽李敬泽

1.张岱喜欢的事是：深深庭院，眼神波俏的丫鬟，繁花和少年，华丽的衣裳，骏马奔跑的姿态，神奇的灯，烟花在幽蓝的夜空中绽放；还有梨园歌舞，紫檀架上的古物，雪白的手破开金黄的橘子，新绿的茶叶在白水中缓缓展开。

2.张岱还喜欢锣鼓吹打，喜欢人群。浩大的、如粥如沸的人群，其中有张岱。张岱叹道：人太多了，太挤了，太闹了。但人群散去，天地大静，一缕凉笛绕一弯残月，三五人静坐静听，其中亦有张岱。

3.张岱是爱繁华、爱热闹的人。张岱之生是为了凑一场大热闹，所以张岱每次都要挨到热闹散了、繁华尽了。

4.张岱，字宗子，居绍兴，生死于明清之际。家世殷富，少有捷才。然学书不成，学剑不成，学节义不成，学时文不成，学仙学佛，学种地，皆不成。时人呼为废物、败家子、蠢秀才、瞌睡汉，到老了，一言以蔽之，呼之曰：死老鬼！

5.张岱之后百年，有贾宝玉生于金陵。张岱所爱亦为宝玉所爱，宝玉之阅尽大观正如张岱凑够了热闹。该二人皆有与生俱来的冲动——成为“废物”，“废”了自己。宝玉岂不是“死老鬼”张岱投胎转世吗？张岱又字石公，莫不就是大荒山青埂峰下女娲补天所遗的一块废石？

6.张岱毕生足迹，南不过绍兴，北至兖州。山东、江苏、浙江，由圣人发祥之地到六朝金粉、湖上风月，地图上狭窄的一条正是古中国文明的中心。时当晚明，据说资本主义在此萌芽了，据说这萌芽又被掐掉了。但是——

7.张岱和他的人群正无边无际地欢乐。鲜花着锦，烈火烹油。他们不知道北方的蛮族正撞击帝国的长城，不知道一个下岗驿丁的身后正聚集着更广大的人群，这是一支沉默、饥饿、仇恨的大军。

8.张岱不知道。张岱知道的是：这世界正在瓦解，天柱欲折，四维将裂，张岱在内心深处等待那一刻。那和满洲的铁骑无关，和李自成的义旗无关，和历史无关，那是白茫茫大地真干净，是尘埃落定。所以——

9.张岱和他的人群见证了“末世”。他们见证无限的美、无限的繁华、无限的精致复杂，见证了缓缓降临的浩大的宿命。休说是王朝鼎革、人事浮沉，这种宿命的末世感将穿越康乾盛世，结出一朵最美的花，所谓“阆苑奇葩”：《红楼梦》。《红楼梦》是无数梦的影子，其中有张岱的梦。

10.张岱晚年耽于梦。鸡鸣枕上，夜气方回，五十年来，总成一梦。痴人说梦，遂有《陶庵梦忆》。

11.张岱此时国破家亡，流离山野。所存者，唯破床一具，破桌子一张，折腿的古鼎，断弦的琴，几本残书。还有梦。还有用秃笔蘸着缺砚写下的字。字迹想来是枯淡的，但应是依然妩媚，如当年旧事藏于白头宫女眼角眉梢。

12.张岱真正喜欢的事是：文字。

13.张岱好文字。不是那种正大的好，是纨绔子弟的那种好。好得有点儿赖皮，好得不讲道理。明代小品，文字通常是放得开了，但二袁其实还是官员气派，做爽朗做洒脱，自高处平易近人；至于竟陵诸家，越放开越别扭，如仆人扮老爷，手脚不知何处安置。倒是张岱，便是赖皮，便是不讲道理，也是娘胎里带来的随便。

14.张岱文字快。他喜用排比，快时直如大珠小珠落玉盘，目不暇接。张岱爱热闹，文字也热闹，眼观六路，下笔如飞，无黏滞，无间断。小品文字，写慢容易，写快难。快而又磊磊落落、跌宕流转如张岱者，尤难。

15.张岱纨绔也，故有霸蛮气。行文如操刀，造句如欺男霸女。如《报恩塔》起首一句：“中国之大古董，永乐之大窑器，则报恩塔是也。”如《筠芝亭》：“筠芝亭，浑朴一亭耳，然而亭之事尽，筠芝亭一山之事亦尽。”此类句子均如一声断喝，挡者披靡。

16.张岱在文字中注视他的城郭人民，他失去的一切，他权当未曾拥有的一切。他竟无怨愤，无哀伤。偶尔张岱会感慨，但也只是一声轻叹。明季遗民中少有如张岱这般没心没肺的。但张岱的没心没肺有更广大的境界：冬天降临时，凋谢的花、殒命的鸟何曾哭天抢地？而这古老文明的荒凉冬天已经来了。

17.张岱于崇祯二年（1629）中秋次日途经镇江。日暮时分，至北固山：

“月光倒囊入水，江涛吞吐，露气吸之，噀天为白。余大惊喜，移舟过金山寺，已二鼓矣，经龙王堂，入大殿，皆漆静。林下漏月光，疏疏如残雪。余呼小仆携戏具，盛张灯火大殿中，唱韩蕲王金山及长江大战诸剧，锣鼓喧填，一寺人皆起看。……剧完将曙，解缆过江，山僧至山脚，目送久之，不知是人、是怪、是鬼。”（《金山夜戏》）

——这就是张岱的生命和生活，一场大静之中热闹红火的戏。曲终人不见，江上数峰青。

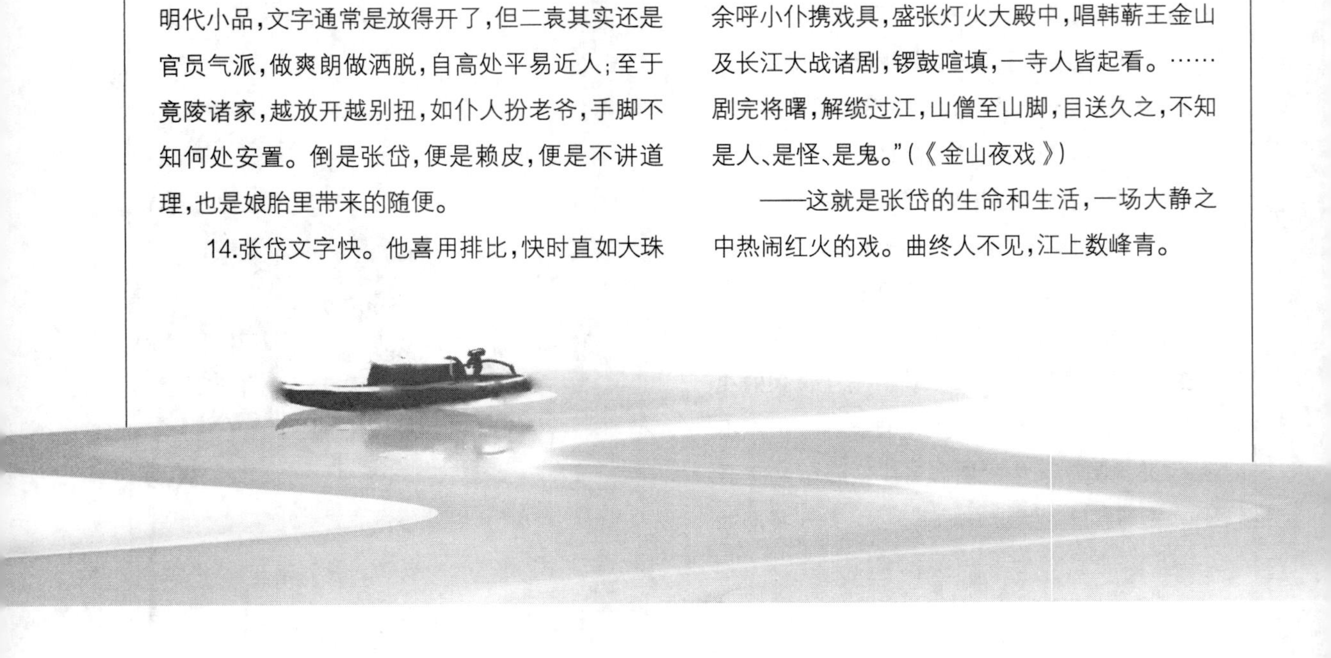

大宋的雪

✽董改正

大宋的雪落在大宋的版图上，落在汴河的桥上，落在冻滞的酒幌上，落在东京鳞次栉比的瓦片上，落在宫殿的飞檐上。那匹驮着麦子走过熙熙攘攘长街的骡子，也驮着一身白雪和一团移动的热气。街角卖烧饼的大伞旁，一对久违的老友已经聊了很久的家常，雪落满了他们的双肩。

又是好大的一场雪！雪如杨花，他们的面庞在雪中隐现。他们似乎言尽了，眼望着远方，透过朦胧的雪幕，仿佛看到了一千多年后的我，就像一场梦。三百多年，足够慢慢地做一场长长的梦。如果让我选择，我愿意活在中国的宋朝。

一场接一场的雪落在《宋史·五行志》里。第一场雪飘在建隆元年（960），也许用“显德七年”更为恰当。虽然“禅让”之后，雪或许还在下，但历史已经翻篇，雪已经不是后周的雪。

建隆元年正月初一，天气肃寒，浓浓的雪意和浓浓的年味一起弥漫在汴梁城里。这样的天气无论是对于后周，还是对于北汉或者契丹，都不是用兵的好时候。但一则事先张扬开来的战争消息，让符太后和后周恭帝柴宗训以及一帮臣子们手忙脚乱，殿前都点检赵匡胤和他的弟兄们却笑了。迅速集结的军队在正月初三出发，当晚到达汴梁城外二十千米处的陈桥驿。雪下得很大，落在士兵们的征衣上，落在他们抬头望天的面庞上，落在他们驻扎的营帐上。

“怎么停了？不是说前方战事吃紧吗？”一定会有人这样问。有人回答：“这不是你我能管的事，让停就停，让开拔就开拔，让杀谁就杀谁。”“或者是因为雪吧？”也一定有人眯缝着眼睛看着雪，漫不经心地答道。

次日黎明，将军严令他们要以气壮山河的气势，对黄袍加身者高呼“万岁”。他们做得很好，相信他们的呼声一定可以穿过厚厚的雪幕，到达帘幕无重数的皇城内。一定是这样的。接着就改元“建隆”了。禅让大典是在纷纷扬扬的大雪中完成的，真应了那句“落了片白茫茫大地真干净”。街上各扫门前雪的商铺小二，也许并不知道已换了人间，他们的清晨问候语依然是:“好大的雪呀!”

这是中国历史上最后一次禅让,禅让书都是事先准备好的。两位顾命大臣也很知趣,他们很配合,典礼圆满结束,江山就易主了。

一场接一场的雪频频光顾大宋的疆域,“雪盈尺”“民多冻死”“断流”“伤麦”“冻馁”这样的表述充斥着大宋的史书和奏折。

大宋的骨子里,有消散不去的悲凉雪意。大宋的白雪中,有人夜过汴梁桥,有人风雪山神庙,有人在汴梁的巷子深处,喝一碗热气腾腾的羊肉汤,还有人白衣胜雪,一曲新词酒一杯。

大宋的雪是宿命的雪,寒冷是大宋的宿命。大宋处于中国历史上第三个寒冷期,有宋以来,天气极寒,福州的荔枝树绝种两次,太湖冰冻三尺可以跑马,华北的居民看不到本地的梅花。

大宋的雪,也下在同时期的辽、金、西夏、蒙古和大理的国土上,雪里的大宋版图,看上去像一阕小小的《如梦令》。雪里的大宋,大街上依然熙熙攘攘,百业兴盛。高鼻深目的异邦人,坐在雕镂精美的听雪轩内,手指敲着檀香木的桌面,轻哼柳词。

大雪弥漫的大宋,国土面积最大时,约为汉的二分之一、唐的五分之一,而人口远迈汉、唐,经济、科技和文化也卓立于世界。这是历史的奇迹。经济史学家贡德·弗兰克和汉学家谢和耐,称宋代的中国在工业化、商业化、货币化、城市化、社会生活、艺术、娱乐、制度等方面远超世界任何地方,它有理由把其他地方看作蛮夷之邦。风雅富庶的宋是地上的天国。

戴笠披蓑,走进飞雪连天的大宋,看看在那些年的雪里,都发生了哪些故事。淳化四年(993)冬,大雪,宋太宗赵光义赐京城“孤老贫穷人千钱、米炭”,这可能是“雪中送炭”的出处。除此之外,每到严冬,官府必将储备的柴炭减价出售,以惠贫民,以致京师炭价涨不上去。

在大雪极寒之时,朝廷诏令收养乞丐和老幼,将他们养在福田院、居养院、养济院和慈幼局内,务必使路上没有冻死的乞丐,没有啼饥喊饿的孩子。在这些慈善机构中,成年人每日施与粳米或粟米一升、铜钱十文。在十一月到正月这最冷的三个月里,每人加柴炭、五文钱,小儿减半。孤贫孩子中若有伶俐的,令其入学就读,并供应衣食。

大宋的雪是温暖的雪。祥兴二年(1279)二月六日,崖山已经春暖,宋战败,陆秀夫背着时年八岁的宋末帝赵昺投海,随行的十万军民,再无留恋,相继跳海。民无罪,他们本可不死,可他们甘愿赴死,因为天气虽暖,而大宋没了。

大雪纷飞,江山如铁般寒硬。看不见的冷,塑造了不一样的大宋。“忍把浮名,换了浅斟低唱”,这是大宋;“大江东去,浪淘尽,千古风流人物”,这是大宋;“寻寻觅觅,冷冷清清,凄凄惨惨戚戚”,这是大宋;“想当年金戈铁马,气吞万里如虎”,这也是大宋。

大宋有热血,但更多的是冷静;大宋有豪情,但更多的是淡定。雪是冷的,冷让人安静、冥思、智慧、成熟、务实。大宋像一个历尽沧桑的中年男子,不事浮华,不重名利,只要真实的幸福安宁和有审美感的精致生活,但无论他怎样伤春悲秋,怎样浪漫多情,他总会及时冷却。

大宋的雪,冰冷了大宋的热血,照亮了大宋的眼睛,磨炼了大宋的智慧。大宋知道自己要什么,能不能要到。学者蒋复璁说,澶渊之盟影响了中国思想界及以后的历史。事实上,它换来了宋辽之间百余年的和平,并且通过互市,大宋不仅拥有远超岁币的贸易顺差,更输出了文化和货币。辽其实是大宋的辽。

雪后的大宋如何?大宋的风雪图有很多。北宋李成有《寒林骑驴图》,骑驴郊野,苍松白雪,气象萧瑟。北宋巨然有《雪图》,奇峰积雪,河流凝滞,行人迟迟。南宋马远有《晓雪山行图》,老梅零落,行人曲背弓腰,两驴驮炭,行道缓缓。南宋夏圭有《雪堂客话图》,白雪映堂,人物潇洒。南宋李东有《雪江卖鱼图》,江天暮雪,茫茫一片,远山戴雪,一棹停驻,披蓑戴笠的渔夫煮出千年的鱼香。

大宋多雪,多文人,多画家。南宋的林洪,游武夷六曲,遇大雪,得兔一只,不会烹调。有人告诉他,将兔子杀好,片薄了,用酒、酱、椒料腌制一下,再放在沸腾的汤里“摆熟”。林洪一试，肉色如云霞，称之为“拨霞供”。

这年依然雪大如席。芥隐僵卧草庐，忽听敲门声甚急：“先生在吗？先生好吗？”“吱呀”一声门开了，风雪涌入，却见一个小童负炭一筐，殷勤笑道：“先生，给您送炭来了。”小童进屋将炭放下，递书一封，便出门踏雪而去。

这年也是大雪，杨时和游酢为解惑释疑，正踏雪向程门而来。程府寂寂，梅香缕缕，鸟雀稀疏。门边炭炉微红，程颐释卷几上，正倚炉酣睡。杨时侍立不去，程颐醒来时，门外大雪已深一尺矣。

雪中的汴梁城，更较平日热闹。早点铺子冒着热气，熟食铺子的“灌肺”“炒肺”更为热卖。粥铺里坐不下了，有人站着喝粥。卖洗脸水的铺子前，更是排起长长的队伍。雪后的酒肆里，行菜唱名，烫糟温酒，精致的宋瓷盛着大宋的油光。瓦舍勾栏里，一个个用栏杆、绳索、幕幛隔出的小场地中，相扑、傀儡、影戏、杂剧、商谜、学乡谈各自上演，气氛热烈。

雪落山村，雪落水村，雪落山川，雪落平湖大泽。有脚印，有车辙，有船，有踽踽独行的人。有船顺江而下，顺河而行，雪一路随行。有侠客走进十字坡，大声说道：“小二，五斤熟肉，八角酒先打来！”有好汉走进密林……大宋雪里的故事很多，他们至今依然活灵活现地存在于诗词书画里，活在数不清的宋人笔记里，活在我们的血液和想象里。我们想起他们，他们就活起来。我们替他们活在时间里，我们是他们的藤蔓。兜兜转转一圈后，苏轼写道：“人生到处知何似，应似飞鸿踏雪泥。”

大宋的雪，提供了这样的雪泥。大宋飞过，印迹永存。

唐诗里的雪下得大，雪下到宋词，就小了很多，也妩媚了很多。大宋的雪，美到让人不敢呼吸。大宋的雪，是自然的雪，也是人文的雪、抒情的雪。诗词中的大宋之雪，纷扬着大宋的气韵。曼声吟诵，真是销魂。

还有悲凉的雪。豪放派中，我爱稼轩胜过东坡，只因东坡更似唐人，而稼轩必属宋人。豪放加忧伤而为悲凉，书剑辛弃疾，能骑马突入敌营，擒敌而回；能献言《美芹十论》《九议》，陈述带兵方略；有“溪头卧剥莲蓬”的稚拙，有“众里寻他千百度，蓦然回首，那人却在，灯火阑珊处”的痴情，有“醉里挑灯看剑”的英武，却终于时也命也，在“落日楼头，断鸿声里”，“把吴钩看了，栏杆拍遍”，却终是“无人会，登临意”，落得个“可怜白发生”。

如果将大宋比作男子，那就是辛弃疾；比作女子，那便是李易安。

唐的音节响亮，宋却是风流蕴藉。这个决定以宋为国号的粗豪汉子，他的内心是否与曹孟德一样，有着风花雪月和对酒当歌相互缠绕的铁血柔情？大宋的气质，是否来自这个叫赵匡胤的人？《明史·太祖本纪》里，没有关于朱元璋擅长艺术的记载，而赵氏兄弟的子孙中，有赵佶、赵构和赵孟頫这样的天才。是基因的自然书写，还是崇文抑武国策的结果？而崇文抑武，是时势下的必然选择，还是宋的独创？

建隆三年（962）的一个夜晚，大雪，赵普早早休息了。雪落无声，一片阒寂中，骤然响起敲门声。赵普疾出，只见太祖立在风雪中，他连忙迎拜，太祖微笑着将他扶起，说已约好晋王了。不久，赵光义就到了。三人坐在堂中垫褥上，炽炭烧肉。赵普的妻子亲自行酒，太祖呼之以嫂。那天晚上，赵匡胤问的是取太原之计。赵普陈述削平诸国，再图太原的建议。太祖大笑，说：“吾意正如此，特试卿耳。”

早在建隆元年年末，太祖就见过赵普。是时，李重进叛乱始平。太祖召见赵普，问长治久安之策，赵普提出“稍夺其权，制其钱谷，收其精兵”的十二字方略。建隆二年（961），太祖“杯酒释兵权”。

一代代的人，都会活成大数据，供后人研究，就像大宋的君臣子民，就像我们。挣扎，斗争，龌龊，即使在最美好的大宋，也少不了。一部大戏，没有矛盾便无法展开；一部历史，没有冲突便无法进行。历史既然存在，既然要书写，那么，人就是它的文字，必须要动起来，悲壮惨烈，然后人来人往。

历史，让我们看见

✽鲍鹏山

赵简子是春秋后期的牛人，据说孔子都对他望而生畏，止步于黄河南岸，没敢去晋国。从他考察儿子的题目，就可以看出此人的志趣和作风。

赵简子对儿子们说："我把一个宝符藏在常山上，你们去找找吧。"儿子们骑上快马，上山寻找，一无所得。一个地位最低的、婢女生的儿子叫毋恤，最后回来，却告诉父亲："宝符找到了。"赵简子说："呈上来。"毋恤说："我从常山上俯瞰山那边的代国，代国就是我们的囊中之宝哇！"赵简子毫不犹豫，废了原先的太子伯鲁，立毋恤为太子，这就是赵襄子。

赵襄子比其父更加蛮横狠毒。

赵简子一死，还在服丧期的赵襄子，就亲亲热热地请来代王及其僚属，进行友好访问。设宴招待他们时，赵襄子安排每人后面站着一个厨师伺候，厨师们用硕大的铜勺子为他们斟酒。当代王和僚属带着对襄子的感激之情，仰脖子喝酒时，厨师们一起动手了：他们挥起铜勺子，猛击代王和僚属的脑袋，代王和僚属瞬间血肉横飞，陈尸灯影，代国的整个精英阶层瞬间化为一具具血肉模糊的尸体。

然后，赵襄子挥兵伐代，精英阶层完全丧失的代国一片混乱，毫无抵御之力，于是代国并入赵家版图。

这是历史的大叙事，为历史讲述者们津津乐道。

但是，打动我的却是这大叙事中的一个小细节。

被赵襄子的铜勺子击碎脑袋的代王，正是赵襄子的姐夫——代王的夫人是赵襄子的亲姐姐。弟弟开疆拓土了，姐姐则在一夜之间丧夫亡国。而且，弟弟不仅让姐姐夫死国灭，还陷她于不仁不义之境。姐姐面临的不仅是自身命运的悲惨，还有感情与道德上的两难：一边是相亲相爱、琴瑟相谐的丈夫，一边是手足之情、家族代表的兄弟。丈夫死了，不为夫报仇，是无情；向弟弟复仇，损害娘家家族利益，是不义。

赵襄子倒没有这种纠结，他坦坦荡荡地派使者去接姐姐归国。

没有道德感的人，自然也没有来自道德的痛苦和纠结。没有来自道德的痛苦和纠结的人，也就没有道德负担和道德顾忌。没有道德负担和道德顾忌的人，常常就显得果断和有力。

悲惨的是，这种果断和力量，往往又为俗人所赞美和崇拜，为众多历史讲述者所津津乐道、啧啧称赞。

是的，恶在很多时候比善显得更有力量。

战国时代，就充斥着这种无道德甚至不道德的力量，它们强大到操纵了

历史的进程。对这种力量的赞美和崇拜，鼓噪到淹没了人们的良知。

但是，我们不要忘了，道德也有力量。这种力量往往在细微之处、在宏大叙事的疏忽之处，悄悄地影响着历史的进程，改变着历史的成色，决定着历史的性质，创造着历史的正面价值。

我们来看看下面这一历史大叙事下的小细节。

姐姐面对着弟弟派来的接她归国的使者，掩面悲泣。旷野上，姐姐与使者做片刻休息。环顾破败的江山、破败的家园，姐姐悄悄拔出头上的簪子，在石头上悄悄地磨。

末了，她收泪站起，手握锋利的簪子，以令人猝不及防的动作，一下子扎进自己的喉咙。

来不及阻拦，那位使者呆立一旁。

深为这人间悲剧所震惊，目睹这世间的冷酷，对人性、对人间深感绝望的使者，在姐姐的尸首旁默立良久，最后，拔剑自刎，跌倒在她的身旁。

代人哀怜代王夫人的不幸，把她自杀的地方称为“摩笄之山”。

司马迁的《史记·赵世家》记叙了这样一个细节。知道司马迁为什么伟大了吧？

一个史学家，一个历史的书记员，他不仅看到了历史上那位叱咤风云、永垂史册的弟弟，还看到了那位跌倒荒野、埋没于荒草的姐姐。他不仅听到了弟弟的金戈铁马之声，还听到了姐姐悄悄的饮泣之声。

在一帮大人物为权为利斗得你死我活时，一个弱小的女人，纠缠在仁、义之间，不能自解，只好自尽；一个不知名的使者，为这样的一个女人感动，不能自释，又随之自尽。读史至此，只有一声浩叹！

透过历史天空中遮天蔽日、攻城略地的刀枪剑戟，让我们看见那根细小的闪着凄光的簪子。

透过历史长河中熙熙攘攘争权夺利的帝王将相，让我们看见这位柔弱的悄悄泣血的姐姐。

这位姐姐的血，这位不知名的使者的血，是一个民族最干净的血，最高贵的血！这才是一个民族真正的光荣，最后的力量。

你可以欣赏铁血的历史，但是，不要忘了，还有泣血的历史。

五千年，有帝王将相的伟大事业，也有他们留下的宏伟的王陵和宫殿，但是，如果我们的良知还醒着，就能在深夜听见——还有孟姜女这样的妻，代王夫人这样的姐，在荒野中低低地泣诉。

措大的辛酸

✿老　猫

民国文人杜召棠在《惜馀春轶事》里讲过一个段子，说有一个读书人，家里断粮两天了。他老婆找了条布裙子，出去当了，换了点米，两人饱餐一顿。刚吃完，朋友上门借米，哀求说已经三天没吃饭了。读书人把剩下的米打包，全都借了出去。老婆看见瓮中已空，抱怨说："我一条布裙子，才换一顿饱饭。"读书人道："咱们已经不错了，才饿了两天，人家都饿三天了；再说人家家里还有老母亲，是三口人；咱们已经吃完了，可人家还饿着呢。人家比咱们困难，不借那就是禽兽啊。"

你瞧，文人虽穷酸，但即使穷还这么仗义。

揭不开锅去借米，似乎是文人发迹前的常态。比如明朝的都穆，就老去借米。都穆是谁呢？就是传说中告发唐伯虎考试作弊，导致后者身陷囹圄、功名被废的那位。其实真实的都穆，人还不错，喜欢帮朋友，有时候实在没钱了，当衣服也要请人吃饭。除夕之夜，家里揭不开锅，他向朋友借米，还写了首诗："岁云暮矣室萧然，牢落生涯只旧膻。君肯太仓分一斗，免教人笑灶无烟。"借米，也得要体面不是？

唐伯虎比都穆还惨。唐伯虎写信给文徵明借粮的时候，说自己家"反视室中，甂瓯破缺；衣履之外，靡有长物。西风鸣枯，萧然羁客；嗟嗟咄咄，计无所出"，希望文徵明"幸捐狗马余食，使不绝唐氏之祀。则区区之怀，安矣乐矣"。这得饿到什么份儿上啊，狗马余食就能让自己安矣乐矣了。

在古代，贫穷失意的读书人有个称号，叫"措大"，大概是说，这些都是办大事儿的人，可就是没啥见识。反正是个讽刺人的说法。有一天宋太祖和宰相赵普吵架，就生气地说："我到哪儿去找桑维翰那样的名臣来当宰相啊。"桑维翰是后晋石敬瑭的人，赵普能瞧得起吗？赵普立刻说："就是桑维翰在这儿，陛下也不用。桑维翰爱钱啊。"赵匡胤道："用人要用其长，护其短。措大眼孔小，见过啥世面啊？给他十万贯，就把他屋子给塞破了。"瞧，这就是措大最有名的段子。

苏东坡写过一个段子，专门挤对措大。说某天有两个措大聊天言志，甲说："我平生不足，就是吃饭和睡觉。他日我要发达了，一定吃饱了饭就睡，睡醒了又吃。"乙却说："我和你可不一样，我必须吃了又吃，哪儿有时间睡啊？"

苏东坡写穷书生的段子不止一条。他还讲，传言一个穷书生进了官库，却不认识钱。这就奇怪了，再穷也该认识钱啊。那书生解释："我知道这是钱，就是——它们为啥没用纸裹着啊？"原来书生的钱从来就少，没见过成串的，都是几个铜板拿纸一包。苏东坡由此引申，说看到陶渊明写文章有"幼稚盈

想一想，这人要不乐观，穷就是件太可怕的事了。

室，瓶无储粟”一句，原来还真有道理。他说，就算瓶子里装满了粮食，那能有多少啊？还是缺粮啊。看来陶渊明穷得可以，只见过瓶子装的粮食。

这些段子，还真不是苏东坡在挤对穷书生，看上去倒像是在自嘲。因为他自己也不阔，甚至也受穷乃至断顿。屡遭贬官，薪水有限，家里人又多，能省就省，要不怎么能亲自种菜呢？《湖海新闻夷坚续志》里讲，苏东坡被贬到齐安的时候，每月只有四千五百文收入，平均一天只能花一百五十文。他就把钱按一百五十文一串分成三十串，挂在房梁上，每天用叉子挑下一串来用，然后再把叉子藏起来。他还备下竹筒当零钱罐，若有用不完的钱，丢在竹筒里，攒多了，就拿这钱请客用。

因为挨过饿，身为美食家的苏东坡几乎什么都能吃下去。流传比较广的故事是陆游写的，说苏轼被贬海南，半道上遇到同样被贬的弟弟苏辙。哥儿俩在路边买了面条吃，味道实在是不好。苏辙长叹一声，把筷子放下了，可苏东坡已经稀里哗啦全吃光了，看着苏辙，慢慢说：“九三郎（苏辙小名），这玩意儿，你还想咀嚼？”说完哈哈大笑。

这就是传说中的苦中作乐吧。

陆游《老学庵笔记》还写，宋朝有位著名的和尚叫饶德操，诗写得特好。诗僧年轻的时候，也是位措大，所以有“旧时饶措大，今日壁头陀”之说。饶措大潦倒不得志的时候，经常把自己灌得烂醉，睡过去几天不醒。要是喝完酒没睡着，周围邻居就倒霉了，这位总是爬到房顶上坐着，连唱带哭，折腾到天亮才下来。还有一次，可能是喝太多了吧，直接就投河了——汴梁城中的汴河，幸亏被船家救起，才侥幸得了一命。

为啥要跳汴河呢？看了《湖海新闻夷坚续志》才知道，穷书生跳汴河还是个传统。从很远地方进京赶考的书生们，因为穷，就像敢死队一样，只带单程的路费，考上则罢，要是考不上，根本没钱回家，也没钱在汴梁住下去，只能跳汴河自尽。

宣和年间，两个四川彭山的书生师骥、杨师锡就这么来到汴梁。他们一起读书，一起住，一起考试。放榜那天，杨师锡中了，却迟迟没有看到师骥的名字。这时候，只剩下第一名还没有公布，师骥绝望得要跳河。杨师锡拉住他说：“跳河不着急这一会儿，等第一名宣布了，不是你你再跳，万一你考第一了呢？”

还真被他说中了，第一名正是师骥。师骥拉着杨师锡的手说：“兄弟，是你救了我一命啊。咱们得世代互为婚姻。”两个人后来都做了官，两家还真的通婚了。

想一想，这人要不乐观，穷就是件太可怕的事了。

支离东北风尘际，漂泊西南天地间。
这是杜甫的宿命。

世间已无杜工部

✽采 药

1

唐代的诗人里，杜甫确实过得比较惨，坎坷半生，老死孤舟，也不知道他那一千多首诗文，是不是因为拼光了人品才留下来的。

古今中外，真正的诗人，大都混得不好，诗歌的盛唐，不代表诗人的盛唐，不然《旧唐书》里也不会如此感慨："有唐以来，诗人之达者，惟适而已。"意思是唐代的诗人，就高适一个人过上了好日子。

高适是杜甫的朋友，他当高官是因为诗写得好？也不是，纯粹因为军功，按照科班出身的学院派要求，高适写诗还只是半路出家。

谁是科班出身？唐代没有诗人这个专业，但杜甫肯定算一个。

杜甫的腔调很高：文章吾家事。

他有理由这么说，他爷爷是杜审言。

我们常说的古诗，实际上分为古体诗和近体诗。五言七言绝句律诗，这算近体诗，规矩多，要求高，格律最严整，中文系学生里，十个有九个写不好，更别提外行。要论近体诗，杜审言可是公认的奠基人之一，用今天的话说，杜甫的爷爷是唐代格律诗国标制定者。

有了这么一位爷爷，杜甫七岁写诗也就不足为奇了，"七龄思即壮，开口咏凤凰"。他起步比一般人高得多，早年的诗歌大多是五言律诗，平仄精准，句句见功底。

如果搞个"我是诗人"比赛，李白靠激情，王维靠加持，孟浩然靠风流，杜甫绝对能以专业取胜，专业，意味着正宗。

另外，还有个事实得澄清一下，上述几位盛唐诗人里，杜甫年龄最小，他比李白还小上十来岁，比孟浩然小了二十来岁。大唐也是中国的地儿，也讲论资排辈玩圈层，杜甫进不了这些个圈子。

2

年龄，同样意味着机会。等到三十岁的杜甫收敛了公子哥儿性子，一门心思想考公务员时，家财却也耗得差不多了。又正赶上唐王朝过了巅峰时期，朝廷对人才的需求渐趋饱和，从早年漫游公卿之间的自我感觉良好，到坠入客居长安的困顿，杜甫陡然发现自己没了出路。

是，李白也没做过大官，让他名满天下的翰林供奉，不过是个供皇帝开心的虚衔，可他至少拿了笔御赐的赏金，靠着名声就能到处蹭饭，杜甫呢？

杜甫不能这样，他出身京兆杜家，母系家族是清河崔氏——一个曾经被列为北方士族第一、连李世民都为之紧张的大族。虽说历经则天以来数十年的动荡，世家大族几近凌夷，可杜甫放不下这份几百年的贵族心气。"致君尧舜上，再使风俗淳"，他是为做宰相而生的。

他要凭真本事挣个出身。

难度很大，但人不能放弃梦想，万一实现了呢？

杜甫去了长安。在他之前，很多人去了长安。

据说，陈子昂百万巨金买了把琴，当众劈碎，为的是博取好名声炫耀诗文，帝京斐然瞩目，长安城里便有了他的名字。

据说，孟浩然游历京师，名动公卿，一无所获之后，施施然回了襄阳，长安城里也有了他的名字。传闻皇上看了他写的"不才明主弃，多病故人疏"，很不高兴："朕何曾弃你？"孟浩然就此断了出仕的念想。

都是小道消息。唐朝人好名，好到了骨子里。

3

杜甫的长安，没有天子垂青，没有繁华秀丽，只有现实，没有传奇。赤裸裸的等级，将一无功名二无财力的杜甫排挤在宫墙之外，他只能踮起脚尖，看着达官贵人斗鸡走狗，高车豪宴，"长安水边多丽人""越罗蜀锦金粟尺"，这些好事都没他的份。

考不中进士的杜甫唯有削尖脑袋打招呼走关系，翻开他在长安写的拜谒之作，满纸富丽堂皇中，不难看见那一丝小心翼翼的谄媚和尴尬。现实对比就是这么强烈，从豪门巨室的别墅回到城南的土屋里，来了客人，杜甫还得跟邻居借酒。

没有出路的岂止杜甫一人。领导大唐走入盛世的玄宗李隆基，已经老到了糊涂的境地，宰相李林甫不读书不写诗也就算了，他简直和杜甫天生八字不合：曾对杜甫青眼有加的大臣李邕，被李林甫杖杀；玄宗心血来潮下诏取士，李林甫一句"野无遗才"，杜甫和众多考生一起，无辜中枪落榜。

东方不亮西方亮，杜甫的朋友岑参、高适，选择了出塞从军，给大将们做参谋，成了岑书记、高书记，一边在大漠里经历风霜雪冻，一边用鲜血磨砺诗歌和前程。

尽管出塞诗写得慷慨激昂，杜甫实在不是从军杀敌的料。十年困守长安，他最后换来一个文不对题的官：右卫率府兵曹参军，正八品下，唐朝官制九品三十级，排在第二十四级。这是岑参十年前刚中进士时被授予的官职，心高气傲的杜甫不愿意，又不能不愿意。

四十四岁的杜甫累了，就职之前，他请假回家，看望一道受穷的妻儿。

于是有了那首絮絮叨叨字字滴血的《自京赴奉先县咏怀五百字》。京师到奉先县，二百四十里路，隆冬霜寒衣断，杜甫走得艰难不已，美轮美奂的长安城在他背后逐渐模糊，他不明白，忠君爱国，忧心黎民，为什么换来的是这么个处境，他用一句"朱门酒肉臭，路有冻死骨"，撕下了基尼系数严重超标的大唐金碧辉煌的伪装。

朱门酒肉臭，路有冻死骨。

他懒得再去恭维任何人，就在进家门的那一刻，听得老妻号啕大哭：最小的孩子饿死了。

这还是那个"忆昔开元全盛日，小邑犹藏万家室。稻米流脂粟米白，公私仓廪俱丰实"的大唐吗？

王朝走到了顶点，腐败到了顶点，灾难也就来临了。

就在杜甫回家的这个十一月，"安史之乱"爆发。

4

叛军攻破潼关，玄宗皇帝一溜烟逃到了蜀中，一干文武大臣跟着仓皇辞庙。深受儒家思想政治教育多年的杜甫，真是个舍小家顾大家的典范，他听说肃宗在灵武即位，匆匆安置了家小，星夜奔赴灵武。

大唐多少年没有战乱了，谁也不是天生就会逃难的。杜甫很快被叛军逮住，捉回了长安。

当年他挤都挤不进去的长安变样了，“黄昏胡骑尘满城”“可怜王孙泣路隅”。那么多国之干城被打得七零八落，杜甫，一个没名没姓的前右卫率府兵曹参军，能干什么？

他只能哭，不出声地哭，用自幼练成的五言律诗绝技，写“国破山河在，城春草木深”。

有时候没名气是件好事。王维，也被叛军逮住了，被迫当了新朝的官，偷偷感叹“凝碧池头奏管弦”。后来两京收复，清算叛党，亏得这几句怀望旧主的诗，才保住了王维的命。

万人如海一身藏，没名气的杜甫既不受唐王朝器重，叛军也没拿他当盘菜。

待到郭子仪陈兵渭水，潜伏长安的杜甫就像打不死的小强，竟然从叛军中脱身而出，一路奔赴凤翔。途中艰险自不必表，觐见新皇帝的时候，他脚踏一双麻鞋，官服磨成了短袖T恤，皇帝很是感动，任命他为左拾遗，从八品上，唐朝官制九品三十级，左右拾遗排在第二十五级。

杜甫的官位还是很低，他已经感激涕零了，左拾遗侍从皇帝，专司进谏。好多身居高位的大臣，都是从基层做起的，好饭不怕晚。

好容易做个官，杜甫尽职尽责，问题在于，他太认真了。

事情是这样的，当初唐玄宗一路逃窜，马嵬坡丢了爱妃和国舅，跑到蜀中境内才安顿下来，得知儿子肃宗已经趁乱即位，当即作出了一个重大人事决策：自己退位当太上皇，派遣宰相房琯等人前去辅佐新君。

肃宗工作刚起步，正缺人手，他同样委房琯以重任。也不知道房琯是能力有限还是运气不好，大战三日两败，加上防不胜防的宫斗，肃宗毫不犹豫将这位“父皇身边的人”打入另册。

这跟杜甫有什么关系？杜甫太实诚了，他上了一道折子，请求皇上收回成命。

军事失利，大臣失职，肃宗看到奏折，气不打一处来。幸好有人求情，加之两京收复在即，杜甫暂时保住了官位。等他扈从皇帝收复长安，房琯的旧账又到了彻底清算的时候，小心眼的肃宗也不让杜甫“拾遗”了，外派到华州做了司功参军。华州在唐代算上等地方，华州司功参军好歹是从七品下，但不在皇帝身边，明升实降，杜甫再次离开了已然残破的长安。

他这一走，与长安永诀。

5

乱世人命薄如纸。

杜甫一路亲历战乱之后的人间地狱，堆积的尸体熏得草木都发臭，三吏三别，黎民困苦，逃得过叛匪，逃不过官兵：“暮投石壕村，有吏夜捉人，老翁逾墙走，老妇出门看”。

一度功名心切的杜甫总算想明白了，战乱之际，要紧的是一家老小平安。他弃官逃难，拖着家小，辗转秦州等地，吃野菜，卖草药，个中艰辛不必细表，总之，他终于抵达平静的大后方成都。

当日的成都，也许和今天一样安逸，浣花溪流水清爽，武侯祠古木森森，宽窄巷子似乎还没有，但“黄四娘家花满蹊”，不尽风流。杜甫在这里，遇到了生命中最重要的贵人：身居高位、手握重兵的严武。

严武也是诗人，“昨夜秋风入汉关，朔云边月满西山。”

唐朝诗人多，因为谁都能写两句，而且，都写得不错。

杜甫在成都度过了多年来最巴适的一段时光，老朋友颇照顾，虽然蜗居茅屋，还叫大风刮破，毕竟比千里无鸡鸣的中原战地好得多了。他这段时间的诗也最为明媚，祖传格律心法越练越纯熟，春夜喜雨，“随风潜入夜，润物细无声。”多好！

“晓看红湿处，花重锦官城。”这是只属于成都的诗。

严武确实够哥们儿，他表奏杜甫为节度参谋、检校尚书工部员外郎，赐绯鱼袋。唐制，员外郎从六品上，虽说战乱以来官衔滥发，这毕竟是杜甫做过的最大的官，掐头去尾，杜拾遗成了遮遮掩掩的“杜工部”。

日子一安稳，杜甫老毛病犯了。他原本就嗜酒使性，喝高之后，居然爬上严武的位子，直呼严家老爷子的名姓，瞪眼骂道：“严挺之怎么生了你这么个儿子？！”

在性格极端暴戾的严武面前，杜甫此举算是找死。令人费解的是，严武居然忍了，而且一直忍到死。

或许世间自有真爱？

6

天下无不散之筵席。

永泰元年，比杜甫小十多岁的严武猝死成都。严武一死，蜀中将乱，成都不再是乐土。“安史之乱”已经平定，杜甫也该走了，他不止一次憧憬过回家的快捷通道，喝着美酒唱着歌，“即从巴峡穿巫峡，便下襄阳向洛阳。”

这不是一场说走就走的旅行。磨磨蹭蹭半年之后，一家老小才抵达白帝城。驻守在此的夔州都督请杜甫留下来，他可能不会想到，自己几句客气话，留下了唐朝的诗魂。

白帝城头，落日秋风，一个瘦瘦小小的白发老头，佝偻着身子，眼神忧郁迷离，捣衣声传来，老头还发了个寒噤。

绝顶高手都是这样内敛的，这个不起眼的小老头，功力已然炉火纯青，五十年淬炼，时间磨去了纠缠在韵律之外的所有杂音，秋兴八首，自他胸臆间涌出。

即便以最苛刻的标准来评判，这组七言律诗都堪称完美，如大匠运斤，一招一式，一板一眼，交代得清清楚楚，凝重处渊渟岳峙，飘逸处婉若游龙，大开大合之际，门户谨严，看似随心所欲，实则允执厥中。

诗人也分门派，李白好道，王维入佛，庙堂有庙堂的庄重，江湖有江湖的空灵。

大唐开国百年，戴着镣铐的舞者不计其数，几曾有过杜甫这般精美绝伦的。

御风而来的李白，脚下未免虚浮；已证菩提的王维，心中略存挂碍；高适的苍茫一剑，岑参的五虎断门刀，个个精彩，然而在秋兴八首面前，莫不黯然失色。

有人说，杜甫已经参透了天地造化之理，阴阳开合之机。

这评价太玄乎了，真相如何不得而知。

反正自唐以后，再高调的诗人，都许杜甫为正宗。

7

“支离东北风尘际，漂泊西南天地间。”这是杜甫的宿命。

安稳了不到两年，他又开始漂泊，仍然是计划好了的路线：浮江而下，从武昌入汉水，直抵襄阳。然而计划不如变化快，船过洞庭，鬼使神差地驶入了湘江。

这下陷入绝境了：“亲朋无一字，老病有孤舟。”

杜甫最后的时光，是在船上度过的，湘江不长，沿途就那么几个城市，他来来回回走了好几遍，就是绕不过噩运的纠缠，甚至遭遇兵乱几天吃不上饭，直到好心的耒阳县令闻讯送来酒肉，才得以疗饥荒江。

他只是想回家而已。

这个梦不可能实现了。大历五年，五十九岁的杜甫没能熬过湖南湿冷的冬天，病死孤舟，身后留下了一千四百五十余篇诗文。比如，“两个黄鹂鸣翠柳，一行白鹭上青天”，谁要是不会念两句，都不好意思说自己是中国人。

他生前没有显赫的荣誉，职位止于检校尚书工部员外郎。

据不完全统计，有唐一代，宰相共计三百五十八人，除了几位经历特别，足以进入TVB剧而流传千古外，大多数都湮没在发黄的史书中，很少有人知道他们生前做了什么，也没人愿意去关注，“尔曹身与名俱灭，不废江河万古流。”

人们只记住了那个白帝城头佝偻着身子含泪北望的老头。

杜工部。

《寒食帖》往事

✿杨　虎

1

他们一共四个人，衣袂飘飘地站在京城开封那一道笔墨风景的深处。晕染在他们身旁的，是后来张择端含泪融进《清明上河图》里的隐隐青山、迢迢绿水。这四个人，虽然年龄、性格、人品和由此而生发开来的命运遭际，如泾水和渭水一般分明，但当时的人们还是习惯把他们放在一起称呼：苏黄米蔡。

这四个人啊，人们说，苏飘逸，是仙；黄方正，似杜工部杜夫子；米痴绝，如酒狂；蔡呢？人们踌躇了一下，说，喝茶喝茶。

那是靖康之耻前，京城开封书法界聚会时常见的情景。康王泥马横渡之后，杭州城大街僻巷的酒肆茶舍里，人们痛苦地听着钱塘江的涛声，思念着长江对岸的半壁江山，又重新提起了蔡，不过已从蔡京换成了蔡襄。

排名紧随在苏东坡后面的黄庭坚虽被视为“苏门四学士”之一，有一段时间却对老师的字不以为然——苏轼写字姿态太不雅正。

暗含了天地运行密码的汉字，以象通形，以形达意，自笔画染墨自成一艺以来，从点横撇捺到弯钩竖折，近藏了人的气度与格局，远蕴了朝代的气运甚至走势，是以大风起兮，汉隶雄浑；两晋兵火，魏碑险峻；绵延至盛唐气象，便出了正气凛然的颜真卿。而自颜字以楷体的正大光明导引书艺笔画格局以来，有宋一代的书者们便开始重视起书法家落墨时的身姿来。

不幸的是，还在老家的时候，少年苏轼就习惯了斜着写字。今天的宣纸在承受每一管淋漓的落墨时，面前的书者无论正襟危坐或垂首壁立，都是垂直执笔，腕动毫随，悬肘而书。但是苏轼却是斜手执笔，连手肘都不提起来，整个人就歪斜着靠在桌上写。那形态显然有几分滑稽。这样出来的结果就是，他的字形显得很扁。黄庭坚开玩笑说，苏轼之字，肥扁斜侧，就像石压蛤蟆。石头压着一只扁肥的癞蛤蟆，会好看吗？

苏轼之所以这样写字，是因为他少年时用的笔叫诸葛笔，那是一种唐代流传下来的古笔。他的家乡四川眉山那时候很流行这种硬芯子的笔。

然而北宋哲宗元符三年（1100）夏季的一天，当正在四川省青神县山水间流连的黄庭坚，突然见到了苏轼十八年前信笔而发的一幅作品时，惊得当场呆住了！

2

十八年前的寒食节这天，黄州很冷。比天气更凄凉的，是苏轼的心情。两年前，即北宋神宗元丰三年（1080）二月，四十三岁的他因“乌台诗案”被贬谪到这里，挂了个名为团练副使的闲职，不但无团可练，反而处处被监视、被掣肘，一举一动都被人暗中记录下来，以便随时向京城报告。形同软禁的生活，让他生活潦倒、精神落寞。

尤其令他心寒齿冷的，是所谓“乌台诗案”爆发时，他被一根绳子拴在颈项上，像鸡鸭一样被押解上京的情景：

元丰二年（1079），朝廷派人到湖州的州衙来逮捕苏轼。史书里记载说，当气势汹汹的差人走进州衙时，苏轼害怕得躲在后屋里不敢出来，后来经朋友百般劝说，他才战战兢兢穿了官服走出来。差官立刻叫差人摘了他的官帽，然后像捆鸡鸭一样将他捆起来，呵斥他上路……行到太湖的那晚，天上繁星满天，湖面波光浩渺，想起人间如此风景，而自己上京却不知是死是活，苏轼难过之极，差点一头扎进了太湖之中……

终于从监狱里挣脱出来，来到了偏远的黄州，可是这里的生活状态让他非常难受，尤其是昔日诗酒唱和的朋友们此时就像人间蒸发一样，更令他心酸不已。两年后，他精神稍稍平稳下来，提笔给友人李端叔写了一封信，描述了自己那时候的境况与心情。信中说：（自从他）得罪以来，深自闭塞，扁舟草履，放浪山水间，与樵渔杂处，往往为醉，人所推骂，辄自喜渐不为人识。平生亲友，无一字见及，有书与之亦不答，自幸庶几免矣。

元丰四年，友人马正卿见他日子过得实在穷困，便代他向州官求情，请得黄州城东荒地数十亩让他垦种，才得以解决了他的吃饭问题。后来苏轼将那里取名为东坡，并修建了雪堂，并就此将自己称作东坡老人。晴朗的日子，这个四十来岁的东坡老人便像他喜爱的陶渊明一样，带着农具来此劳作。短暂休息的间隙，他常躺在地上看天上白云悠悠……有时候落大雨，他也戴了斗笠出来，沿着崎岖的山路缓缓走去雪堂，一路听着淅淅沥沥的雨声在山野间响个不停。

到东山坡上开荒耕种的第二年，元丰五年（1082）寒食节这天，黄州的天气突然由暖转寒，一早起来，朝霞如彩，谁知到了中午，天边突然乱云飞渡，到黄昏，蒙蒙如丝的细雨竟夹杂冰雹，噼噼啪啪地敲打下来。东山坡上，已经青中带黄的麦穗被打得七零八落。

眼看一年的辛劳转眼化为乌有，苏东坡再也压抑不住，查看灾情回来，他愤然提笔，在灯下作诗一首。诗曰：

自我来黄州，已过三寒食。
年年欲惜春，春去不容惜。
今年又苦雨，两月愁萧瑟。
卧闻海棠花，泥污燕支雪。
暗中偷负去，夜半真有力。
何殊病少年，病起须已白。

一夜雨声淅沥。第二天一早起来，天地间雾气生烟，春雨连成绵延不绝之势。他伤感不已，再次挥笔，将心中的愤懑尽铺于纸上：

春江欲入户，雨势来不已。
小屋如渔舟，蒙蒙水云里。
空庖煮寒菜，破灶烧湿苇。
那知是寒食，但见乌衔纸。
君门深九重，坟墓在万里。
也拟哭途穷，死灰吹不起。

中国书法史、文学史上的一幅珍品就此诞生。因是苏东坡在寒食节以诗入书，诗书双绝，后来的人们把它叫作《寒食帖》,共一百余字。

在《寒食帖》里,苏东坡的笔意比以前有了明显的飞跃,虽然字体大小不同,却无一不是恰到好处。特别是有几个字锋芒如剑,如年、中、苇、纸(帖上为帋),应该是悬腕才能写出的效果。

后来者说,这几个字中最形象地表达了彼时苏东坡内心那一股怒火的,是纸字下面的君字。此字在诗句中被指为皇上,但是呈现在书法中的字体却又小又扁,和上面帋字那尖尖的长竖连着,好像君字是被狠狠刺了一剑!

人们由此说道,在《寒食帖》中,看不到他前后《赤壁赋》书卷中的那种平缓温厚,看不到他《中山松醪赋》中的那种畅达浩荡,也看不到他《渡海帖》中的那种率真无畏,只有一股倔强、执拗、孤闷、彷徨,仿佛他在拿头狠狠撞墙!

然而有趣的是,写完《黄州寒食诗帖》之后,苏东坡转眼就从悲苦愁闷的情绪中,一下子回到了乐天知命的路子上。就在这年麦收之后,仲夏的一个夜晚,他和当地几个乡村老人在雪堂中,一边听着四周浩荡的蛙声,一边在星空下轻摇蒲扇。把酒话桑麻的氛围让苏东坡不觉大醉,待他醒来,人们早已经散了,唯有银河中万星如灯。借着星光,他兴冲冲地返回城里,却不料家门紧闭,他感慨地吟道:

夜饮东坡醒复醉,归来仿佛三更。家童鼻息已雷鸣。敲门都不应,倚仗听江声。

长恨此身非我有,何时忘却营营。夜阑风静縠纹平。小舟从此逝,江海寄余生。

就在黄州城边滚滚东流的长江那翻卷不息的涛声中,苏轼如炬的目光穿透深邃的历史。此后,心明眼亮的东坡居士白衣飘飘地立于命运的波峰之上,笑容可掬地面对了一切苦厄:离开黄州之后,他曾一度重新入朝为大学士,转眼却又被贬斥,被赶到了更加边远困苦的广东惠州,然后又是更加遥远的海南,然而他已毫不在意。在惠州的赤日炎炎下,他开口便笑:"日啖荔枝三百颗,不辞长作岭南人";在横渡雷州半岛,前往海南的路上,眼看天地间波涛茫茫,仿佛走到了天的尽头,六十二岁的他回望身后渐行渐远的陆地,一生经历如电光石火般在心头闪过,虽已是将军白发的年纪,他却从容吟道:

心似已灰之木,身如不系之舟。

问汝平生功业,黄州惠州儋州。

三年后,公元1101年,六十五岁的苏东坡从海南返回,行到常州时,死于驿馆之中。

3

苏东坡离开黄州后,因行色匆忙,随手写下的《寒食帖》来不及收入行囊,被州衙一位杂役暗中收在家里,随即被前来探寻他墨迹的张浩以数百两银子的高价收藏起来。

张浩,世居蜀州江原崇福寺旁。他的祖居叫善颂堂。江原张家本为西汉留侯张良所传下的一个支脉。晋室东渡之后,举家迁移到蜀州。江原当地传说,张家刚从北方迁移过来时,人丁不旺,家业不振,幸亏祖宗一直保留着耕读传家的传统。晴朗的日子,他们牵着家里仅有的一头水牛,汗水淋淋地在田里劳作;落雨的时候,张家的子侄们便由家中一位通晓文墨的长辈率领,在散发着农具味道的南窗下,朗声诵读:

伐木丁丁,鸟鸣嘤嘤。

出自幽谷,迁自乔木。

……

天上雨云漠漠。张家子弟的读书声从屋里响亮地透出来,回荡在稼禾碧绿的田野上,惊起了河湾里栖息的数只白鹭,在空中翩然回旋。

如此晴耕雨读大约三代之后,位于崇福寺不远的张家祖坟上,突然长出了一棵白色的檀木树。这棵檀木树栉风沐雨,数年后便高达四五米。每到春天,枝条上便开满了白花,远远望去,形似一树琼玉。张家人欣喜异常,认为这昭示着张家血脉自祖宗生息的三晋之地散落全国之后,居于江原的这一支即将在蜀地迎来开枝散叶的繁盛局面,从此便自称为白檀张家。

果不其然。白檀张家到了张浩父亲张公裕这一代,得益于赵宋王朝的科举制度,朝为田舍郎,暮登天子堂。数十载寒窗苦读,一朝金榜题名,得以入朝为官。张公裕为人宽厚,与同事李公择之间常诗酒唱和，颇为相得。也是《寒食帖》机遇巧合，李公择的妹妹恰是苏门四学士之一的黄庭坚的母亲。所以张浩自小便与黄庭坚在一起玩耍。长大之后，张浩虽文名不显，却眼光独具，尤爱苏东坡的诗、词、书三绝。东坡被贬谪在黄州之后，远在永安的张浩，忧心忡忡地关注东坡的一举一动，当他听到东坡在黄州愁闷欲死，心里大恸，恨不得自己插翅飞到东坡身边，为其牵马坠镫、磨墨铺纸。然而官职在身，乌纱难辞，他常为此夜不能寐，终日唉声叹气：我大宋何以不惜文士如此？

从黄州衙门的那位杂役手中得到《寒食帖》之后，张浩爱不释手。他将其精心置放，每次谒览前，都要洗手焚香。多年以来，张浩一直渴望自己能在书艺上有所精进，因此常在公务之余，走访村野，叩问禅院，搜寻街巷间的碑刻，谁知踏遍了夕阳余晖，却每每一无所得。正无限怅惘，却忽然每日里可以观摩苏东坡手书真迹，真正是大喜过望。

北宋哲宗元符三年（1100），因母亲去世，正在江原守孝的张浩听说好友黄庭坚因官场人事倾轧，借探亲之名，正在岷江边上的青神县寄情山水，顿时萌生了一个念头：东坡远在海南，不知今生是否还能够相见？倘不能再见东坡，这《寒食帖》须得另觅一高人为之题跋，方可珠联璧合，相映生辉。如今天下书艺，世人皆谓苏黄米蔡。米芾自己不熟悉，蔡京为人奸恶，唯有黄庭坚正好！

见好友张浩突然驾临，黄庭坚喜出望外。当张浩迎着岷江边的清风，在他面前的石桌上徐徐铺展开带来的《寒食帖》时，黄庭坚眼里闪出了晶莹的泪花。他喜不自胜，于是应张浩之邀，挥笔为其题跋。文曰：“东坡此诗似李太白，犹恐太白有未到处。此书兼颜鲁公、杨少师、李西台笔意。试使东坡复为之，未必及此。它日东坡或见此书，应笑我于无佛处称尊也。”

黄庭坚的这一题跋，一改他以前对老师书法的偏见，转而对苏东坡的诗与书皆推崇至极。其题跋气酣笔健，与苏轼原作可谓是珠联璧合。黄庭坚目光犀利，他一眼就看出了《寒食帖》那淋漓笔意在起承转合间的特别之处，字体不再是以往的肥厚倾侧，而是大小错落参差，动感十足，随着字形前后变化，许多字看上去笔锋凌然，更具惊喜。

黄庭坚的这段题跋表面上看起来写得非常自然，却又暗含了内心一点微妙的心思，比如他写下的字，竟然要比作为作品主体部分的苏字大了许多。从内容上看，黄庭坚在遵循题跋旧式赞扬了苏字之后，又转而谈起了自己，谈起了自己的书法和苏轼书法的微妙关系：它日东坡或见此书，应笑我于无佛处称尊也。

他虽然承认《寒食帖》的巅峰成就，但也表露了一点不服气、欲与东坡比高低的意思。作为那时书法界的一时瑜亮，这大约就是黄庭坚内心深处作为一名艺术家，在艺术追求上的那一点微妙的争胜心理吧？

写这段跋文之际，正是黄庭坚由困顿转向奋发的好时光。同样喜爱书画的宋徽宗登基以后，黄庭坚作为王安石反对派的“前罪”遭赦，得到了监管鄂州盐税的官职。本拟即刻赴任，却因江水大涨不能成行，于是索性乘舟到青神县探访亲友，正在潜心揣摩蜀地山水意境的他，恰逢张浩之请在《寒食帖》上题跋，于是悠悠情思都留在了东坡的诗书之后。

或许是暗中为自己定下了目标。第二年，也就是北宋徽宗靖国元年（1101）五月，黄庭坚写下了他生命中最重要的作品《经伏波神祠》长卷。《经伏波神祠》是黄庭坚晚年的代表作，他对这幅作品也颇为自得。他在卷后题道：“若持到淮南，见余故旧，可示之，何如元祐中黄鲁直书也。”在诗法上标榜“夺胎换骨”的黄庭坚，终于在为《寒食帖》题跋之后，迎来了自己的书艺高峰。

四年后，六十岁的黄庭坚走完了自己的人生历程。在那云蒸霞蔚的天堂里，他该重逢了东坡。两人应该从此摆脱了人间的烦恼，终日把酒临风，逍遥自得地在云雾间论字，在星辰间吟诗吧？

4

与黄庭坚在青神县盘桓数日后，张浩兴冲冲地带着《寒食帖》向江原祖宅善颂堂进发。朝政日益不堪。徽宗皇帝登基后，对蔡京依旧宠信，让天下有识之士寒心不已。张浩早已有了归乡的打算，此次如愿得到了黄庭坚对《寒食帖》的题跋，内心更下了决心要将它藏之于老屋，让苏东坡和黄庭坚二人联袂而成的这幅珍贵墨迹陪自己度过余生。

公元1100年8月，川西一带正是谷黄秋收的季节。沿着岷江边蜿蜒铺展的官道上，马蹄嘚嘚，走来了终于得以归乡隐居的张浩。为官多年，简单的行囊里，除《寒食帖》之外，还有一幅仁宗皇帝的飞白书，此外仅诗书一卷，清风两袖。

转眼数十年过去，风流倜傥的道君皇帝宋徽宗被金兵掳到了黑龙江五国城坐井观天，张浩也住进了那白檀繁茂的张家坟园。昔日威势赫赫的大宋只剩下了“西湖歌舞几时休”的半壁江山。

这一年清明祭祖，张浩的族孙张缜因在朝中担任了秘书省正字，负责管理国家图书典籍及参与编修国史的工作，方得以在老屋深处的一间书斋里得见了《寒食帖》的庐山真面目。暮春的夕照从窗棂中投射进来，洒在面前的墨卷上，黑白交织的字里行间如斑驳着点点碎金。饶是张缜早已见多识广，当他第一眼望去，那碎金间的每一个字突然奔涌起来，如奔马似剑戟般在静默的天地间风声如啸。他内心顿时狂呼不已：“绝代之珍！绝代之珍……”

对《寒食帖》的惊鸿一瞥，让张缜就此变得茶饭不思，整日沉浸在苏、黄二人精妙的书法意趣之中。他叹服黄字的峭拔，更倾心于东坡诗书双绝的偶然天成，联想起山河破碎，不禁为伯祖张浩苦心收藏《寒食帖》、保存大宋那一缕文化血脉的痴绝感动不已。思之万千，他决定仿效黄庭坚，在帖上题跋，向后人讲述苏东坡《寒食帖》与自己家族相依相伴的深情故事：

却东坡老仙三诗，先世旧所藏。伯祖永安大夫尝谒山谷于眉之青神，有携行书帖，山谷接跋其后。此诗其一也。老仙文高笔妙，灿若霄汉云霞之丽，山谷又发扬蹈厉之，可为绝代之珍矣。昔曾大父礼院官中秘书，与李常公择为僚。山谷母夫人，公择女弟也。山谷与永安帖自言，识先礼院于公择舅坐上，由是与永安游好。有先礼院所藏昭陵御飞白记及曾叔祖卢山府君志，名皆列山谷集。惟诸跋世不尽见，此跋尤恢奇。因详著卷后。永安为河南属邑。伯祖尝为之宰云。三晋张缜季长甫。

张缜之后，再次得见《寒食帖》真容的，应该是著名诗人范成大。

公元1177年，担任四川制置使的范成大奉调回京。在成都待了三年多，他一直忙于公务，无暇饱览蜀地景色。此次回京，他选择了由水路出三峡，首段旅途便是沿文井江顺河而下。

正是“漠漠水田飞白鹭，阴阴夏木啭黄鹂”的五月末，范成大一路马蹄嘚嘚，从成都直趋郫县安德铺，然后抵达永康军，准备由此抵达蜀州元通古镇行船至江原，然后达新津县，再扬帆东下。

在都江堰，范成大登上西门城楼，领略了一番杜甫笔下那“玉垒浮云变古今”的万千气象后，于六月初三晚到达了青城山。在山中一处名叫长生观的道观里，他兴致勃勃地欣赏了画家孙太古笔墨奇雄的《味江龙》，在苍松暮云间盘桓数日后，进入蜀州地界已是六月初七。

那天早晨，范成大从青城山下出发，一路流水淙淙，帆影悠悠，转眼间两岸朝云暮霭，当晚宿于元通镇外圣佛院，第二天抵达江原善颂堂，并在此与张缜在月下把酒临风，促膝长谈。

多年以后，范成大在老家苏州吴县归隐林下，江南的田园风光令他情致盎然：

新筑场泥镜面平，家家打稻趁霜晴。
笑歌声里轻雷动，一夜连枷响到明。

就在那江南暮秋的连枷声声中，范成大铺开纸笔，回忆起了当年放船出川的情景，蜀州元通一带的景色首先涌现出来，那一河碧波在墨行间荡漾婉转：“江水分流，滩声聒耳。人家悉有流渠修竹，易成幽趣。”然后他笔锋一转，写到了善颂堂和张缜：“季长之族祖浩藏仁宗飞白书及……”范成大此行很有可能也欣赏到了《寒食帖》，但出于对张家的承诺，他没有将自己拜谒这幅东坡真迹时的所见所闻所思见诸文字，给今天的我们留下了极大的遗憾。

就在范成大离开之后不久，因世事日益动荡，经慎重考虑，张家便将《寒食帖》深深地秘藏了起来，再也不轻易示人。

两千年前的闪去

王开岭

去西安的路上，突然想起了他。

两千年前那位著名的死士。

漉漉雪雨，秦世恍兮。

眺望函谷关外那漫漶恣肆的黄川土壑，我竭力去模拟他当时该有的心情，结果除了彻骨的凉意和内心咝咝的附痛，什么也说不出……

他是死士。他的生命就是去死。

活着的人根本不配与之攀交。

咸阳宫的大殿，是你的刑场。而你成名的地方，则远在易水河畔。

我最深爱的，是你上路时的情景。

那一天，"荆轲"——这个青铜般辉煌的名字作为一枚一去不返的箭镞镇定地迈上弓弦。白幡猎猎，万马齐喑，谁都清楚意味着什么。寒风中那屏息待发的剑匣已紧固到结冰的程度，还有那淡淡的血腥味儿……连易水河畔的瞎子也预感到了什么。

你信心十足，可这是对死亡的信心。更是对人格对诺言和友谊的信心。无人敢怀疑。连太子

丹——这个只重胜负的家伙也不敢怀疑厘毫。你只是希望早一点离去……

再没有什么值得犹豫和留恋的了吗?

比如青春,比如江湖,比如故乡桃花和爱情……

你摇摇头。你认准了那个比生命更大的东西。一生只能干一件事。

士为知己者死。死士的含义就是死,这远比做一名剑客更重要。再干一杯吧!为了永生永世——值得为“她”活了一次的誓言,为了那群随你前仆后继无怨无悔的真正死士!樊於期、田光先生、高渐离……

太子丹不配“知己”的称号。他是政客,早晚死在谁的手里都一样。这是怕死的人。一个怕死的人,也濒死的人。

濒死的人却不一定怕死。

“好吧,就让我——做给你看!”

你威仪的嘴唇浮出一丝苍白的冷笑。

这不易察觉的绝世凄笑突然幻化出惊心动魄的美,比任何一位女子的都要美——它足以赢得世间任何一种爱情,包括男人的在内。

“风萧萧兮易水寒,壮士一去兮不复还。”

高渐离的唱和是你一生最大的安慰,也是你最当之无愧的荣誉。他的绝唱其实只奏给你一人听。其他人全是聋子。琴弦里埋藏着你们的秘密,只有死士间才敢问津的秘密。

遗嘱和友谊,这一刻他全部给了你。如果你折败,他将是第二个用才华去死的人。

你凄怜地一笑,谢谢你,好兄弟!记住我们的相约!我在九泉之下,迎候你。

是时候了。是誓言启动的时候了。

你握紧剑柄,手掌结满霜花。

夕阳西下,缟绫飞卷,你修长的身影像一脉苇叶在风中远去……

朝那个预先埋伏好的结局逼近。

黄土、皑雪、白草……

从易水河到咸阳宫,每一寸都写满了乡愁和忧郁。那种无人能代的横空出世的孤独,那种“我不去,谁去?”的剑客的自豪——

是的,没有谁能比你的剑更快!

你是一条比蛇还疾的闪电!

闪电正一步步带近黑夜,逼近黑暗中硕大的首级。

那是一个怎样漆黑的时刻,漆黑中的你后来什么也看不见了……

一声訇响,石破天惊的一声訇响。接着便是身躯重重摔地的沉闷。

死士。他的荣誉就是死。

没有不死的死士。

除了死亡,还有世人的感动和钦佩。

那长剑已变成一柄人格的尺子,你的血只会使青铜额添一份英雄的光镍。

一个凭失败而成功的人,你是第一个。

一个以承诺换生命的人,你是第一个。

你让“荆轲”这两个普通的汉字——成为一个万世流芳的美学碑名!

那天,西安城飘起了雪,站在荒无一人的城梁之上,我寂寞地走了几公里。

我寂寞地想,两千年前的那一天,是否也像这样飘着雪?那个叫荆轲的青年是否也从这个方向进了城?

这念头是否显得可笑?

我想起诗人一句话:“我将穿越,但永远不能抵达!”

荆轲终于没能抵达。而我,和你们一样——也永远到不了咸阳。

在历史的每一处屋檐下，都藏着故事。这只是一个普通人的故事，也是历史的一角，有情，有泪，有温度。

一生寻母记

马伯庸

这是《苏州府志》里记载的一个故事：乾隆年间，有一个吴县的沈姓商人，名字已湮灭无存，只知道他自号栖云居士。

栖云居士做的是海外生意，主要跑东南亚。他有一次去安南，结识了当地一位祖籍闽南的华侨之女，姓林。栖云居士娶了林氏为妻，并在安南待了十多年，生有两男一女，长男起名叫沈仁业。

栖云居士虽然废居在安南，可却无时无刻不想着回家，因为在吴县还有老父亲在世。沈仁业八岁时，他父亲带着他动身返回故土，而沈仁业的母亲和一妹一弟，却因为各种原因滞留在了安南。

沈氏父子原本打算回到吴县安顿之后，再把家里人接回。可不知中间出了什么问题，计划竟未成行。这一耽搁，就是足足十年光景。

对一个孩子来说，人生最依恋母亲的一段时间，就这么孤单地过去了。沈仁业思念母亲的心情，却与日俱增。

到了沈仁业十八岁的时候。他听到了一个消息，安南爆发了内乱。这是一次席卷安南全境的大乱，民众死伤甚重。

沈仁业担心自己母亲和弟弟妹妹也被兵灾波及，大哭一场，恳求父亲赶紧去把他们接回来。栖云居士也忧心忡忡，准备动身——可这时候，沈老爷子站出来，坚决不允许，生怕这个儿子在那边丢了性命。

父命如山，栖云居士不敢违背。而沈仁业年纪太小，没法自己前往，只能日夜望着安南方向痛哭流涕。

又过了两年，沈仁业二十岁。他已是一个成年男子，可以独自出行了。沈仁业告诉父亲和爷爷：“我要去安南找我的母亲！”

态度十分坚决。父亲和爷爷都吓了一跳，表示反对。沈仁业便惊号哭泣，跟家里人吵得天翻地覆，甚至开始绝食。

好在这时候从安南传过来一封家书，说家人暂时无恙，没被兵灾波及。沈仁业这才悻悻放弃绝食。可他想接回母亲的心思从未减弱。

二十三岁，沈仁业结婚，婚后他仍不改旧志，提出要去接母亲回来。

这次父亲栖云居士实在拗不过，便想了一个办法，说：“何必你去，我写信到安南，让你的弟弟带母亲和姐姐回来不就得了？”

可在这时候，安南内乱越发厉害，商路不畅。栖云居士先后写了三封信过去，全部石沉大海。沈家前后花了四年光景才得知：因为战乱之故，沈仁业的母亲移居到了会安；而沈仁业的弟弟和妹妹则住在顺化姨家，两边几乎不通音讯。

沈仁业又闹着要去，这次谁也拦不住他。可临行在即，父亲栖云居士突然染病，沈仁业没办法，只能留下来侍奉。父亲很快去世，到了第二年，爷爷也去世了。

等到给两位至亲办完丧事，沈仁业仰天长叹：“今而不迎母，则非人矣！”

他把家里的事全托付给叔父，带着父亲的画像和历年来的往来书信，毅然前往安南。临走之前，沈仁业对叔父说：“这次找不到母亲，绝不回来。”

时年，沈仁业已是二十八岁，已近而立。

他先从吴县坐船到广东，再至琼州，然后抵达安南。安南连年战乱，兵火荼毒，百姓们早就流散在各地，按照原来的地址根本无从寻找。沈仁业只能混在流亡的灾民之中。结果因为衣服太过华美，引起了贼人觊觎，差点杀了他。多亏沈仁业机警，逃入山中，这才避过一劫。

山中有虎狼出没，缺衣少食，沈仁业过得极为艰苦，脚上都被磨出厚厚的茧子。可他仍未放弃，咬着牙一路寻访，其中曲折艰苦之处，堪称史诗般的历程。差不多花了一年多时间，沈仁业才奇迹般地找到了在会安附近的母亲。

屈指一算，距离母子上一次见面，已经过去了足足二十二年。

沈仁业的母亲根本认不出他来，直到他拿出父亲的画像和过往书信，林氏这才抱着儿子痛哭流涕。又过了一段时间，沈仁业找到弟弟和妹妹，一家人终于得以团聚。

可是回程却是个大问题，各地港口都已经关闭。沈仁业找到当地官员，讲述自己的经历。官员大为感动，额外破例，给了他们出港通行的牌子，准许他们归国。

船队出海，即将接近琼州时，遭遇了一场风暴。沈仁业站在船头大哭，乞求说：“请把我的性命收走，让我母亲弟弟妹妹活下去吧。”说来也怪，刚祈愿完，风向忽然转了，把船吹向琼州，并停在了那里。

沈仁业长长出了一口气，以为这次总算回来了，结果他没料到，又出了意外。

沈仁业在琼州申请路牌时，当地官府搬出一道政策：“外夷女子例不入中国。”拒绝林氏入境。沈仁业百般辩解，说母亲祖籍闽南，但官府不听。沈仁业一看在琼州这说不通，只得先安置母亲，然后亲自奔赴广州办手续，广州又把球踢回琼州。

沈仁业为了跑这些手续，在半年内折返琼州和广州之间六趟。皇天不负有心人，最后总算被他翻出一条旧判例，证明自己母亲符合入境资格。官府这才发给了路牌。

最终，林氏以及沈氏兄妹三人顺利抵达吴县，从沈仁业动身去安南算起，已过去两年，恰好年至而立。

林氏在儿子的陪伴下，度过了最后的十年时光，这也是她与儿子相处最长的一段时光。

林氏与世长辞后，沈仁业悲痛过度，在同一年也郁郁去世，享年四十岁。

他短暂的一生，有一半时间都花在了寻找母亲上。

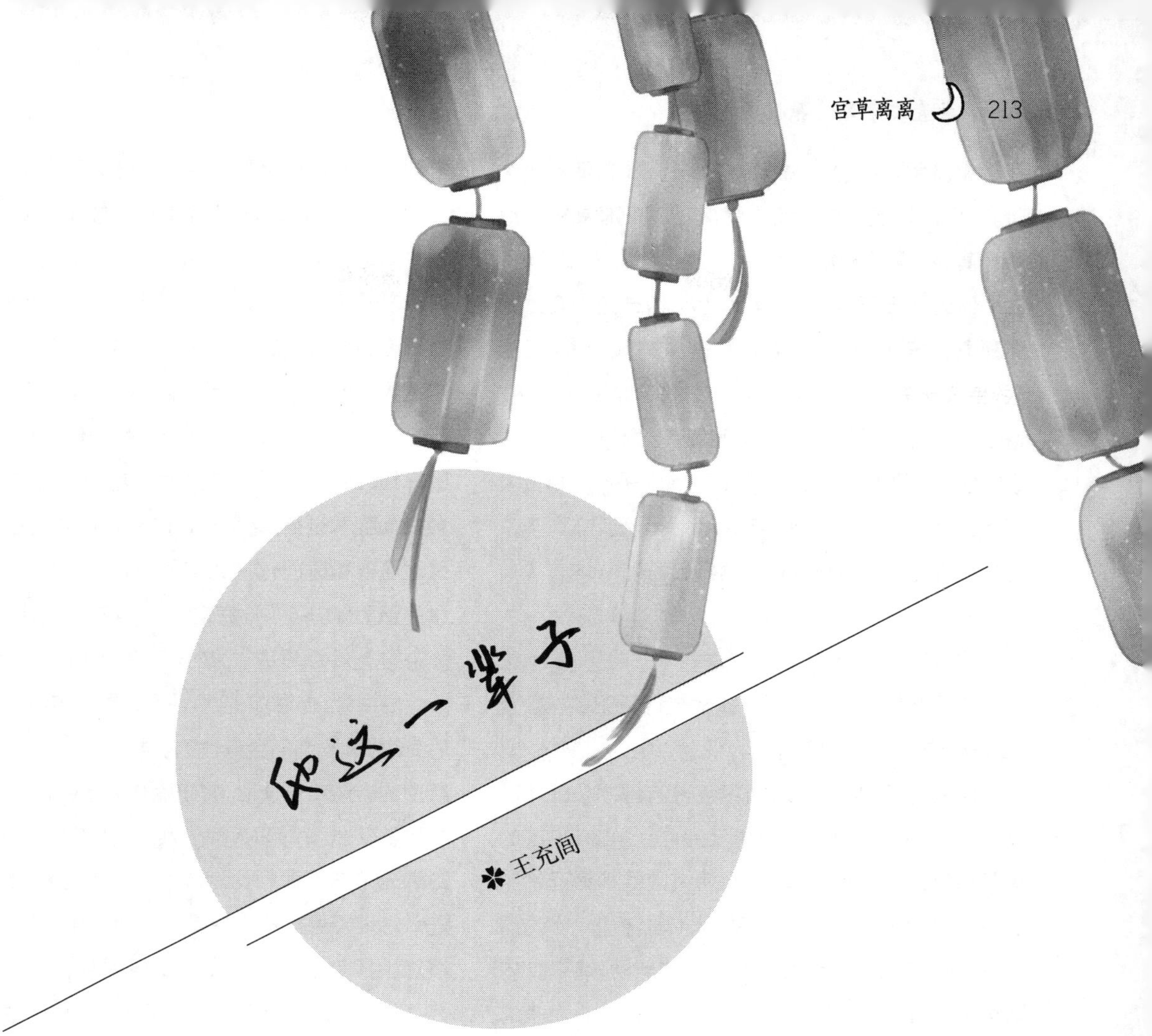

他这一辈子

王充闾

一

这里说的是大名鼎鼎的李鸿章。关于这位“李二先生”，我已经琢磨多少年了。

他是个“不倒翁”，一生始终处于各种矛盾的中心，经常在夹缝里讨生活。上面坐着阴险的老太后、怯懦的小皇帝，身旁围绕着数不清的王爷、太监、权臣，一个个钩心斗角，狗扯羊皮，像掐架的乌眼鸡似的；而他居然能够斡旋其间，纵横捭阖，游刃有余，如同他自己所说的，“少年科第，壮年戎马，中年封疆，晚年洋务，一路扶摇”。在他当政的几十年间，可以说，朝廷的每一件大事都和他挂连着，晚清时期那几个丧权辱国的条约，哪一个不是经他手签订的！这样，就难免遭来连番的痛骂。可是，骂归骂，他却照样官运亨通，而且官越做越大。单就这一点来说，当时的满朝文武，从他的老师曾国藩算起，包括光绪皇帝的教师爷翁同龢，号称“变色龙”的张之洞，还有后来的阴谋家袁世凯，大概没有谁能比得过他。这当然得力于他的宦术高明，手腕圆活。他有一套善于腾挪、招架的过硬本领，是一个出色的“太极拳师”。

他还有一种形象，就是“撞钟的和尚”。“我能活几年？当一日和尚撞一日钟，钟不鸣了，和尚亦死了。”不过，李鸿章的勤政是出了名的，他既做官又做事，不是那种“多磕头少说话”，敷衍塞责，坐啸画诺的混混儿。七十多岁，他还奉旨出访俄国，然后水陆兼程，遍游欧美，历时百余天，奔波数万里。对于大清王朝，他称得上是“鞠躬尽瘁，死而后已”的楷模。

当然，最具哲学意味的还是“裱糊匠”的形象。李鸿章曾把清王朝比作一间破纸屋，自己是个裱糊匠。他说：“我办了一辈子的事，练兵也，海军也……不过勉强涂饰，虚有其表，不揭破犹可敷衍一时。如一间破屋，由裱糊匠东补西贴，居然成一净室，虽明知为纸片糊裱，然究竟决不定里面是何等材料。即有小小风雨，打成几个窟窿，随时补葺，亦可支吾对付。”正所谓：屋不成屋还是屋，糊无可糊偏要糊。他所扮演的正是这种角色。

他这一辈子，虽然没有大起大落，却是大红大绿伴随着大青大紫：一方面活得有头有脸儿，风光无限，生荣死哀，名闻四海；另一方面，又是受够了苦，遭足了罪，活得憋憋屈屈，窝窝囊囊，像一个饱遭老拳的伤号，浑身青一块紫一块的。北宋那个“奉旨填词”的柳三变，是“忍把浮名，换了浅斟低唱”；“李二先生”倒是“忍把功名，换得骂名远扬”。

二

李鸿章所处的时代——如他自己所说的——为“三千年未有之大变局”。

他出生于道光继统的第三个年头（公元1823年）。鸦片战争那一年，他中了秀才。从此，中国的国门被英国人的舰炮轰开，天朝大国的神话开始揭破了。封建王朝的末世苍茫，大体上相似，但晚清又有其独特性。其他王朝所遇到的威胁，或来自内陆边疆，或遭遇民变蜂起，或祸起萧墙之内；而晚清七十年间，却是海外列强饿虎捕食一般，蜂拥而上。外边面临着瓜分惨剧，内囊里又溃烂得一塌糊涂，女主昏庸残暴，文恬武嬉，官场腐败无能达于极点。在这种情势下，李鸿章的“裱糊匠”角色，可以说是命定了的。

当然，这并非他的初衷。由于深受儒学的熏陶，他从小就立下了宏誓大愿。二十岁时，他写过十首《入都》诗，里面满是“丈夫只手把吴钩，意气高于百尺楼”“倘无驷马高车日，誓不重回故里车”之类的句子。果然，第二年就中了举人，三年后又中进士，入翰林。

热心仕进，渴望功名，原是旧时代大多数中国知识分子的共同追求，但像李鸿章那样执着，那样迷恋，却是古今少见的。一般人是“穷则独善其身，达则兼济天下”；而李鸿章则是不分顺境逆境，不问成败利钝，总是过河卒子有进无退。他把功名利禄看作命根子，入仕之后一天也没有离开过官场，真是生命不息，做官不止。他是一个地地道道的“官迷”。曾国藩说过，他的两个弟子，“俞樾拼命著书，少荃（鸿章）拼命做官”。以高度的自觉、狂热的劲头、强烈的欲望追逐功名仕进，这是李鸿章的典型性格。

李鸿章一生功业甚多，但他的蜚声中外，以至成为“世界级”的名人，主要是在洋务、外交方面。在慈禧太后和洋人的心目中，李鸿章与清廷的外交事务是一而二、二而一的。每当大清国外事方面遇到了麻烦、面临着危机，老太后总是“着李鸿章为特命全权大臣”，于是，这个年迈的衰翁便会披挂上阵，出来收拾残局，做一些“人情所最难堪”之事。在他生命的最后十几年间，竟连续签订了《中法新约》《马关条约》《中俄密约》《辛丑条约》四个屈辱条约。

俗话说，伴君如伴虎。可以想见，李鸿章在西太后身边，日子是不会好过的。相传，德国铁血宰相俾斯麦与李鸿章交谈时，曾暗喻他只会打内战，他听了喟然长叹道：“与妇人孺子共事，亦不得已也。”老李当然无法与老俾相比。威廉一世和老俾君臣合契，是一对理想的搭档。书载，威廉皇帝回到后宫，经常愤怒地摔砸器皿。皇后知道这是因为受了老俾的气，便问：“你为什么这么宠着他？”皇帝说：“他是首相，下面许多人的气他都要受，受了气往哪儿出？只好往我身上出啊！我又往哪儿出呢？就只有摔茶杯了。”老李受的气绝不会比老俾的少，但他敢找“老佛爷”出气吗？

他在甲午战争中，声名尤为狼藉，民怨沸腾之下，清廷不得不给他“褫去黄马褂”的处分。一天，江苏昆曲名丑杨三演出《白蛇传》，在演到“水斗”一场时，故意把台词作些改动，说：“娘娘有旨，攻打金山寺，如有退缩，定将黄马褂剥去。”观众心领神会，哄堂大笑。李鸿章的鹰犬也都在场，恨得牙痒痒却又不便当众发作，但事后到底把杨三弄得求生无路，惨痛而死。悲愤中，有人撰联嘲骂：“杨三已死无苏丑，李二先生是汉奸。”李鸿章的长兄不忍心看着弟弟遭罪受辱，劝他早日离开官场，一起告老退休，他却坚决不肯。《马关条约》签订之后，“杀李以谢天下”的呼声遍于朝野。而李鸿章则“晏如也”，毫无退避之念，“笑骂由人笑骂，好官我自为之”。他故作镇定，撰联悬于书斋：“受尽天下百官气，养就胸中一段春。”这也是跟他的老师学的——曾国藩当年也曾写过类似的联语：“养活一团春意思，撑起两根穷骨头。”他们所奉行的都是一种“挺经”。

你若说他全然不在乎，倒也未必。有时候，处境过于艰难，他也会头脑暂时清醒一些，显现出一种平常心来。比如，当他接到已经退出官场的湘军名将彭玉麟的函件后，看到这位故人徜徉于湖光山色之中，逍遥在世虑尘氛之外，不禁涌起艳羡的情怀。但对李鸿章来说，官场的荣华富贵毕竟要比湖山的清虚冷落更具诱惑力。

三

在封建社会，任何时期都得有替君王承担失误责任、代杖受罚的大臣。晚清时期的李鸿章，就充当了西太后的这种角色。他像避雷针那样，把因兵败求和，割地赔款，签订丧权辱国条约所激起的强大的公愤“电流”，统统吸引到自己身上，从而缓和了人们对朝廷的不满，维护了“老佛爷”的圣明形象。试想，这样的角色还能倒下吗?

而且，李鸿章不像曾国藩那么古板，也不像左宗棠那么刚愎自用，更不像张之洞那么浮华、惜名，他纵横捭阖，巧于趋避，有一套讨好、应付“老佛爷”的招法，因而能够一路胜出。

一次，朝廷要他查办四川总督吴棠贪墨索贿的案件。他敷衍了几个月，最后上了一道奏折，说吴棠一贯忠厚廉谨，官声尚好，所参各项查无实据，而且，在籍士绅都赞颂他善政利民。结果是，吴棠安然过关，而原参者却受到申斥。实际上，所参各项都完全属实，只是由于吴棠曾有恩于慈禧，李鸿章便作了这种违心的处置。原来，吴棠任清河县令时，一个老朋友的灵柩路过那里，吴知县派人送去三百两银子作为赙礼。不料，当时河里并排停着两艘大船，仆役把银子错送给邻船了。吴棠盛怒之下处分了仆役，正待上船索还，一个幕僚从旁解劝说，邻船上的是入京参选秀女的满洲闺秀，说不定日后成了贵人，还能够借利呢！吴棠听了深以为是，便换成一副笑脸，登船问候母女三人。那位母亲慨然表示，如今世态炎凉，我们孤儿寡母一路上受尽了冷落，唯独吴老爷古道热肠，真是难得，我们母女誓不能忘。那两个女儿，一个就是后来的慈禧，另一个做了醇亲王的福晋。“只因一回错，便为人上人。”从此，吴棠平步青云，一路飙升。

大清的国运如何，“老佛爷”可以不在乎；唯独“垂帘听政”的大权必须握在手里，拼死也不能丢。李鸿章深知这一点，所以不管签订什么和约，总要坚持一条底线：割地赔款的条件再苛刻也没关系，只要能够维护“老佛爷”的干政地位，就一切都好说。庚子之役，八国联军进北京，“老佛爷”仓皇逃窜，压在她心头最重的一块石头，就是怕议和中追究祸首追到她的头上。她事先就嘱咐李鸿章：议和中如有“万难应允”之事，“先为驳去，是为至要”。对此，李鸿章是心领神会的。果真，联军代表瓦德西暗示要追究祸首，他立刻封了门，表示：什么都好说，唯独这个事由不能谈。结果，议和条件苛刻无比。慈禧见里面并未涉及她本人，便放下心来；至于花些银子嘛，她一辈子已经大手大脚惯了，谁花不是花呢？反正不用掏她的腰包，着李鸿章去张罗就是了。不过，这回“李二先生”却破例撂了挑子，天可怜他，没等“老佛爷”銮驾归来，他就提前“翘辫子”了。

追念这个“裱糊匠”“避雷针”旧日的勋劳，清廷特旨，追赠太傅，晋封一等侯爵、谥文忠入祀贤良祠，赐予有清二百多年来汉员大臣生荣死哀的最高恩典。

四

李鸿章死后，有人给他编了个“五子登科”的段子，叫作：巴结主子；搞小圈子；耍手腕子；吓破胆子；死要面子。说他死心塌地做奴才，使尽浑身解数，以讨取主子欢心；为结党自固，织成一个密密实实的关系网；在官场中要尽权术，机关算尽；却被洋人吓破了胆子，一意屈从，奴颜婢膝；日常生活中，他死要面子，端足架子，俨然不可一世。这不仅概括了李鸿章屈辱一生的奴性本色，也为晚清广大官僚阶层绘制了一幅群体的画像，这在《官场现形记》和《二十年目睹之怪现状》等小说中都曾有过淋漓尽致的揭露。

镂葱丝

✽李国文

看了《清明上河图》，我们知道北宋的首善之区开封，是个繁华的城市。

有一位身居乡野的士大夫，薄有赀财，向往首都的声色欢娱和排场气派，不甘为土佬的他，总有一种怏怏然的遗憾。有人提示：何不到相国寺的花市，觅一都市女子，讨回来做妾，让她侍候你，你不就过上京城人的生活了吗?

果然，这位老土央媒婆撮合，花了若干银两，用一顶小轿，将一位原是蔡太师府上的美娇娘抬回来，心里自然十分高兴。那女子很看不上乡间的土里土气，可嫁鸡随鸡、嫁狗随狗，只好捏着鼻子过起村野生活。所谓蔡太师，就是宋徽宗时的宰相蔡京，在倒台之前，是当朝一品，位高权重，是个一跺脚开封府就地震的大人物。

北宋之亡，很大程度上是宋徽宗赵佶宠用这个佞臣巨贪兼绝对坏蛋的蔡京，以及童贯、高俅这伙败类祸国殃民的结果。内乱兼之外患，北宋王朝终于完蛋。宋钦宗在成为金人俘虏之前，迫于民愤，将恶贯满盈的蔡京革职流放。大树一倒，家人自然作猢狲散。于是，这个外乡的土财主，终于有机会弄来这个侍候过太师的女人，过一把太师的瘾。

他当然要盘问她了：“你是蔡太师的妾？”

她冷笑：“老爷，我要是太师的妾，你那点钱，连见一面的礼钱都不够。”

“那你是蔡太师的丫鬟？”

她继续冷笑：“老爷，你这点银两，把我抬回来，算是你的福气了！”

“那你是——”

她很自豪地告诉他，她是太师府的包子厨上人。

“何谓包子厨？”

“就是专门为蔡太师做包子的厨房。”

那士大夫闻所未闻，眼睛都直了。做个包子都有一个专用厨房，那么饺子、花卷、馒头、烙饼呢？依此类推，该是怎样的一个场面？这真让土佬羡慕得要死，嫉妒得要死——蔡京的吃喝，何等讲究？蔡京的生活，何等排场？可想而知，这位太师是如何作威作福的了！土佬终于明白，他这点薄产，也就只配娶个包子厨上人，再不敢作其他奢想了。好在他还现实，安慰自己至少还能吃到蔡太师吃过的包子，也就不枉费这番金钱和气力了。

可是且慢，待他想要吃上蔡太师的包子时，谁晓得那女人的回答，更使他大惊失色。

她说：“我不会包包子。”

他不禁大光其火：“你不是说你是包子厨的人吗？”

“是啊！”她理直气壮，“我虽是包子厨上人，但我做不来包子。”

这位士大夫感到上当受骗了，立时火冒三丈。那女子看这架势，也不敢再摆谱，连忙解释：“老爷有所不知，包子厨人数众多，各个分工不同，剁肉的、拌馅的、揉面的、捏褶的、上笼的、烧火的……分门别类，各司其职。”

“那你是干什么的？”

“我是专门镂刻包子馅中的葱丝的。”

守陵老人

余秋雨

年迈的皇帝祭祖，仪毕，在陵园门口看见一个躬身相送的老人。

皇帝凝视守陵老人，皱眉、摇头、叹气，上辇离去。

臣子们不知圣上何意，立即排查守陵老人的履历和疑点。疑点甚多，每条都足以使皇帝皱眉、摇头、叹气。守陵老人一生见过皇室的各色人等，他有可能被划入任何一个反叛势力和篡权集团。

而且，守陵老人还在清明时节，去那些皇室离世人士荒芜的墓地，烧过纸。

于是，守陵老人被驱逐回乡。

第二年，皇帝又要祭祖，前两天，他吩咐过，祭祖那天要与那位守陵老人谈话。

臣子们一片慌乱，快马奔驰，接回了老人。

那天，皇帝吩咐侍从，扶起跪在陵园门口的守陵老人，上下打量着，又是皱眉、摇头、叹气，然后说一声："我们都老了，比这儿所有的人都老。"

守陵老人不敢接话。

"初次见面，我们都还是小孩。"皇帝说，"在一起玩，玩蹴鞠，谁摔倒你就扶谁，但我只摔倒过一次。"

守陵老人轻声应"是"，却不敢抬头。他心中想，当时一起玩的皇家兄弟，早已在宫廷争斗中落败。

突然静默。守陵老人知道，皇帝也想到了什么。他想轻声说一句："我年年去他们坟头烧纸。"但只是想想，当然没有说。

皇帝终于又叹了一声："都老了，你多保重吧。"

第二年，陵园门口再也没有出现这位皇帝和这位守陵老人。他们去世的时间只隔了半个月。

把这件事记录下来的是守陵老人的同龄表弟，一位乡村老秀才。他更重要的笔墨是《内宫蹴鞠》，想来也是根据守陵老人的口述记录皇家兄弟年幼时的游戏项目，但仅留目录，不见文本。

历史反复刻印的，是皇家兄弟间的残酷争斗。遗佚不存的，是童年嬉戏和白头叹息。因此中国历史逮住的，大多是无聊的嘈杂；失去的，却是天下人生。